Matthias Kehle

Womo

Einen Spiegel erwischt es immer

Mit dem Wohnmobil
zu den Höhepunkten
aller 16 Bundesländer

Besuchen Sie uns im Internet:
www.gmeiner-verlag.de

© 2018 – Gmeiner-Verlag GmbH
Im Ehnried 5, 88605 Meßkirch
Telefon 0 75 75 / 20 95-0
info@gmeiner-verlag.de
Alle Rechte vorbehalten
1. Auflage 2018

Redaktion / Lektorat: Anja Sandmann
Herstellung, Layout, Satz: Elisabeth Steinbeißer
Umschlaggestaltung: Simone Hölsch
unter Verwendung von Fotos
© Matthias Kehle und Anja Sander
Foto Seite 256: © Duravit
Foto Seite 182: Mit freundlicher Genehmigung
der Berliner Müggelturm UG
Druck: Westermann Druck Zwickau GmbH, Zwickau
Printed in Germany
ISBN 978-3-8392-2310-9

Für Anja,

möge unsere Liebe auch in der zweiten Hälfte unseres Lebens stets größer werden. Mögen wir zusammen altern und albern.

INHALT

Vorwort: Gipfelsammeln für Fußlahme	9
Die Vorgeschichte: Ein lendenlahmer Bergsteiger	11
Die Vorbereitungen: Ein Ordner voller Infos	14
Zum Gebrauch des Buches: Auf die Gipfel by fair means?	19
Startschwierigkeiten oder: Szenen einer Ehe	22
SUMMIT 1: Dollberg (695 m, Saarland)	31
SUMMITS 2 UND 3: Erbeskopf (816 m, Rheinland-Pfalz) und Wasserkuppe (950 m, Hessen)	45
SUMMIT 4: Großer Beerberg (983 m, Thüringen)	61
SUMMIT 5: Langenberg (843 m, Nordrhein-Westfalen)	75
SUMMIT 6: Wurmberg (971 m, Niedersachsen)	88
SUMMIT 7: Brocken (1.142 m, Sachsen-Anhalt)	101
SUMMIT 8: Friedehorstpark (32,5 m, Bremen)	113
SUMMITS 9 UND 10: Hasselbrack (116 m, Hamburg) und Bungsberg (168 m, Schleswig-Holstein)	125
Tage ohne Höhepunkte: Öde Ostsee, rotes Lübeck	139
SUMMIT 11: Helpter Berg (179 m, Mecklenburg-Vorpommern)	159
SUMMIT 12: Großer Müggelberg (115 m, Berlin)	170
SUMMIT 13: Kutschenberg (201 m, Brandenburg)	181
SUMMIT 14: Fichtelberg (1.214 m, Sachsen)	193
Bayerische Bonusberge: Ochsenkopf (1.024 m) und Großer Arber (1.456 m)	205
SUMMIT 15: Zugspitze (2.963 m, Bayern)	223
SUMMIT 16: Feldberg (1.493 m, Baden-Württemberg)	239
Zu Hause ist es am schönsten	253
Nachwort: Abschied von Fury	264
Literatur	268
Die Karte – Eine Reiseroute quer durch Deutschland	270

VORWORT
GIPFELSAMMELN FÜR FUSSLAHME

Für manchen hoch ambitionierten Alpinisten sind die »Seven Summits« ein Lebenstraum – die sieben höchsten Gipfel aller Kontinente zu besteigen, einschließlich der Antarktis. Für Fußlahme, Spaziergänger oder Wanderer ist das freilich nichts. Findige Reisende haben deshalb die »16 Summits« entdeckt – die 16 höchsten Gipfel Deutschlands, genauer: der jeweils höchste natürliche Punkt eines jeden Bundeslandes. Auf einige von ihnen kann man fahren, für andere muss man etwas Beinarbeit aufwenden.

Matthias Kehle ist passionierter Wanderer und Bergsteiger, aber leider ist er gerade 50 geworden. Will heißen, dass ihn eine Sportverletzung nachhaltig lahmgelegt hat. Deshalb kam ihm die Idee, innerhalb von drei Wochen mit dem Wohnmobil alle 16 Bundesländer zu bereisen und dabei deren höchsten Berge zu besuchen. Bei näherer Betrachtung stellte sich heraus, dass sich beim Verbinden der 16 Punkte eine traumhafte Reiseroute durch die schönsten Landschaften der Republik ergibt: durch den Hunsrück, die Rhön, den Harz, den Teutoburger Wald, die Mecklenburgische Seenplatte. Sie führt an den Alpen und am Bodensee entlang auf den höchsten »erfahrbaren« Punkt der Reise im Schwarzwald.

Zusammen mit seiner Frau startete er im Juli 2017 seine ungewöhnliche Reise. Das Paar hat vor allem in den Alpen zahllose Gipfel bestiegen und war nun erstmals mit einem kleinen Wohnmobil unterwegs. Matthias Kehle erzählt von ihren Erfahrungen mit diesem für sie ungewöhnlich sperrigen Gefährt, von ihren Begegnungen mit Menschen, Landschaften, touristischen Glanzlichtern und Geheimtipps, er erzählt von den Abgründen, den Mythen und den Besonderheiten der deutschen Geschichte. So entstand ein unterhaltsames, skurriles und schräges Reisetagebuch, gewürzt mit zahlreichen Bildern, Infos und Tipps.

DIE VORGESCHICHTE
EIN LENDENLAHMER BERGSTEIGER

Es traf mich plötzlich und erwartet. Im Februar 2017 wurde ich 50. Fuffzich. Doch es sollte noch schlimmer kommen. Einen Monat später war ich lendenlahm. Ich konnte kaum noch ein paar Schritte gehen, ohne meine Leisten zu spüren, höhere Stufen gingen ohne Schmerzen gar nicht. Wenn ich mich vom Stuhl erhob, musste ich mich abstützen. Ab in die Röhre, beschloss der Orthopäde meines Vertrauens. Die Diagnose: Sehnenansatzentzündung des Lendenmuskels und Adduktorenzerrung beidseitig. »Da hast du dir wohl zu viel zugemutet«, bekam ich zu hören, von allerlei Abnutzungs-, nein: Alterserscheinungen ganz zu schweigen.

Der Sinn des Lebens ist für mich Wandern und Bergsteigen. Möglichst intensiv und lange. Während der Bergsaison denke ich mir meine Bücher aus, beim Wandern löse ich meine Probleme. Alles Glück der Erde liegt für mich auf den Gipfeln der Berge. Bergwandern ist meine Meditation, mein Weg, ein gutes Leben zu führen, mich gesund und fit zu halten. Schlank, drahtig, durchtrainiert marschierte ich bis jetzt durchs Leben. Und nun das!

Ich brauche kein Auto, kein Smartphone, keine Statussymbole. Luxus ist für mich: Zeit zu haben. Für meine Frau, für meine Freunde, für meine Mutter. Zeit zu flanieren; Zeit, die Bücher zu schreiben, auf die ich Lust habe; Zeit, über den Sinn des Lebens nachzudenken; Zeit, mit Depressionen oder mit Trauer fertigzuwerden. Und nun sagte mir mein Orthopäde: »Vergiss die Bergsaison, das dauert sehr lange, du brauchst Geduld.«

Apropos Depressionen: Während der ersten Wochen des Frühlings war ich deprimiert. Was sollte ich mit diesem Sommer, überhaupt mit diesem Jahr anfangen? Ich beobachtete, wie die Natur erwachte. Die Narzissen blühten, die Amseln sangen, im Juni dufteten die Lindenblüten. Spätestens dann überfällt mich normalerweise das Bergfieber, ich studiere Wetter und Webcams und: Ich verschwinde in die Alpen oder in den Schwarzwald, mal allein, mal mit meiner Frau, mal mit einem Wanderkameraden.

Den Genüssen des Lebens bin ich nicht abgeneigt, ich bin kein Asket. Eines Abends, bei einem guten spanischen Rotwein, kam mir die Idee: Wenn ich schon nicht auf die Berge steigen kann, dann fahren wir auf die Berge. Auf die 16 Summits, die jeweils höchsten Gipfel aller 16 Bundesländer. Mir fielen auf Anhieb Feldberg, Brocken, Zugspitze und Erbeskopf ein. Viel Beinarbeit ist dort nicht nötig. Ein wenig Internetrecherche half mir bei den anderen zwölf Bundesländern auf die Sprünge. Gipfelglück sollte ich in Bremen auf 32,5 Metern über dem Meer finden, in Schleswig-Holstein auf 168 Metern, in Thüringen immerhin auf 983 Metern. Nur: Wie sollte ich, der 30 Jahre lang kein Auto mehr gefahren ist, die Gipfel erreichen? Ganz einfach, sagte meine Frau: »Wir mieten uns einen Caravan, ein Spießermobil!« Es sei schon immer ihr Traum gewesen, durch die Gegend zu gondeln, gerade wie es passt. Hier stoppen und dort rasten. Ein Kaffeepäuschen einlegen, ohne ein Café aufzusuchen, Siesta halten zu können, wenn man müde ist, kuscheln, küssen und noch mehr, wenn einem der Sinn oder anderes danach steht.

Ich schlief über die absurde Idee. Wir sind keine Autofreunde. Ich kann einen Mondeo nicht von einem Hyundai unterscheiden. Ob ein Porsche oder ein BMW vor unserem Haus parkt, nehme ich gar nicht wahr. Ich weiß allenfalls, dass ein Auto mit einem Stern ziemlich viel Geld kostet.

Am nächsten Morgen verband ich die 16 Punkte der 16 Summits, ausgehend von meiner Heimatstadt Karlsruhe zu einer möglichst kurzen Route. Und siehe da: Es ergab sich eine traumhafte Strecke durch viele der schönsten Gegenden unserer Republik. Wir würden durch den Hunsrück reisen, auf dem höchsten Punkt der Rhön den Sonnenaufgang genießen, die Externsteine im Teutoburger Wald besuchen, die grünen Ecken Hamburgs und Bremens, wir würden an der Ostsee rasten, mit der Dampflok auf den Brocken fahren, die Mecklenburgische Seenplatte durchqueren und so weiter. Kurz: Die knapp 3.700 Kilometer, die vor uns lagen, sollten eine Traumstrecke sein, eine fast ideale Linienführung kreuz und quer durch alle Bundesländer, ideal für ein Wohnmobil. »Gebongt«, sagte ich zu meiner Frau.

Wir wollten also den Spieß umdrehen. Normalerweise »shiften« Menschen »down«, gehen zu Fuß, um sich von den Strapazen des Alltags zu erholen oder den Sinn des Lebens zu erwandern. Wir wollten nun etwas unternehmen, das ich mir bisher nicht vorstellen konnte. Wir fahren Auto, und zwar die gewaltige Strecke von mindestens 3.700 Kilometern. Exakt drei Wochen standen uns zur Verfügung – das bedeutet durchschnittlich 175 Kilometer pro Tag, also nicht einmal die Strecke von Karlsruhe nach Basel.

DIE VORBEREITUNGEN
EIN ORDNER VOLLER INFOS

Die Drei- und Viertausender der Alpen sind uns vertraut, den Schwarzwald haben wir von Norden bis Süden, von Osten nach Westen durchwandert, aber die Straßen der Republik sind uns mehr oder weniger fremd. GPS? Brauchten wir nicht. Zu den Wanderkarten aus Papier gesellt sich nach Jahrzehnten des Wanderns ein solider Instinkt. Schritt Nummer eins für uns Wohnmobilneulinge war, herauszufinden, wo zum Teufel wir ein solches Gefährt mieten konnten. In jeder größeren Stadt gibt es mindestens einen Wohnmobilverleih. Die Miete ist mit einem Hotelzimmer vergleichbar. Mit etwa 80 Euro pro Tag, in der Hauptsaison 100 Euro, ist man dabei, sofern man sich für die kleinste Variante entscheidet. Am Karlsruher Rheinhafen wurden wir fündig. Also radelten wir in den tiefen Westen der Stadt. Mir, der ich seit meiner frühen Jugend nicht mehr am Steuer eines Autos saß, wurde angesichts der vielen Schlachtrösser blümerant zumute; Anja strahlte. Das kleinste Gefährt wollten wir haben. Ein junger Mann führte uns zwischen dutzenden Fahrzeugen vorbei zu einem wahrhaft schnuckeligen Silberling von sechs Metern Länge. Anja strahlte über alle vier Backen. Genau davon habe sie geträumt. Naja, wiederholte ich, mit Siebzig hätte ich mir das vorstellen können, aber nicht mit Fuffzig. Ueli Steck, der berühmteste Bergsteiger der Welt, war vor wenigen Monaten mit 40 Jahren am Nuptse unweit des Mount Everest ums Leben gekommen. Vielleicht sollte ich mich einfach damit abfinden, dass ich zumindest in diesem Jahr nicht mehr von Felsblock zu Felsblock hüpfen und mir ein paar dekorative Schrammen an den Schienbeinen holen konnte. Bevor ich es mir noch einmal anders überlegte, bestand Anja darauf, den Mietvertrag sofort zu unterschreiben und dazu alle möglichen Versicherungen mit möglichst wenig Selbstbehalt. Sie fuhr zweimal im Jahr mit mir und einem privat geliehenen VW-Golf II in die Berge und über Pässe oder mit einem Mietpanda über die großzügigen Straßen der Kanaren, nicht aber durch enge Straßen und Gässchen der Bundesrepublik mit einem Riesengefährt.

In den nächsten Wochen machte ich mich mit Google Maps daran, unsere Route festzulegen und auf Dutzenden Farbausdrucken zu dokumentieren – Landkarten sind mir vertraut. Mir wurde schnell klar, dass es gar nicht so einfach ist, die 16 Summits zu erreichen. Meine Entzündungen waren so weit abgeklungen, dass ich wieder ein bis zwei Stunden spazieren gehen konnte. Ich sollte meinen Haxen wieder ganz vorsichtig Bewegung beibringen, so mein Orthopäde. Besonders schwierig könnte die Besteigung des Hasselbracks werden, mit 116 Metern der höchste Berg Hamburgs, im tiefsten Süden der Stadt, mitten im Wald in den Harburger Bergen gelegen. Ohne Markierung und ohne Beschilderung, aber immerhin mit Gipfelstein und Gipfelbuch. Der höchste Berg Bremens ist eine Mülhalde, die beiden höchsten Berge Berlins, die Arkenberge (121 m) und der Teufelsberg (120 m), sind ebenfalls künstliche Erhebungen. Brandenburg hat einen höchsten Punkt, und zwar die Heidehöhe (201,4 m), was aber eine Flanke und keineswegs ein Gipfel ist. Der findet sich auf dem vier Meter höheren Heideberg, der in Sachsen seinen höchsten Punkt hat und überdies noch künstlich erhöht wurde. Also musste ich erst einmal definieren: Wir wollten auf die höchsten *natürlichen* Gipfel der jeweiligen Bundesländer. Bremen hat keinen Gipfel, den höchsten Punkt des Stadtstaates haben die Landvermesser auf einer Wiese im Friedehorstpark im Norden der Stadt ausgemacht. Der höchste natürliche der Bundeshauptstadt ist der Große Müggelberg (115 m) im Südosten am Rand des Müggelsees. Und der höchste *Berg* Brandenburgs ist der Kutschenberg, mit 201 Metern ein paar Zentimeter niedriger als der höchste *Punkt* des Bundeslandes. Im Laufe der

Wochen kam ein stattlicher Ordner mit Infomaterial zusammen. Ein Smartphone wollte ich mir nach wie vor nicht zulegen, und wer weiß, wo ich WLAN für mein Notebook finden würde – mein Ordner war immer verfügbar. Wanderkarten kaufen wollte ich für die etwas komplizierteren Routen nicht extra. Die ausgedruckten Infomaterialien, ein Kompass und mein zwanzig Jahre alter Höhenmesser, der erste digitale überhaupt, mussten ausreichen. Ein GPS kam nicht infrage. Wenn wir schon mit dem Auto den Summits möglichst nahe kommen mussten, dann wollten wir den Rest »by fair means« meistern. Ohne GPS, ohne Sherpa, ohne Sauerstoffmaske.

Der Verbindungsroute zwischen den 16 Summits fügte ich ein paar Ergänzungen hinzu: Der alternde Bergsteiger wollte die höchste Steilwand zwischen Alpen und Skandinavien besteigen bzw. befahren. Es handelt sich dabei um die über 200 Meter hohe Wand des Rotenfelses, mit 1.200 Metern Breite ziemlich eindrucksvoll über der Nahe gelegen, zwischen Bad Münster am Stein-Ebernburg und Norheim in der Nähe von Koblenz. Außerdem lagen die sagenumwobenen Externsteine im Teutoburger Wald sowie das kleinste und nördlichste Mittelgebirge Deutschlands auf der Route, der Stemweder Berg, der in der Kollwesshöh mit 181 Metern kulminiert, ein Höhenzug im Naturpark Dümmer mit fantastischem Blick in die norddeutsche Tiefebene. Jeder Wegpunkt war exakt recherchiert, Kartenmaterial war ausgedruckt, so, als wollten wir eine ganze Reihe unwegsamer, einsamer Dreitausender im Engadin besteigen, die mindestens 20 Kilometer abseits jeglicher menschlichen Behausung lagen. Aber im Prinzip hatte ich von dieser Tour weniger Ahnung als von jedem beliebigen Berg in den Alpen, denn Autos und Straßen sind für uns bisher notwendige Übel gewesen, nicht mehr und nicht weniger.

Was benötigen wir auf dieser Reise? Wir waren es gewöhnt, möglichst wenig in den Rucksack zu packen. Die kleinsten Zahnpasta-Tuben, gesponsert von unserem Zahnarzt, ein superschnell trocknendes Handtuch, möglichst wenig Funktionswäsche, bloß nicht mehr als eine Hochtouren- und eine normale Wanderhose, Hüttenschlafsack (300 Gramm),

Gattin beim Schleppen – noch nicht genervt

eine Büchse Sardinen und Pumpernickel als Biwak-Notfall-Essen. Doch jetzt ging es auf Expedition! Ich hatte die Vorstellung, drei Wochen lang durch Brachland zu fahren, durch eine menschenleere Landschaft, eine Fantasie, die sich wohl automatisch einstellt, bevor man zum ersten Mal mit einem Wohnmobil unterwegs ist. Nein, es gibt nirgends Aldis und Lidls, Edekas und Nettos, kein WLAN in den Höhenzügen des Hunsrücks oder im Harz. Wo sollten wir frisches Wasser tanken, der 120-Liter-Tank ist doch nach ein paarmal duschen leer? Wir nehmen vorsichtshalber noch unseren Trangia-Spiritus-Kocher mit, es könnte ja sein, dass der Gasherd nicht funktioniert. Und unsere Solardusche, ein schwarzer 10-Liter-Plastiksack mit Sprenkler. Darin erhitzt man Wasser, indem man den Sack zwei Stunden der prallen Sonne aussetzt. Was ist mit dem Abwasser? Müssen wir immer Camping- oder Stellplätze anfahren? Einige Fragen beantworteten uns Bekannte, die seit Jahren mit einem Wohnmobil unterwegs sind. Ruhige Stellplätze mit Frischwasser und Toiletten? Kein Problem, jedes Kaff hat einen Friedhof!

Wir könnten uns auch das ganze Mobil voller Lebensmittel packen, aber wir kamen bald überein: Vorräte für drei Tage reichen. Naja, und zwei Packungen Kaffee, dazu zwei Liter Milch. Und noch eine Notfallpackung Nudeln. Und eine Notfallpackung Reis. Vielleicht doch zusätzlich zwei Konservendosen Nasigoreng und zwei mit Linsensuppe, quasi für den absoluten Notfall? Wie halten wir es mit Glas? Wein in einem 5- oder 10-Liter-Schlauch könnten wir mitnehmen. Wohin aber mit dem Honig und der Marmelade? Honig ist zähflüssig, der ließ sich in ein Plastikfläschchen umfüllen. Vielleicht noch eine Dose Kondensmilch? Die H-Milch könnte im Kühlschrank schlecht werden oder der Kühlschrank könnte ausfallen. Fragen über Fragen, die wir allmählich beantwortet bekamen. Anjas Vater etwa, ein altgedienter Wohnmobilist, nutzt seine Chemietoilette nur, wenn es gar nicht anders ging. Kleine Geschäfte lassen sich immer outdoor erledigen, bei großen kann man sich mit einer wasserdichten (!) Plastiktüte behelfen, die man im Anschluss verknotet. »Dumm darf man sein«, pflegt meine Mutter zu sagen, »man muss sich nur zu helfen wissen.«

ZUM GEBRAUCH DES BUCHES
AUF DIE GIPFEL BY FAIR MEANS?
AUF DEN STRASSEN NUR MIT NAVI!

Grundidee des Buches war, alle 16 Summits Deutschlands mit dem Wohnmobil zu bereisen, und zwar vom Startpunkt Karlsruhe aus. Ein Paar im mittleren Alter, das nie ein eigenes Auto besaß, geht erstmals mit einem »Spießermobil« on Tour!

Die Rundreise lässt sich aber auch von jedem beliebigen Ort Deutschlands beginnen. Ein Hamburger startet in Hamburg, ein Münchner fängt mit der Zugspitze an, ein Kieler in Schleswig-Holstein, ein Lörracher mit dem Feldberg. Im Anhang zu jeder Geschichte, zu jedem Summit, ist genau angegeben, welche Orte wir angesteuert haben. Man könnte unsere Strecke mehr oder weniger exakt nachfahren, also auch jene Orte und Sehenswürdigkeiten besuchen, die sich uns »aufgedrängt« hatten, sei es, weil sie sowieso »auf dem Weg« lagen (etwa die Wartburg oder das Hermanns-Denkmal), sei es, weil wir dem Navi die Erlaubnis entzogen, uns über die Autobahnen zu lotsen, oder weil wir mal aus Versehen, mal absichtlich dem Navi unsere Aufmerksamkeit vorenthielten und uns verfuhren.

Jeder »16-Summits-Reisende« macht individuelle Entdeckungen, wenn er zwischen den 16 Stationen weitere auswählt und das Navi Schicksal spielen lässt. 16 Summits plus Boni also! Welche Bonus-Ziele wir auswählten bzw. vom Schicksal und dem Navi zugespielt bekamen – lassen Sie sich überraschen.

Dass die »16-Summits-Rundtour« eine Idealroute durch Deutschland darstellt, wurde uns erst während der Planung klar: Großstädte und Ballungszentren werden gemieden, denn die 16 »Höhepunkte« finden sich in den schönsten Landschaften der Republik. Und zwischen den Punkten verbergen sich Regionen, die ganz und gar nicht gebirgig, aber nicht weniger attraktiv sind: die Ostsee oder die Seenplatten der fünf neuen Bundesländer. Selbst Städte, die man einmal im Leben besucht haben sollte, lassen sich in die Route integrieren. In unserem Fall war das Lübeck. Weshalb wir Dresden sausen lassen mussten, verraten wir später. Manche schönen Ecken blieben leider außen vor, etwa die Eifel, die Nordsee und ihre Inseln, das Elbsandsteingebirge oder das Berchtesgadener Land mit Königssee und Watzmann. Man kann halt nicht alles haben!

Aufgrund meiner Malaisen wollten wir so wenig Beinarbeit wie möglich aufwenden, um zum jeweils höchsten Punkt zu gelangen. Es galt, keine langen Strecken zu gehen und vor allem möglichst wenige Höhenmeter zu »machen«. Der entzündete Iliopsoas ist jener Muskel, der beim Steigen und bei der Außenrotation des Beines eine wichtige Rolle spielt und – nebenbei bemerkt – beim Sex.

Ansonsten gingen wir »by fair means« vor: nur Papierausdrucke bzw. Beschreibungen, kein Smartphone, kein GPS, nur Höhenmesser und Kompass. Das bescherte uns erfahrenen Alpinisten dank etwas Schusseligkeit und Pech einige amüsante Abenteuer und Erlebnisse!

Wer körperlich weniger eingeschränkt ist, kann die Summits und die Bonus-Ziele natürlich anders »angehen«, etwa vom letzten Ort mit Anschluss zu öffentlichen Verkehrsmitteln richtig erwandern. Bei jedem Summit ist deshalb angegeben, inwieweit er barrierefrei erreichbar bzw. welcher körperliche Minimaleinsatz nötig ist. Dazu gibt es noch Tipps für körperlich fitte und wanderlustige Profis, um möglichst viel Bergspaß zu erleben.

Die Rundreise sollte nach unserer Vorplanung etwa 3.700 Kilometer umfassen – die Idealroute laut Google Maps. Wer auf kürzestem

Weg nur die 16 Summits aufsuchen möchte, hat etwa 3.125 Kilometer vor sich. Hinzu kamen im Laufe der Reise insgesamt etwas mehr als 500 »Bonuskilometer« Abschweifungen und »Irrwege«. Die Kilometerangaben von Summit zu Summit beinhalten diese Abschweifungen. Der Weg ist jedenfalls nicht das Ziel, sondern die Ziele liegen auf dem Weg, mitunter auch ein paar Kilometer abseits. Viel Spaß bei der Lektüre und beim Nachreisen!

STARTSCHWIERIGKEITEN ODER:
SZENEN EINER EHE

Eigentlich beginnt man keine Geschichte mit »eigentlich«, aber eigentlich sind wir ein friedliches Ehepaar im mittleren Alter. Doch bevor wir in Urlaub fahren, werden wir nervös. Um nicht zu sagen: aufgeregt. Was daran liegt, dass für mich die Packerei eine Wissenschaft für sich ist, bei der am Ende drei prall gefüllte und wohl sortierte Koffer sowie ein bis zwei randvoll bepackte Klappkisten im Arbeitszimmer stehen. Ich bin Freiberufler, habe also Zeit, weshalb das Packen meine Aufgabe ist. Im Prinzip. Außerdem packe ich strategisch. Im Prinzip. Und ich beginne mit dem Packen drei Tage vor der Reise. Dabei spiele ich in meinem Kopf einen kompletten Urlaubstagesablauf durch. Ein zusätzliches mentales Ordnungsprinzip ist, dass ich trenne zwischen Kleidung, Ausrüstung und Lebensmitteln. Kleidung wird zuletzt gepackt, Ausrüstung zuerst.

Ein Tag, auch ein Reisetag, beginnt mit dem Aufstehen. Man braucht dann Zahnbürste, Zahnpasta und Waschzeug. Also überprüfte ich meinen Kulturbeutel auf Vollständigkeit und deponierte ihn als Erstes im Arbeitszimmer. Dann fiel mir Kaffee ein. Kaffee fällt nicht unter die Rubrik »Lebensmittel«, sondern »Ausrüstung«. Zweimal zwei Becher trinken wir am Morgen. Das Idealmaß hierfür sind 37 Gramm Pulver, so hat es meine Frau einmal ermittelt. Das bedeutet, dass wir zwei Päckchen Kaffee mitnehmen mussten. Im Prinzip, denn eigentlich kann man Kaffee überall in Deutschland kaufen. Supermärkte sollte es sogar in der Uckermark geben. Im

Zusammenhang mit Kaffee fielen mir Thermoskanne und Filter ein. Also deponierte ich im Arbeitszimmer einen Vorrat an Kaffee, Filtertüten, eine Thermoskanne sowie den Trangia-Spirituskocher samt Campingkochtöpfen und -pfannen.

Natürlich hatten wir im Wohnmobil, Baujahr 2016, einen integrierten Gaskocher mit zwei Kochstellen, aber das Gas könnte ausgehen, deshalb nahmen wir noch einen eigenen Kocher und einen Liter Spiritus mit. Streichhölzer kamen mir in den Sinn und zwei Feuerzeuge. Ach ja, vier Kugelschreiber, dazu mein Notizbuch und die ausgedruckten Google-Maps-Pläne mit den Fahrtrouten. Zum Frühstücken brauchen wir Teller, Becher, Besteck, Butter, Marmelade, Honig, Milch. Alles außer der Butter konnte ich jetzt schon im Arbeitszimmer lagern. Hätte mich jemand beobachtet, er wäre nie auf die Idee gekommen, dass dieses wuselnde Wesen, das mal aus dem Badezimmer, mal aus der Küche, mal aus dem Keller Gegenstände zusammenträgt, planmäßig agiert. Nach dem Frühstück gehen wir uns Sehenswürdigkeiten anschauen oder unternehmen eine Wanderung. Fernglas, Digitalkamera, Ladegeräte, Sonnenbrille, Regenschutz, mehrere unterschiedliche Taschenmesser sowie ein Swiss-Tool fielen mir ein. Und Kleiderbügel, um nasse Wäsche aufzuhängen. Waschmittel in der Tube, Spülmittel, Geschirrhandtücher. Das Chaos im Arbeitszimmer nahm zu, das in meinem Kopf ab.

Am Abend ergänzte Anja meine Ansammlung um einen Stapel Wäsche, ihren Kulturbeutel und allerhand Kleinkram. Ich fragte sie ab, ob sie alles hatte: Fön? Brauche sie nicht. Genügend Badesachen? Ja, sogar meine habe sie gerichtet. Campingstühle? Habe sie bei ihrer Freundin Monika geordert, hole sie am Donnerstag ab. Außerdem ein Klappfahrrad von Gudrun. »Wir brauchen doch kein Klappfahrrad!« »Doch«, konterte Anja, »angenommen, wir stehen etwas außerhalb einer Ortschaft, dann muss ich zum Bäcker radeln, um frische Brötchen zu holen.« Ich entgegnete, dass ich die Route so weit ausgetüftelt habe, dass das nie vorkommen sollte. Im Prinzip. Sie bestand darauf, das Klappfahrrad mitzunehmen. Aus Prinzip.

Wir schrieben Donnerstag, den 6. Juli 2017, der Abend vor dem Reisestart. Im Arbeitszimmer standen zwei gut gefüllte Koffer, zwei Klappkisten sowie zwei überdimensionierte Tragetaschen, außerdem ein Rucksack, gefüllt mit Konserven aller Art, Reis- und Nudelvorräten. Es hätte ja sein können, dass Brandenburg so strukturschwach ist, dass wir wirklich keinen Supermarkt fänden, höchstens einen Tante-Emma-Laden, der Rotkäppchen-Sekt und Spreewaldgurken feilböte. Zwei Big Packs Wein aus dem Weinladen unserer Freundin Marina hatte ich auch besorgt. Guter Wein ist nördlich von Frankfurt bekannterweise nicht zu bekommen.

Mir fiel nichts mehr ein, mein Kopf war leer, ich sollte alles gepackt haben. Anja fiel ebenfalls nichts mehr ein. Wir fragten uns gegenseitig ab. Pillen? Meine Cortison-Tabletten gegen die Entzündungen in den Leisten hatte ich. Heuschnupfen-Tabletten, Mittel gegen Durchfall, ein Antiallergikum, Anti-Pilz-Salbe, Rasierwasser, Ohrenstäbchen, Wattepads, Pflaster. Dazu das Taschenmesser mit der extrem scharfen und spitzen Schere, um Zecken aus dem Fleisch zu schneiden.

Am Freitag, den 7. Juli, um 11 Uhr sollten wir das Wohnmobil abholen. Im Industriegebiet am Karlsruher Rheinhafen stand es bereit. Ich war zufrieden, dass auch Anja alles gepackt hatte. Verfrüht, wie ich feststellte, ich hätte es eigentlich wissen müssen. Denn neben meinen sorgsam gepackten Koffern, Taschen, Kisten und dem Rucksack landeten noch: Anjas Yogamatte, zwei Klappstühle, ihre Handtasche, ein kleiner Rucksack sowie eine Kühltasche mit verderblichen Lebensmitteln, die ich allerdings schon einkalkuliert hatte. Im Keller außerdem zwei Sixpacks mit Wasser in Plastikflaschen. Eines mit, eines ohne Kohlensäure. »Anja, wir müssen alles schleppen!« Vom fünften Stock zum Taxi vor dem Haus! Am Rheinhafen mussten wir alles wieder ausladen und im Mobil verstauen! »Das ist ein Chaos, kein systematisches Packen.« Wie laut es nun wurde, verschweige ich. Man beginnt mit dem Packen mindestens zwei Tage vor Reisebeginn und steht am Morgen der Abreise völlig entspannt mit gezücktem Wohnungsschlüssel in der Hand da! So meine Idealvorstellung, meine Philosophie, basta!

Dass Anja den ganzen Morgen ihren Wohnungsschlüssel suchte, den sie am Abend zuvor verlegt hatte, nachdem sie unbedingt noch mit einer Freundin zum Baggersee radeln musste, verschweige ich besser auch, denn ihre Sucherei machte mich rasend. Ich hatte einen ruhigen Abend verbracht, Deep Purple gehört und nochmal unsere Route studiert, war entspannt zu Bett gegangen, und jetzt das: Sie hatte noch nicht alles gepackt. Sie hatte ihren Schlüssel unauffindbar verlegt. Sie wühlte im Kleiderschrank, und sie zog noch allerhand Tücher und Schals hervor, die unbedingt mit mussten. Und noch eine spezielle Tagescreme für die Haut ab fünfzig. Bei mir tut es Nivea, mein Großvater ließ nichts anderes an seine zarte Haut und stieg mit neunzig faltenlos ins Grab. Völlig irre machte mich, dass sie am Freitagmorgen noch das Klappfahrrad besorgen musste.

Auf 10.30 Uhr bestellten wir ein Taxi »mit extra viel Stauraum«. Um 10.15 Uhr stand es vor der Haustür. Mit einem serbokroatisch-deutsch radebrechenden Fahrer. Wir schleppten alles nach unten, derweil der Taxifahrer eine Zigarette rauchte. Der Fahrer und ich luden ein. Anja kam mit dem Klapprad. »Das nehme ich nicht mit«, sagte der Taxifahrer. »Das nehmen Sie sehr wohl mit«, sagte Anja, »wir haben ein Taxi mit viel Stauraum bestellt.« »Aber keines für Fahrrad.« Anja versuchte das Rad zusammengeklappt ins Taxi zu pressen. Der Taxifahrer rebellierte. Ich rebellierte: »Das Scheiß-Rad bleibt hier!« Nun: Wir waren aufgeregt, wir wurden laut. Ich nannte sie hysterisch. »Dann gehen wir halt nicht in Urlaub«, donnerte ich. Ich setzte mich aufs Mäuerchen des Vorgartens und resignierte. Der Taxifahrer rauchte eine Zigarette, während Anja das Taxi wieder komplett auslud und unser Gepäck so umschichtete, dass auch dieses verfluchte Klappfahrrad unterkam. Derweil lief das Taxameter. Was wohl im Kopf des Taxifahrers vorging? Vermutlich, dass unsere Ehe den Urlaub nicht überstehen würde. Dabei war ich Anja gegenüber in dem knappen Vierteljahrhundert unserer Beziehung vorher nur einmal laut geworden, sehr laut sogar. Ein einziges Mal! Als sie nämlich freudestrahlend auf einer Schneebrücke stand, die von einem reißenden Bach unterspült war.

Renitente Gattin und defektes Wohnmobil – das kann heiter werden

Bei welchem Betrag das Taxameter stand, als wir endlich losfuhren, habe ich vergessen. Ich gab dem Taxifahrer aber 5 Euro Trinkgeld. Beim Ausladen zwischen all den Wohnmobilen stellte er die für mich völlig unverständliche, ja groteske Frage: »Ziehen Sie um?«

In den folgenden eineinhalb Stunden zweifelte ich, ob aus unserer Tour noch irgendetwas werden würde. Eine Ehefrau, die sich plötzlich und unerwartet als hysterisch und renitent herausstellte, und ein Wohnmobil mit Macken. Der freundliche Vermieter wies uns in den Gebrauch ein: Während der Fahrt immer alle Fächer verschlossen halten. Der Kühlschrank hat einen Sicherheitsverschluss. Die Badtür wird von einem starken Magneten geschlossen gehalten und darf während der Fahrt keinesfalls offen stehen. Während der Fahrt müssen auch alle Fenster geschlossen sein, vor allem die Dachfenster. Sonst pustet sie der Fahrtwind weg. Er demonstrierte, wie der Kühlschrank zu betreiben war: Während der Fahrt auf Batterie umstellen. Sofern externer Strom vorhanden ist, also auf einem Campingplatz, diesen verwenden, ansonsten die Gaskühlung nutzen: Der nette Vermieter führte vor,

wie diese Gaskühlung funktionierte: Temperaturregler reindrücken, Zünder betätigen, Regler noch so lange gedrückt halten, bis die rote Markierung in den grünen Bereich gewandert ist. Außerdem, ganz wichtig: Die Wasserpumpe nur dann anschalten, wenn wirklich fließendes Brauchwasser benötigt wird. Er versuchte uns vorzuführen, wie das funktioniert, doch kein Tropfen Wasser kam aus dem Hahn der Küchenzeile, kein Tröpfchen floss in der Nasszelle. »Sehen Sie, Ihr Vorgänger hat die Wasserpumpe wohl immer laufen lassen, jetzt ist sie kaputt«, versuchte er zu retten, was zu retten war, als ich ihn fragte, ob er das Mobil nicht vorher schon durchgecheckt habe. Gemach, gemach, zügelte ich meine Wut, bring den armen Kerl nicht auch noch auf die Palme.

Er müsse nur geschwind die Pumpe austauschen, wir sollten es uns bequem machen. Er holte einen Werkzeugkasten, nahm den Rücksitz heraus, fluchte und stöhnte. Na prima, dachte ich und sah meinen Zeitplan davonschwimmen. Heute Nachmittag würde es wohl nichts werden mit Summit Nummer 1. Wahrscheinlich ging die Reise mit einem solch desolaten Gefährt total in die Binsen, wir würden irgendwo auf der Autobahn in der Pfalz liegenbleiben und mussten abgeschleppt werden. Wir setzten uns also bei schwülen 34 Grad in den Schatten, tranken Wasser aus einer unserer Plastikflaschen und warteten. Eigentlich wollten wir den vorbereiteten Kartoffelsalat und die Frikadellen auf Burg Trifels oder beim Teufelstisch im kühlen Schatten einer Buche verspeisen und dann eine kleine Siesta halten. Stattdessen saßen wir neben dem Büro-Container der Wohnmobilvermietung mit Blick auf zahlreiche kleine und große Caravans, Wohnmobile, Anhänger, Leitern, Wasserschläuche, Werkzeugkisten, weitere Container und beobachteten, wie sich unser freundlicher Vermieter bemühte, erfolgreich bemühte.

Wir waren satt, das Wasser lief, wir luden ein und wir schalteten zum ersten Mal in unserem Leben ein Navi ein. »Selbsterklärend« seien die meisten, hatten wir uns sagen lassen. Ich war der Beifahrer, ich musste das Navi bedienen und uns nun über die Straßen der Republik führen. Für mindestens 3.700 Kilometer.

BURGEN IN DER SÜDPFALZ

Die südwestliche Pfalz ist mit Burgen und Schlössern gesegnet. Zum »Pfälzer Dreigestirn« gehört neben dem Trifels die Burgruine Scharfenberg, deren 20 Meter hoher Bergfried weithin sichtbar ist. Vom Brunnenturm und der Ringmauer sind nur Ruinen erhalten. Erbauen ließ sie Stauferkönig Konrad III. im 12. Jahrhundert. Die Burg wurde zeitweise als Gefängnis genutzt. Im Bauernkrieg 1525 wurde sie zerstört. Von der dritten im Bunde, Burg Anebos, existieren nur noch Ruinen. Datiert wurde sie auf Anfang des 12. Jahrhunderts, sie gehörte den Herren von Anebos, die Mitte des 13. Jahrhunderts ausstarben. Sehenswert ist Burg Berwartstein im Dahner Felsenland. Sie ist eine Bilderbuchburg, da anscheinend vollständig erhalten – die Rekonstruktion Ende des 19. Jahrhunderts erfolgte aber nicht originalgetreu. Insgesamt jedoch zeugt die Anlage mit ihren vielen baulichen Raffinessen, unterirdischen Gängen und Kasematten von der damaligen Baukunst. Kaiser Barbarossa soll die Burg um 1150 an den Speyerer Bischof Günther von Henneberg als Reichslehen übergeben haben, sie gehörte also zu den salischen und staufischen Festungsanlagen. Ebenfalls in der Südpfalz findet sich die Burgruine Neuscharfeneck. Von der hochstaufischen ursprünglichen Burg sind noch Reste vorhanden (13. Jahrhundert), ausgebaut wurde sie bis zum Jahr 1530 immer wieder. Eine der ältesten und größten Anlagen ist die Madenburg, benannt zu Ehren Marias (»Maidenburg«), erstmals erwähnt 1176. Möglicherweise fand hier die Fürstenversammlung statt, die über die Absetzung des Salierkaisers Heinrich IV. beriet, was genau 100 Jahre zuvor der Fall war. Die Burg wurde mehrfach um- und ausgebaut, erobert oder verkauft. Bis sie im pfälzischen Erbfolgekrieg (1688 bis 1697) endgültig zerstört wurde. Die Burgruine Landeck bei Landau, die nach dem Wiener Kongress zeitweise zum Königreich Bayern gehörte, ist ein beliebtes Ausflugsziel. Hier finden alljährlich Mittelaltermärkte statt (»Landeckfest«). Die Rietburg zeichnet sich dadurch aus, dass sie eine Hangburg ist, also nicht auf einem Berggipfel steht. Und: Sie ist mit einer Sesselbahn erreichbar. Erbaut wurde sie Anfang des 13. Jahrhunderts von den Herren von Riet, als Lehen der Benediktinerabtei Weißenburg. Wieder folgte eine wechselhafte Geschichte bis zur Zerstörung im Dreißigjährigen Krieg. Mit dem Auto erreichbar ist die Kropsburg bei

Edenkoben, deren Erbauung ebenfalls auf das Jahr 1200 datiert wurde. Mit einer ganzen Reihe von weiteren Burgen diente sie zur Abschirmung gegenüber dem Trifels und besteht aus einer Ober- und einer Unterburg. Auf den Trümmern der Unterburg steht heute ein Restaurant mit großartiger Aussicht auf die Rheinebene. Das Hambacher Schloss ist eines der wichtigsten Symbole der deutschen Demokratiebewegung, 1832 fand dort das Hambacher Fest statt. Ursprünglich wurde sie als Burg der Salier im 12. Jahrhundert erbaut. Das Hambacher Fest war eine sechstägige Protestveranstaltung mit etwa 30.000 Teilnehmern. Die Pfälzer begehrten auf gegen Repressionsmaßnahmen der bayerischen Verwaltung, etwa eine strenge Zensur oder das Verbot politischer Kundgebungen – weshalb die Organisatoren das Ganze als Volksfest ausgaben. Unabhängig davon bauten die bayerischen Eigentümer das Schloss in neugotischem Stil wieder auf – Vorbild war Schloss Hohenschwangau.

Burg Trifels – erstes Bonus-Ziel:
Hier war Richard Löwenherz eingesperrt.

SUMMIT 1
DOLLBERG (695 M, SAARLAND)
MORGENSTERN UND TEUFELSTISCH

Wir lagen im Zeitplan. Spätestens um 14 Uhr hätten wir losfahren müssen, um noch am ersten Tag Summit Nummer 1 zu schaffen. Nun war es 13.30 Uhr. Unser Vorhaben war ehrgeizig. An Tag *eins* Summit *eins*, am Abend von Tag *zwei* wollten wir Summit *zwei*, den Erbeskopf, und *drei* erreicht haben, also auf der Wasserkuppe in Hessen angelangt sein. Warum diese Eile, wir hatten doch für 16 Summits drei Wochen Zeit? Am Anfang ist man euphorisch, später lässt die Begeisterung nach – das glaubten wir jedenfalls. Außerdem wollten wir gleich zu Beginn auf Nummer sicher gehen – bloß keinen Stress am Ende! Bei durchschnittlich 175 Kilometern Fahrstrecke pro Tag sollte das zwar locker zu packen sein, aber ich bin Pessimist. Wenn auch ein fröhlicher Pessimist. Und dann sind da ja noch die Zwischenziele, schließlich ist es einigermaßen idiotisch, 16 »Höhepunkte« abzuklatschen und weiterzufahren. Zumal die meisten der Summits ergreifend uninteressant sind – glaubte ich zumindest. Wir betreiben eine Spezialform des Geocachings, indem wir die Summits »sammelten« plus einige Bonus-Ziele. Auf dem Weg ins Saarland gab es in Rheinland-Pfalz zwei solcher Bonus-Ziele, nämlich Burg Trifels bei Annweiler sowie die Felsformation Teufelstisch im Dahner Felsenland. Burg Trifels war die erste Burg meiner Kindheit, den Teufelstisch wollte ich schon immer einmal in Augenschein nehmen.

Doch zunächst kamen wir nicht weit. Nicht einmal über die Landesgrenze zu Rheinland-Pfalz in nicht einmal fünf Kilometer Entfernung von unserem Startplatz Rheinhafen Karlsruhe. Beim Bremsen an der ersten Ampel schoss eine Schublade heraus. Die unterste mit den Wurst- und Fischkonserven. Anja fuhr vorsichtiger, wir steuerten den nächsten Rastplatz an. Ich stieg nach hinten und überprüfte noch einmal alle Schubladen und Klappen. Nun war alles dicht. »Ist der Kühlschrank eigentlich an oder aus?«, fragte ich Anja vorsichtshalber. »Der Vermieter hat ihn doch angeschaltet«, gab sie zur Antwort. Richtig, ich erinnerte mich. Ich rekapitulierte noch einmal seine Anweisungen, doch ich bekam partout nicht zusammen, wie der Kühlschrank funktionierte. Am Trifels wollte ich ihn überprüfen.

Von Annweiler zum Trifels führt eine relativ schmale Straße. »Relativ schmal« hieß für uns »extrem schmal«. Jedes Mal bei Gegenverkehr klammerte ich mich an die Armlehnen. Wir hatten zwar eine Vollkaskoversicherung mit 250 Euro Selbstbehalt, doch ein Papierkrieg mit einer Versicherung musste nicht sein. Der Autovermieter war außerdem sehr pingelig. Keinen noch so kleinen Lackkratzer werde man akzeptieren, kein noch so winziges Ästchen durfte das Mobil streifen. Jeder hartnäckige Fliegenschiss galt als Beschädigung. Die Deutschen und ihr heilig's Blechle! Ein Auto ist ein Gebrauchsgegenstand, Messer werden bei Benutzung schließlich auch nicht schärfer. Die PKW-Verleiher auf den Kanaren sehen das lockerer, genauer gesagt: realistischer. Kratzer unter fünf Zentimetern Länge registrieren sie gar nicht.

Viel Verkehr gab es an diesem Freitagnachmittag nicht. Unterhalb der Burg Trifels auf dem 494 Meter hohen Sonnenberg war ein halb leerer Parkplatz. Anja achtete darauf, später wieder vorwärts ausparken zu können und einen ausreichenden Wendekreis zu haben. Die Berge der Südpfalz gehören geografisch-geologisch zum Wasgau. Es ist eine typische deutsche Mittelgebirgslandschaft, wie sie uns noch oft begegnen würde, mehr oder weniger sanfte, bewaldete Kuppen, allerdings mit zwei Eigenarten: Auf vielen der Kuppen finden sich erstens gewaltige Buntsandsteinfelsen, zweitens ist Rheinland-Pfalz mit mittelalterlichen Burgen besonders reich gesegnet. Den Sonnenberg prägte also schon vor der Erbauung des Trifels' ein 145 Meter langer, 40 Meter breiter und 50 Meter hoher roter Felsklotz. Und zu diesem mussten wir nun aufsteigen, geschätzte 300 Meter. Um meine Sehnen zu schonen, schlichen wir hinauf, ein gemütlicher Spaziergang bei schwülen 34 Grad. Vorher aber kontrollierten wir die Temperatur im Kühlschrank: 21 Grad. »Der Vermieter meinte, es dauere zwei bis drei Stunden, bis er runtergekühlt ist«, sagte Anja, »21 Grad ist ja schon mal was.«

Der Trifels war im Hochmittelalter (von 1113 bis 1310) eine Reichsburg und damit Mittelpunkt der historischen Ereignisse dieser Zeit. Die Salier, die Wittelsbacher, die Staufer und das Haus Pfalz-Zweibrücken regierten und logierten hier. Ich erinnere mich lebhaft an die erste Führung durch die Burg als 14-Jähriger im Jahr 1981. Im Gedächtnis geblieben sind mir nicht die Reichskleinodien des Heiligen Römischen Reiches, die hier in originalgetreuer Nachbildung ausgestellt sind, auch nicht die dreiwöchige Gefangenschaft des englischen Königs Richard Löwenherz im Frühling 1193 und erst recht nicht die Variante der Kyffhäuser-Sage, wonach im Trifels ein Kaiser schlafen soll. Einzig und allein die drastische Schilderung von Folterungen und Kriegshandlungen des damaligen Burgführers habe ich behalten: »Wer morgens sieht den Morgenstern, sieht abends nicht den Abendstern.«

Moderne Restauratoren rümpfen über die Burg vermutlich die Nase. Sie verlor im Laufe der Geschichte ihre Bedeutung, wurde 1602 bei einem schweren Gewitter durch Blitzschlag zerstört und verfiel. Bis die Nazis sie wieder aufbauten bzw. eine »nationale Weihestätte« schufen, und zwar im Stil süditalienischer Kastellburgen. Mit Sicherheit gab es im Mittelalter keinen über zwei Stockwerke reichenden »Kaisersaal«, wie von den Nazis »rekonstruiert«.

Anja und ich hatten die Burg kurz nach unserer Hochzeit schon einmal gemeinsam besucht. Das ist zwar fast zwanzig Jahre her, trotz-

Eine wackelige Angelegenheit – der Teufelstisch im Dahner Felsenland

dem wollten wir heute von der Burg nur die Aussicht genießen und keine Führung mitmachen. Im Tal liegt das Städtchen Annweiler, in unmittelbarer Nachbarschaft die Burgen Anebos und Scharfenberg, beide nur noch Ruinen. Das »Pfälzer Dreigestirn« ist als »Trifelsgruppe« bekannt und bei Kletterern beliebt. Fernsicht zum heimatlichen Nordschwarzwald blieb uns verwehrt, die Bergkulisse des Wasgaus mit seinen scharf geschnittenen Bergkuppen samt den dekorativen Kumuli gaben dem Ausflug zur Burg ihren hochsommerlichen Reiz. Wir beschränkten uns auf die Aussichtsterrasse, zahlten keinen Eintritt, machten keine Führung mit. Ich schielte auf die Uhr, schließlich war nicht der Trifels unser Tagesziel, sondern unser erster Summit. Auch den Abstieg zum Parkplatz nahmen wir eher schleichend.

Das Wohnmobil stand im Schatten, das Thermometer im Kühlschrank zeigte 22 Grad. Bei genauem Hinsehen waren es mit Fantasie noch 21 Grad. Der Kühlschrank war korrekt auf Gasbetrieb eingestellt, wir parkten ja. »Wir fahren jetzt nur ein paar Kilometer zum Teufelstisch, da stellen wir nicht auf Batterie um«, meinte Anja. Auf dem Boden des Mobils knirschte es. »Aus der Rubrik ›Etwas fehlt immer‹: Wir sollten unterwegs einen Handfeger kaufen.«

»Man muss Ziele haben.« Ein banaler Satz. Genauso banal wie der Satz: »Der Weg ist das Ziel.« Mit dem Unterschied, dass der zweite Satz völliger Quatsch ist. Wir hatten vor vielen Jahren beschlossen, von Karlsruhe aus einfach drauflos zu wandern. Irgendwie, irgendwo Richtung Südwesten, Richtung Mahlberg. Mit 614 Metern ist er die höchste Erhebung im heimatlichen Landkreis. Wir marschierten ein Stück einer Tour mit dem Namen »Richard-Massinger-Weg« mit schönen Blicken ins Rheintal. An einer altbekannten Wegkreuzung sagte Anja: »Ich will heute mal nach links gehen.« Also gut, dachte ich, verlaufen kann man sich hier nicht. Man kommt immer irgendwie, irgendwo ans Ziel oder auch nicht. Wir kamen an ein Zwischenziel, zur Carl-Schöpf-Hütte, hielten Brotzeit und Siesta, bevor es auf Umwegen weiter ging Richtung Moosbronn unterhalb des Mahlberges. Auf Schotterwegen durch Mischwald. Links sind Bäume, rechts sind Bäume und dazwischen

Unkraut. Kanadisches Berufkraut, Farn, Springkraut, kilometerweit. Mir wurde immer langweiliger, ich wurde immer müder. Ursprünglich gedachten wir, zum x-ten Mal auf den Mahlberg zu steigen und dann durchs einsame Moosalbtal zu wandern. Doch irgendwie, irgendwo landeten wir auf einem anderen Weg. Links sind Bäume, rechts sind Bäume, ich benötigte eine zweite Siesta, bevor wir nun entnervt den kürzesten Weg zur nächsten S-Bahn-Haltestelle nahmen. »Der Weg ist das Ziel« ist Geschwafel, esoterischer Humbug. Wenn wir uns nichts konkret vornehmen, ver-laufen, zer-streuen und lang-weilen wir uns: »Das Ziel ist weg.«

Das Navi hatte auf dem Weg zum Teufelstisch Probleme, denn die B 10 war streckenweise neu ausgebaut mit Ortsumgehungen. Es schien, als sei die Neubaustrecke gerade erst eingeweiht worden, die Scherben der Sektflaschen lagen quasi noch am Straßenrand. Ich lernte also schnell, dem Navi nicht uneingeschränkt Vertrauen zu schenken, sondern auch die Straßenschilder zu beachten. Anja war wieder etwas entnervt, weil sie nicht wusste, ob sie »links« fahren sollte, wenn ich »links« brüllte und das Navi auf »rechts« bestand. Wir verabredeten, dass ich das letzte Wort hatte. Die Beschilderung in Hinterweidental zum Teufelstisch ist auch eher bescheiden. Dass man ins Navi nicht nur die Orte und Straßen, sondern meist auch Sehenswürdigkeiten eingeben kann, musste ich im Laufe der nächsten Tage ebenfalls noch lernen. Immerhin kamen wir so zu einer guten Flasche Dornfelder für 4 Euro, die eine Bäuerin am Straßenrand zusammen mit anderen Weinen und Früchten feilbot. Sie erklärte mir auf Pfälzisch den Weg.

Der Teufelstisch ist eines der landschaftlichen Wahrzeichen der Pfalz, eine 14 Meter hohe Felsformation, geschätzte 284 Tonnen schwer. Selbst auf Briefmarken wurde der Teufelstisch schon verewigt. Die etwa 50 Quadratmeter große »Tischplatte« ist aus härterem Sandstein als das »Tischbein«, das im Laufe der Jahrtausende immer weiter zerbröselt. Ähnliche, aber bei Weitem nicht so beeindruckende Formationen gibt es im Dahner Felsenland einige, etwa den Teufelstisch von Salzwoog.

Wieder musste ich gut 300 Meter vom Parkplatz bis zur Sehenswürdigkeit aufsteigen. Dass man es als Fußlahmer nicht leicht hat, sollte ich im Laufe der Reise oft erfahren. Schon jetzt war ich sicher, nicht schmerzfrei nach Hause zu kommen, aber das hatte ich auch nicht erwartet. Die Neugier war größer als der Schmerz.

Irgendwann wird die gewaltige Tischplatte das Gleichgewicht verlieren und hinabstürzen. Unwillkürlich hat man die Vorstellung, es könnte einen selbst treffen, wenn man unter diesem Klotz steht. Mir kam der Einsturz der Felsbrücke »Azure Window« auf der Insel Gozo im März dieses Jahres in den Sinn oder der arme Rentner, der vor einigen Jahren in der Nähe von Pfronten auf einem breiten Wanderweg von einem Felsklotz regelrecht platt gemacht wurde, und zwar vor den Augen seiner Frau. Im Netz ist ein eindrückliches Video von Wanderern zu sehen, die kurz bevor der Gipfel des Piz Lischana als gewaltiger Bergsturz ins Tal donnerte, noch auf diesem standen. Es gruselte mich also leicht unter dem Teufelstisch.

Der Kühlschrank im Auto war bei 25 Grad angelangt. Irgendetwas hatten wir falsch gemacht. Viele leicht verderbliche Lebensmittel hatten wir nicht darin gelagert. Aufgrund der fortgeschrittenen Zeit beschlossen wir, die Bedienungsanleitung erst nach Erreichen des Zielparkplatzes in Nonnweiler-Otzenhausen zu studieren. Google Maps hatte mir zwei sinnvolle Fahrtrouten präsentiert, erstens über die Autobahn, zweitens über die B 62. Das Navi wählte Variante zwei. Anfangs irritierte es mich, dass das Gerät oft von der »Idealroute« abweicht, um uns Staus und andere Hindernisse zu ersparen, jetzt war ich genervt von den Varianten der Varianten, von kleinen Kreisstraßen, auf denen wir angeblich schneller vorankamen.

Die Tage sind Anfang Juli lang, wir kamen gegen 18 Uhr am Wanderparkplatz beim keltischen Ringwall an. Erfreut stellten wir fest, dass sich dort auch Dixi-Klos befanden, schließlich wollten wir unser integriertes WC nur im äußersten Notfall nutzen. Um uns Sauerei und Geruchsbelästigung zu ersparen. Es musste schon heftig schütten und deutlich unter 10 Grad haben, um nicht den Wald zu düngen.

Wir suchten die Bedienungsanleitung für den Kühlschrank und fanden Kiloweise Anleitungen ausschließlich in Französisch. Schließlich fanden wir heraus, wie man den Kühlschrank tatsächlich in den Gasbetrieb versetzt. Wir hatten vergessen, den Temperaturregler nach der Zündung noch ein paar Sekunden gedrückt zu halten. Im Kühlschrank maßen wir kuschelige 27 Grad, später, nach unserem ersten Summit, sollte die Temperatur auf 20 Grad gefallen sein.

Der Dollberg ist unter den 16 Höhepunkten der Bundesländer vergleichsweise schwer zugänglich. Meinen Sehnen hätte ich eine leichte Waldwanderung von 1,5 Stunden Dauer zumuten müssen, also etwa sechs Kilometer – wären wir der Beschreibung gefolgt, die ich im Netz gefunden und ausgedruckt hatte. Nach vielen Hunderttausend Höhenmetern in den Alpen waren wir jedoch nicht in der Lage, den auffälligen Markierungen des Saar-Hunsrück-Steiges zu folgen. Noch vor dem mächtigen keltischen Ringwall verliefen wir uns, stiegen und staksten weglos auf diese gewaltige Ansammlung von Steinen aus beinhartem Taunusquarzit. Die Erbauer hatten die Steine aus dem Mannfelsen gebrochen, der am Anfang der Wanderung aufragt, und mit Viehwägen an diese Stelle verfrachtet. Wir kraxelten in Turnschuhen den Wall hinauf und auf der anderen Seite wieder hinunter. Für meine Sehnen war das Gift. An seiner Nordseite sollte der Saar-Hunsrück-Steig direkt bis zum höchsten Punkt des Dollberges führen, anfangs auf breiten Forstwegen, später auf einem schmalen Waldpfad. Wir hatten also den Ringwall überklettert und die Nordseite erreicht. Nun galt es, den markierten Wanderweg wieder zu finden. Wir folgten einem Pfad direkt am Fuße des Bollwerks. Fünf Minuten und wir waren wieder auf dem rechten Weg. Für alle, die sich nicht so dumm anstellen wollen wie wir, aber auch auf ein GPS und eine Wanderkarte verzichten möchten: Vom Mannfelsen in unmittelbarer Nähe des Parkplatzes dem Saar-Hunsrück-Steig bis zu den Treppenstufen folgen, die auf den Ringwall führen, dann bleibt man sogar als Blinder auf dem Weg zum Dollberg. Wir waren blinder als ein Blinder, denn wir hatten die Treppe zwar gesehen, aber ignoriert.

Die Richtung stimmt. Jedenfalls grob ...

Der Weg auf den Dollberg zog sich aus unerfindlichen Gründen. Oder genauer: Weil wir nervös und neugierig waren und die Zeit fortschritt. Weil wir Hunger hatten und es schwülheiß war. Als wir endlich glaubten, am Gipfel zu stehen, senkte sich der Weg noch einmal ein paar Meter, bevor er wieder anstieg. Plötzlich ein paar tote Bäume mit prächtigen Baumpilzen und das Schild »Dollberg. Hxöchste Erhebung des Saarlandes. 695,4 Meter«. Die armen Saarländer haben nicht einmal einen 700er als höchsten Berg, stellten wir, die wir zum allerersten Mal in unserem Leben überhaupt im Saarland waren, fest. In die Ferne schweifen kann man seinen Blick hier oben auch nicht lassen. Wir befanden uns mitten im Wald. Ein typisch deutscher Mischwald ohne Auffälligkeiten, genauso unauffällig wie das Saarland, das wie ein zu groß geratener Wurmfortsatz am Südwesten Deutschlands hängt. Kein Gipfelkreuz, kein Gipfelbuch, nur dieses Schild, auf dem auch hätte stehen können: »Bitte verlassen Sie den Wald so, wie sie ihn vorgefunden haben« oder »Picknicken verboten«. Na, wenn alle Summits

Glückspilz: der Autor auf seinem ersten Summit

so spannend sind, wird der Urlaub als langweiligster überhaupt in die Annalen (apropos Wurmfortsatz …) eingehen.

Der Rückweg fiel kürzer aus als der Hinweg. Logisch, denn wir verstiegen uns nicht im Ringwall, sondern nahmen die Treppe. Die tief stehende Sonne ließ den Steinwall noch beeindruckender erscheinen und die verspargelte Hunsrücklandschaft in sanftem Licht glänzen. Vergnügt genossen wir die Schattenspiele im Wald und den Dornfelder im Wohnmobil. Wir waren hungrig geworden, ich hatte Pizzagelüste. Leider hatten wir kein Gefrierfach im Kühlschrank, das groß genug gewesen wäre für Fertigpizzen, von einem Backofen ganz zu schweigen. Wir hätten sie eh in den Abfalleimer werfen können. Immerhin maß das Thermometer im Kühlschrank 14 Grad als wir ins Bett gingen. Wir waren beruhigt, vor allem ich, denn wir hatten alle Tagesziele und uns selbst erledigt.

Baumpilz: ungeeignet für Pizza funghi

DER RINGWALL VON OTZENHAUSEN

Der Volksmund nennt den Ringwall von Otzenhausen fälschlicherweise »Hunnenring« – mit den gleichnamigen Völkern hat er nichts zu tun. Seine Entstehung wurde in die Zeit vom 5. bis zum 1. vorchristlichen Jahrhundert datiert. Die Hunnen machten sich erst später über Deutschland her. Vielmehr sind es Überreste der Befestigung des Keltenstammes der Treverer. Schon in frühkeltischer Zeit wurde damit eine Ortschaft (»Oppidum«) geschützt. Im letzten Jahrhundert v. Chr. wurde die Befestigungsanlage gegen die drohenden germanischen Sueben ausgebaut. Einer der Herrscher, die hier residierten, war der Treverer Indutiomarus. Die gigantische Größe lässt vermuten, dass die Einwohner des Dorfes wohlhabend waren. Funde von Eisenverarbeitung weisen ebenso darauf hin. Etwa 50 v. Chr. verließen die Bewohner die Festung, und zwar friedlich, Hinweise auf kriegerische Handlungen gibt es keine. Im Westen des Ringwalls befand sich ein Tor, eine Quelle im Innenbereich sorgte für Trinkwasser. Insgesamt umfasst der Wall eine Länge von 2,5 Kilometern, bedeckt ein Areal von 18 Hektar, ist bis zu zehn

Gewaltige Dimensionen: der keltische Ringwall

Meter hoch und in der Basis mehr als 40 Meter tief. Eine Art Fachwerk hielt die Steine zusammen und bildete einen robusten Schutz gegenüber Angreifern, selbst wenn diese mit Rammböcken anrückten. Die Holz-Steinmauer war bis zu 25 Meter hoch und ebenso breit, gekrönt war sie von einer hölzernen Palisade zum Schutz der Verteidiger. Dem Hauptwall sind kleinere Wälle vorgelagert. Heute ist die Anlage ganzjährig zugänglich und mit zahlreichen Informationstafeln ausgestattet. Die Ausgrabungen und Forschungen dauern noch an.

ETAPPE 1

STARTPUNKT:	Karlsruhe (Rheinhafen)
WEGPUNKTE FÜRS NAVI:	Annweiler, Hinterweidental, Nonnweiler-Otzenhausen. In Annweiler der Beschilderung »Trifels« folgen, in Hinterweidental »Teufelstisch«. Der Wanderparkplatz zum Dollberg an der L147 befindet sich nördlich von Nonnweiler-Otzenhausen und ist durch die auffällige touristische Ausschilderung des keltischen Ringwalls nicht zu übersehen.
FAHRTSTRECKE GESAMT:	Karlsruhe – Nonnweiler-Otzenhausen: 191 Kilometer
HÖCHSTER BERG IN SAARLAND:	Dollberg, 695 Meter. Barrierefrei nicht zu erreichen
MINIMALER AUFWAND:	1,5 Stunden und ca. 6 Kilometer dem Saar-Hunsrück-Steig vom Wanderparkplatz nördlich von Nonnweiler-Otzenhausen folgen.
FÜR FORTGESCHRITTENE:	Saar-Hunsrück-Steig, von Perl (Mosel) nach Boppard (alternativ: Trier), 27 Etappen, 410 Kilometer. Höhepunkte: Dollberg, Erbeskopf, Saarschleife, Burg Wildenburg. Der Premiumwanderweg gehört mit seiner geschickten Wegführung zu den beliebtesten deutschen Fernwanderwegen. http://www.saar-hunsrueck-steig.de
WEITERE BESONDERHEITEN DES DOLLBERGS:	Die 11,2 Kilometer lange »Dollbergschleife«, ebenfalls ein markierter Premiumweg. Startpunkt am genannten Wanderparkplatz. Stationen des Rundwanderwegs sind die keltische Festungsanlage, der Züscher Hammer, das größte Eisenhüttenwerk des Hunsrücks im 17. Jahrhundert, sowie die Talsperre Nonnweiler.

Hessen – ganz oben:
Anja und das »Radom« auf der Wasserkuppe

SUMMITS 2 UND 3

ERBESKOPF (816 M, RHEINLAND-PFALZ) UND WASSERKUPPE (950 M, HESSEN)
DIE ENTDECKUNG DES ERSTEN GANGES

Am nächsten Morgen zeigte das Thermometer im Kühlschrank vier Grad an. Offenbar funktionierte er. Aber wir hatten vergessen, Brötchen zu kaufen. Sie wären im Gefrierfach ohnehin zu nassen Schwämmen mutiert und dann hart gefroren. Anja nahm das Klapprad *nicht* vom Heck und radelte *nicht* zum Bäcker nach Otzenhausen. Ich wettete, dass wir das Rad während unserer Reise kein einziges Mal verwenden würden. Anja wettete dagegen. Zum Frühstück gab es Schokokekse. Genauer gesagt, Bruchstücke von Schokokeksen, denn sie waren im Kühlschrank zu einem einzigen Klumpen verschmolzen und hatten sich über Nacht in einen schokobraunen Ziegel verwandelt. »Geschmacklich sind sie gut«, meinte Anja. Ihr war der Kaffee viel zu stark, ich hatte das Pulver nach Gutdünken im Filter angehäuft. Es war sicher mehr als das Anja-Optimum von 37 Gramm.

Heute hatten wir ein straffes Programm. Hätten wir ausschließlich die 16 Summits im Visier gehabt, wären wir nach dem Erbeskopf 312 Kilometer meist über die Autobahn zur Wasserkuppe gefahren. Auf unserer Reise durch alle Bundesländer kamen einige davon ziemlich »schlecht« weg, sprich, unser Aufenthalt sollte jeweils recht kurz sein. Hier im Saarland verbrachten wir eine Nacht, ohne einen einzigen Saarländer getroffen oder gesprochen zu haben. In Rheinland-Pfalz hatten wir immerhin den Trifels und den Teufelstisch besucht und mit sage und

Kunst auf dem höchsten Pfälzer Berg

schreibe zwei Pfälzern gesprochen, nämlich mit der Bäuerin, die uns einen Dornfelder verkaufte, und dem Eintrittskartenverkäufer am Trifels. In unserem Nachbarland Rheinland-Pfalz sollten wir nicht einmal übernachten. Wenigstens das schöne Nahetal mit seinen Flussschleifen, Weinbergen und Felsformationen wollten wir noch besuchen – das weit bekanntere Moseltal hätte einen zu großen Umweg bedeutet. Am frühen Vormittag stand jedoch erst einmal Summit Nummer 2 auf unserer Liste: Der Erbeskopf ist mit 816 Metern Höhe nicht nur der höchste Berg von Rheinland-Pfalz, sondern auch des gesamten Hunsrücks. Außerdem: Es ist der höchste linksrheinische Berg Deutschlands und der Benelux-Staaten, also wirklich bedeutend. Und er ist barrierefrei zu erreichen, es sei denn, man will den Aussichtsturm besteigen. 32 Kilometer hatten wir zu fahren – der wenig spektakuläre Hunsrück und der Harz sind die beiden einzigen Gebirge mit zwei Summits. Im Harz steht wenigstens ein veritabler Tausender.

Wir parkten auf etwa 815 Metern Höhe an einem Wendehammer direkt neben dem Stacheldrahtzaun des militärischen Sperrgeländes.

Ja, auch das gibt es noch: Relikte des Kalten Krieges, und zwar ziemlich viele auf den »hohen« Bergen der Republik. Als Erstes stiegen wir auf den Aussichtsturm. Nach Norden hatten wir passable Sicht in Richtung Eifel, nach Nordosten zum Taunus, in südlicher Richtung verdeckt Wald die Sicht. Einige Hundert Meter unter uns entdeckten wir das »Hunsrückhaus Erbeskopf«, außerdem Skihänge und direkt vor uns eine Windklangskulptur des Künstlers Christoph Mancke. Das Land Rheinland-Pfalz hat den Erbeskopf nach dem teilweisen Rückzug des Militärs zur »Wintersport-, Natur- und Umweltbildungsstätte Erbeskopf« umgewidmet und umgebaut, um ihn für Touristen noch attraktiver zu machen. Zugegeben, die Skulptur mitsamt ihrem frei in die Luft ragenden Steg ist in ihrer Schlichtheit beeindruckend. Summit Nummer 2 hat also einige Pluspunkte mehr zu bieten als Summit Nummer 1. Auch die Fernsicht ist ordentlich, nur hätten die Pfälzer den elf Meter hohen Aussichtsturm etwas aufstocken können. Der 1961 gesprengte Kaiser-Wilhelm-Turm erlaubte mit seinen 21 Metern Höhe noch eine 360-Grad-Rundsicht. Wir packten das Fernglas aus und konnten die Hohe Acht ausmachen, mit 747 Metern höchster Berg der Eifel. Dort steht er noch, ein Turm benannt nach Kaiser Wilhelm. »Ganz nett, hier oben«, befanden wir und schlenderten zum Mobil.

Anja ist eine gute Autofahrerin. Durch die Haarnadelkurven der Alpenpässe steuert sie forscher als die meisten Einheimischen, so mancher ängstliche Porsche-Fahrer hat vorsichtshalber eine Haltebucht angesteuert, um den Golf 2 mit Anja am Steuer vorbeizulassen, und ist seitdem traumatisiert. Doch das Wohnmobil würgte sie bei fast jedem Anfahren ab. Sie verzweifelte an diesem Vormittag auf dem Weg über die Höhen des Hunsrück, durch die endlosen Getreidefelder, Weinberge und winzigen Dörfer – die Fahrt war geprägt durch weite Ausblicke, die streckenweise arg durch Windräder beeinträchtigt werden. Man muss die Metallspargel mögen, was bei uns nur eingeschränkt der Fall ist. Es sind notwendige Übel.

Ziel Nummer zwei an diesem Tag war der Rotenfels bei Bad Kreuznach. Auch er hat einige Rekorde und Besonderheiten zu bieten.

Wir hatten ihn als Ziel ausgewählt, weil er nahezu exakt auf einer Linie zwischen Erbeskopf und Wasserkuppe liegt, was übrigens weder Google Maps noch unser Navi errechnet hatte. Ich hatte eben auch meinen guten alten Schulatlas zu Rate gezogen. Vor allem aber, weil er sehr beeindruckend sein musste: Ein Felsmassiv aus rotem Vulkangestein (Rhyolith), 1.200 Meter lang und über 200 Meter hoch – die höchste und größte Steilwand zwischen Alpen und Skandinavien. Doch bis dahin würgte Anja unser Wohnmobil gefühlte fünfzigmal ab. Einmal in einem Kreisel, sodass wir im Eifer des Gefechts und der nachfolgenden PKWs die falsche Ausfahrt nahmen. »Macht nix«, sagte ich, »mal sehen, wohin uns das Navi führt.« Ich hatte inzwischen ein wenig Vertrauen in »Navine« gewonnen, wie wir das Gerät mittlerweile nannten. Ein weiteres Mal würgte Anja den Motor neben einer Pferdekoppel ab. Seitdem hatten wir einen Namen für das Wohnmobil, nämlich »Fury«. Navine führte uns über eine Kreisstraße mit vierstelliger Kennziffer wieder zurück auf eine größere Bundesstraße, streckenweise folgten wir der »Deutschen Edelsteinstraße«. Ob es einen einzigen Touristen gibt, der solchen Themenstraßen folgt? Der nicht nur das »Deutsche Edelsteinmuseum« in Idar-Oberstein besucht, sondern auch den entsprechenden Wanderwegen folgt oder in Edelsteinminen absteigt? Was ist aus den Edelsteinköniginnen geworden, aus Ellen Goedecke etwa, die 1976 bis 1978 die erste ihrer Art war? Mir war ja eher danach, bei einem kleinen Winzer ein oder zwei Flaschen Wein mitzunehmen. Aber wie das beim Autofahren so ist: Wenn man etwas entdeckt hat, ist man auch schon vorbeigefahren, und umkehren möchte man nicht, erst recht nicht mit einem Wohnmobil und seinem größeren Wendekreis. So fuhren wir durch Orte mit tierischen Namen wie Hundsfeld, Schweinschied, Bärwinkel und Katzenloch. »Nichts für Vegetarier«, sagte Anja und würgte den Motor ab. Mit einem Mal fuhr sie ohne Probleme an, Fury würgte nicht, Fury stotterte nicht, Fury wieherte nicht. »Das Auto hat einen ersten Gang«, sagte Anja erstaunt, »ich habe den ersten Gang entdeckt!« Des Rätsels Lösung war, dass sie bisher mit dem dritten Gang angefahren war, den sie für den ersten gehalten hatte. Fortan kamen wir nervenschonender voran.

Als hätten wir mit der Stoppuhr gearbeitet, erreichten wir pünktlich um 12 Uhr den Rotenfels, trotz der vielen kleinen Umwege – zu den vorberechneten 70 Kilometern kamen lediglich neun hinzu. Auf dem Plateau findet sich ein Ausflugslokal mit großem Parkplatz und ein Wanderweg entlang der südseitigen Abbruchkante der Steilwand. Die Tiefblicke vom Wanderweg sind in Deutschland wohl einmalig. Senkrecht unter uns die Bahnlinie, die Bundesstraße und die Nahe, das Städtchen Bad Münster am Stein-Ebernburg, Rebstöcke, die sich an den Fels schmiegen und ein Weitblick über reife, hochsommerliche Getreidefelder, Weinberge und Windräder bis hin zum Hochtaunus. Mit dem Fernglas erblickt man Burgen, ganz in der Nähe die Ebernburg, entstanden im 14. Jahrhundert. Heute ist es die Tagungsstätte einer evangelischen Akademie, wie die Führerin einer Wandergruppe referierte, der wir mit jeweils einem Ohr zuhörten. Unweit auch ein steiler Porphyr-Zahn, der die Nahe um 136 Meter überragt, der Rheingrafenstein mit der gleichnamigen Burgruine. Für mich blieb der alpin anmutende Fußweg hinauf leider tabu. Im Übrigen muss man, um die Burg erklimmen zu können, von Bad Münster aus mit einer von Hand gezogenen Fähre übersetzen – auch nicht alltäglich. Man sollte meinen, dass eine solche Burg alle Jahrhunderte übersteht. Tatsächlich hielt die im 11. Jahrhundert errichtete Festung bis zum Pfälzischen Erbfolgekrieg 1688 – die Franzosen machten dann kurzen Prozess und sprengten sie.

Die kleine, harmlose Wanderung entlang der Abbruchkante gehörte zu den Glanzlichtern der Tour, wie unspektakulär nahmen sich da doch unsere ersten beiden Summits aus.

Im Ausflugslokal »Bastei«, benannt nach einer der Felsformationen, speisten wir inmitten zahlloser Pfälzer Ausflügler. Unser zweiter Reisetag, der 8. Juli, war ein Samstag. Die Pfälzer sind ein lebensfrohes Volk, was sich auch in ihren Politikern offenbart. Die derzeitige Ministerpräsidentin Malu Dreyer passt nicht so recht in die Reihe, in der Kurt Beck,

Rainer Brüderle und Helmut Kohl stehen. Es ist ein heiteres und wohl auch trinkfestes Völkchen. Es geht die Mär, dass einst ein Stuttgarter in einem Pfälzer Weinlokal einkehrte und ein Achtel Wein bestellte, worauf der Wirt trocken meinte: »Schluckimpfung gibt's nur beim Arzt.«

Legendär ist der Wurstmarkt in Bad Dürkheim und der »Deidesheimer Hof«, Helmut Kohls Leib- und Magenrestaurant, wo die politischen Größen der Welt ihre Bekanntschaft mit dem »Saumaache« machten. Und manch einer besucht das Hambacher Schloss nicht wegen des Gedenkens an das Hambacher Fest, womit 1832 die deutsche Demokratiebewegung begann, sondern wegen des anschließenden »Andergasser Festes« im Neustädter Ortsteil Hambach, wo man angeblich die besten »Fleeschknepp mit Meerrettichsoße« der ganzen Pfalz serviert bekommt. Weitere Köstlichkeiten sind Federweißer (»Neier Woi«), Zwiebelkuchen (»Zwiwwelkuche«) oder das Pfälzer Nationalgericht »Grumbeersupp und Quetschekuche« (Kartoffelsuppe und Zwetschgenkuchen). Wahrscheinlich gibt es nirgendwo in Deutschland derart viele Feste und Feiern wie in der Pfalz, nahezu in jedem Dorf und zu jeder Jahreszeit, schließlich gibt es sieben Gründe zu feiern und zu trinken: Montag, Dienstag, Mittwoch, Donnerstag, Freitag, Samstag, Sonntag.

Das älteste Volksfest der Pfalz fand 2017 zum 567sten Mal statt, und zwar der »Billigheimer Purzelmarkt«. Auch die älteste Weintouristikroute, der »Wanderweg deutsche Weinstraße«, führt durch die Pfalz und nicht etwa durch Baden (wo es dafür einen Schnapswanderweg gibt). Um den Exkurs über die sinnesfreudigen Pfälzer zu beenden, sei Helmut Kohls 1958 verfasste Dissertation zitiert: »Die Pfalz beheimatet – soweit sich solche allgemeinen Feststellungen treffen lassen – einen fröhlichen und weltoffenen Menschenschlag, der viel Sinn für gesellschaftliches Zusammenleben und die Freuden der Zeit hat und dem dogmatischen Denken abgeneigt ist.« Wir aßen in unserem Ausflugslokal ein profanes Schnitzel mit Pommes und Salat.

Den eindrücklichen Rotenfels kann man von Bad Münster aus am besten fotografieren. Wir parkten deshalb kurz beim Friedhof.

Ein Bonusziel:
Tiefblick vom Rotenfels an der Nahe

Bei Friedhöfen gibt es meist ausreichend Parkplätze, und Brauchwasser können Wohnmobilisten dort auch tanken. Wer keinen Gartenschlauch dabei hat, muss sich halt mit den Gießkannen behelfen. Unser Wasserstand betrug noch 75 %.

Der Nachmittag war fortgeschritten, am liebsten hätten wir Fury stehen lassen und wären in eine der Wirtschaften eingekehrt, doch wir wollten ja unbedingt noch Summit Nummer 3 erreichen, die Wasserkuppe in Hessen. Und eine Nacht neben dem Friedhof wollten wir dann doch nicht verbringen.

Für ein paar Kilometer genossen wir noch die Felstürme und -nadeln und quälten uns durch Bad Kreuznach, dann nutzten wir die Autobahn bis nach Fulda. Ein Großteil der Strecke führte ohnehin durch das Ballungsgebiet Frankfurt-Hanau.

Während unserer Fahrt sahen wir zum ersten Mal einen »Kalimandscharo«, und zwar zwischen Neuhof und Fulda. Neun solcher Abraumhalden, Begleiterscheinung der Kalisalzproduktion, gibt es in Deutschland. Die schlohweißen, künstlichen Berge überragen

*Dörfer, Hügel,
Weinberge, Felsen*

ihre Umgebung um bis zu 200 Meter, auf einem befindet sich gar ein Gipfelkreuz. Der Gipfel des »Monte Kali« im hessischen Landkreis Hersfeld-Rothenburg ist mit 530 Metern eine regelrechte Touristenattraktion. Inzwischen besteht dieser Berg aus 200 Millionen Tonnen Abraumsalz, stündlich kommen 900 Tonnen dazu. Das Ganze ist natürlich eine Mordssauerei: Pro Tonne gewonnenem Kali entstehen mehrere Tonnen Abraumsalz. Dadurch ist der Boden der Umgebung unfruchtbar, das Grundwasser versalzen, Süßwasserfische sind in der Werra nicht mehr zu finden. Anja erinnerte sich, dass ihre Eltern, die Nebenerwerbslandwirte in Niedersachsen waren, Kaliumdünger einsetzten. Die leeren Düngersäcke seien so robust gewesen, dass sie im Winter als Schlittenersatz dienten. Gezogen wurden sie mit einem kräftigen Band, mit dem Strohballen in der Presse geschnürt werden. Die nächste Rundreise durch Deutschland wird uns auf alle künstlichen Erhebungen führen, vom Lauterberg in Karlsruhe zum Pforzheimer Monte Scherbelino über den Monte Kali bis hin zu Bremens Müllbergen.

Sanfte Hügel und Kuppen in der Rhön – Stellberg und Milseburg

WANN IST EIN BERG EIN BERG?

Für einen Flachländer oder ein Kind ist jeder Kieshügel ein Berg. Es gibt so manchen Baggersee, an dessen Ufer formschöne Kieskegel stehen. Von der kindlichen Fantasie oder den Begierden der Flachländer setzt sich die Wissenschaft ab, die genau definiert, wann ein Berg ein Berg ist. Dazu hat sie zwei Begriffe eingeführt, nämlich »Dominanz« und »Schartenhöhe«, sie unterscheidet zwischen »Bergmassiv«, »Berg« und »Gipfel«. »Dominanz« bedeutet, grob vereinfacht, der Radius, den man um einen Gipfelpunkt legen muss, bis ein weiterer Gipfel diesen überragt. Beispiel: Montblanc (4.810 m). Er hat eine Dominanz von 2.812 Kilometern. Erst im Kaukasus steht der nächsthöhere Berg, der Kjukjurtlju mit 4.912 Metern. Unsere Summits bringen es teilweise auf erhebliche Dominanzen. Der Brocken etwa dominiert seine Umgebung 224 Kilometer. Der nächsthöhere Berg ist ein weiterer unserer Summits, der Fichtelberg, der allerdings nur eine Dominanz von 3,4 Kilometern hat. Dann steht ihm der Keilberg im Weg, von dem noch die Rede sein wird. Die »Schartenhöhe« bzw. »Schartentiefe« eines Gipfels meint jene »Einschartung« oder Passhöhe, zu der man absteigen muss, um den nächsthöheren Gipfel zu erreichen, egal wie weit diese Schartenhöhe entfernt ist. Vom Mount Everest kann man noch so weit und noch so tief absteigen, man findet keinen höheren Gipfel. Bei unseren Summits sind es im Falle des Feldbergs 930 Meter, die man absteigen muss, um auf den nächsthöheren Gipfel zu gelangen, die Rigi in der Nähe von Luzern, beim Brocken 856 Meter und bei der Zugspitze sogar 1.746 Meter. Um von einem »echten Gipfel« sprechen zu können, muss die Schartenhöhe laut Definition mindestens 30 Meter betragen. Für einige unserer Summits wird es schwierig, auf eine Schartenhöhe von 30 Metern und mehr zu kommen. Es finden sich bei allen Summits unter 250 Metern Seehöhe nirgends Angaben dazu. Um von einem »Berg« zu sprechen, muss die Schartenhöhe mindestens 100 Meter betragen. Sogar dem Dollberg müssten wir den Titel »Berg« absprechen, denn er hat nur eine Schartenhöhe von 51 Metern. Deshalb sind manche »Berge« von dieser Definition ausgenommen, und zwar solche, die alpinistische Bedeutung, optische Dominanz, einen Eintrag auf einer Landkarte oder eine schöne Aussicht haben – somit alle unsere Summits! »Bergmassive« haben mehrere eigenständige Gipfel. Unsere Zugspitze etwa gehört zum Massiv des Wettersteins. Die Erbsenzähler unter den Geografen haben weltweit 1.500 Berge ausgemacht, die eine Schartenhöhe von mehr als 1.500 Metern haben. Es sind die »ultra prominent peaks«. In den Alpen finden sich nur 44. Und dazu zählt unsere Zugspitze!

Wir geben zu, dass wir eine der schönsten Ecken Deutschlands auf dieser Tour ganz in der Nähe auslassen mussten, Bingen am Rhein, die Loreley, überhaupt das ganze Unesco-Welterbe »Oberes Mittelrheintal«. Wir hatten uns für die Nahe und den weniger bekannten Rotenfels als Etappe entschieden und es nicht bereut.

Auf die Wasserkuppe in der Rhön führen mehrere Landesstraßen. Von Fulda aus, von Ehrenberg und von einem Ort mit dem schönen Namen Poppenhausen. Frisch Verliebten ist ein ganz besonderer Wanderweg zu empfehlen, nämlich der »Poppenhausener Liebesweg«. Doch ich will nicht abschweifen. Auch wenn drei Straßen auf die Wasserkuppe führen, der höchste Punkt mit seiner Radarkuppel, dem sogenannten »Radom«, ist nur zu Fuß erreichbar. Wenigstens ist der Weg

Deutsches Segelflugmuseum

nur einige Hundert Meter lang. Etwas unterhalb des Gipfels hat der Landkreis Fulda seinen höchsten Punkt markiert, die zwei, drei höchsten Meter gehören dem Landkreis Gersfeld.

Wir flanierten am späten Nachmittag erst zu diesem Punkt, umrundeten dann die weiße Kugel des Radoms und stiegen bis zum allerhöchsten Punkt, eine wohl künstliche Anhäufung, auf der das Gebäude errichtet wurde. Der diesige Nachmittag erlaubte keine große Weitsicht, doch dafür erfuhren wir ein wenig über die Wiege des deutschen Segelflugs. Bereits 1910 wurden hier erste Flugversuche unternommen, Darmstädter Studenten waren die Pioniere. Unweit des Gipfels findet sich das »Deutsche Segelflugmuseum«. Natürlich hat ein solch markanter Berg eine lange Geschichte. Bereits die Kelten sollen einen Handelsweg am Gipfel vorbei geführt haben, im Mittelalter war die Gipfelregion zeitweise besiedelt. Die touristische Nutzung begann 1878, als der Rhön-Club dort eine erste Hütte errichtete. Im 20. Jahrhundert dominierte das Militär. Von hier aus wurden der Luftraum des Warschauer Paktes überwacht und während der Berlin-Blockade

Camperidyll mit Heißluftballons

die Rosinenbomber navigiert. Die Radarkuppel geht ebenfalls auf eine militärische Nutzung zurück und ist heute zur Besichtigung freigegeben – darin untergebracht ist eine kleine Ausstellung zu ihrer Geschichte als Abhörstation.

Rund um den Gipfel herrschte Hochbetrieb. Interessanterweise hörten wir aber nirgends hessisches Gebabbel. Dafür kamen wir an einer Familie vorbei, die wohl türkisch sprach und auf einer Decke picknickte. Sie war so weit integriert, als dass der Vater mit einem ordentlichen Knall eine Sektflasche öffnete. An einem Paar fernöstlicher Herkunft (er mit Turban) spazierten wir vorbei, einige weitere Touristen, deren Heimat wir in China oder Japan verortet hätten, beobachteten wir. Wo waren die Hessen abgeblieben? Ganz einfach: Rund um den Parkplatz verteilt. Ihnen war der Gipfelbereich mit dem Radom wohl nicht interessant genug. Sie suchten anderweitige Bespaßung, denn auf der großräumigen Wasserkuppe kann man sich dank der Gastronomie, des Segelflugbetriebes, eines Informationszentrums zum Biosphärenreservat Rhön oder einer Sommerrodelbahn lange aufhalten. Nur: Einen

Stellplatz für Wohnmobile gibt es nicht, das Übernachten ist nicht erlaubt. Wir konstatierten, dass uns Summit Nummer 3 mehr beeindruckte als die ersten beiden – er war bislang auch der höchste – und fuhren ein paar Kilometer weiter nach Osten in Richtung des Großen Beerbergs bzw. des nächsten größeren Ortes Ehrenberg.

Wir fanden ein einsames Plätzchen am Rande des Ortsteils Wüstensachsen, den einsamen Grill- und Parkplatz »Roter Rain«. Inklusive einer sehr gepflegten Toilettenanlage. Es war ein milder Juliabend, als wir auf dem Grillplatz unser Abendvesper ausbreiteten und etwas zu viel spanischen Rotwein pichelten. Ab und zu erschlugen wir ein paar Schnaken, ich massierte Anja den linken Oberarm, in dem sie Muskelkater hatte. Die Handbremse Furys links des Fahrersitzes war arg tief angebracht, sodass sie nach ihr regelrecht tauchen musste. Nach ein paar Gläschen, Verzeihung: Plastikbechern Rotwein waren die Schmerzen vergessen und die direkt über uns aufsteigenden Heißluftballons, die für REWE Werbung machten, regelrecht romantisch. Unser erstes richtiges Camperidyll!

ETAPPE 2

STARTPUNKT:	Nonnweiler Otzenhausen (Parkplatz)
WEGPUNKTE FÜRS NAVI:	Erbeskopf
FAHRTSTRECKE GESAMT:	Nonnweiler-Otzenhausen – Erbeskopf: 32 Kilometer
HÖCHSTER BERG IN RHEINLAND-PFALZ:	Erbeskopf, 816 Meter. Barrierefrei zu erreichen, die Autostraße führt bis zum Gipfel.
MINIMALER AUFWAND:	Nationalpark-Traumschleife Gipfelrauschen, Länge 7,5 Kilometer, Dauer 2 Stunden. Die Rundwanderung startet entweder am Gipfelparkplatz oder am Hunsrückhaus (Naturpark-Infostelle) und ist markiert. http://www.hunsrueckhaus.de
FÜR FORTGESCHRITTENE:	Saar-Hunsrück-Steig. Siehe Dollberg, S. 43
WEITERE BESONDERHEITEN DES ERBESKOPFES:	Das Hunsrückhaus an der Nordwest-Seite des Berges hat überregionale Bedeutung als Umweltbildungseinrichtung. Es bietet unter anderem eine interaktive Ausstellung zur Natur des Hunsrücks, einen Waldspielplatz, einen Sinneserfahrungsweg, einen Klimamessgarten, ein Umweltlabor sowie einen Tagungsraum.

ETAPPE 3

STARTPUNKT:	Erbeskopf
WEGPUNKTE FÜRS NAVI:	Traisen, Rotenfels, Bad Münster am Stein-Ebernburg, Fulda, Wasserkuppe
FAHRTSTRECKE GESAMT:	Erbeskopf – Wasserkuppe: 289 Kilometer
HÖCHSTER BERG IN HESSEN:	Wasserkuppe, 950 Meter. Barrierefrei bis ca. 50 Meter unterhalb des Gipfelplateaus.
MINIMALER AUFWAND:	Wanderung vom Gipfelparkplatz über den Gipfel zum Pferdskopf (875 Meter) am Westhang der Wasserkuppe und zurück.
FÜR FORTGESCHRITTENE:	Wasserkuppenrundweg, Länge 39 Kilometer mit ein bis zwei Übernachtungen. Start- und Endpunkt u. a. Gipfel der Wasserkuppe. Der markierte Weg führt u. a. zur Fuldaquelle, zum Roten Moor und zur Ruine Ebersburg. http://rhoenklub.de/wanderungen/51-der-wasserkuppenrundweg.
WEITERE BESONDERHEITEN DER WASSERKUPPE:	Stündlich fahren Regionalzüge der Rhönbahn vom ICE-Bahnhof in Fulda nach Gersfeld, vom Bahnhof sind es 6 Kilometer bis zum Gipfel.

Steinmännchen auf dem Weg zum Großen Beerberg

SUMMIT 4
GROSSER BEERBERG (983 M, THÜRINGEN)
NAVI MIT SPRACHFEHLER

Die Nacht war kurz. Uns weckte ein kleiner Schwätzer, eine Mönchsgrasmücke. Dieser unscheinbare Vogel quasselte unerbittlich irgendwo im Gebüsch neben uns. Ab 5 Uhr. »Bald ist draußen Ruhe«, sagte ich zu Anja gegen 7 Uhr genervt. »Mitte Juli geben die Singvögel auf.« Beim Frühstück wollten wir nach zwei Tagen mal wieder Nachrichten hören. Das Autoradio war die meiste Zeit aus. Nicht, weil wir das moderne Gerät nicht bedienen konnten oder wollten, sondern weil wir die Radiosender der Republik unerträglich finden, allen voran unseren »Heimatsender«. Ständig dieses »Eins gehört gehört: SWR 1« oder »Einer der größten Hits aller Zeiten«, auch wenn der entsprechende Song nie in irgendwelchen Charts war. Die Nachrichten des Hessischen Rundfunks stellten jedoch alles in den Schatten: Eine internationale Meldung (G20-Gipfel), ein Brand in Groß-Gerau, drei Sportnachrichten und die Änderung der Wetterfarbe von »blau« in »grau«. Das Hören der Rundfunksender der Nation ist ein Erlebnis der besonderen Art.

Auch heute, am dritten Tag unserer Reise, hatten wir ein Mammut-Programm. »Ich glaube, wir werden erst gelassener, wenn wir die Hälfte der Summits geschafft haben«, meinte Anja. Also tuckerten wir über eine fast leere Autobahn in Richtung Thüringer Wald. »Wie toll die Straßen in den neuen Bundesländern sind«, stellte Anja fest. »Ey, wir sind gerade in Bayern!«, korrigierte ich. Dass wir nach Thüringen kamen, bemerkten wir am Autobahnschild, der »Landeseingangstafel«, wie es im Behördendeutsch heißt. Die Kollegen Goethe und Schiller grüßten nämlich. Als wir über die Werratalbrücke fuhren, kam Anja ein Sinnspruch aus ihrer Kindheit ins Gedächtnis: »Wo Werra sich und Fulda küssen, sie ihre Namen büßen müssen. Und hier entsteht durch diesen Kuss deutsch bis zum Meer der Weserfluss.« »Und, wo ist das?«, wollte sie von mir wissen. »Keine Ahnung.« »In Hann-Münden natürlich.« Reisen bildet, wieder etwas gelernt.

Eine meiner Lieblingsautobahnen ist die A 7 bei Kassel: Es ist ein herrliches Auf und Ab im Hessischen Bergland, mit 8 % weist sie die größte Steigung aller deutschen Autobahnen auf. Beim Bau der Autobahn A 71 in Thüringen haben die Planer kurzen Prozess gemacht und eine Talbrücke nach der anderen errichten lassen. Elf an der Zahl zählten wir allein auf unserem Abschnitt bis Zella-Mehlis. Unsere Navine hatte übrigens einen Sprachfehler und konnte mehrere Städte nicht richtig aussprechen, etwa Schmalkalden. Sie brachte nur eine Art »Schmalden« heraus, und Berlin sprach sie in etwa aus wie damals John F. Kennedy.

Von Zella-Mehlis sind es nur noch wenige Kilometer bis zum höchsten Berg Thüringens, dem Großen Beerberg, der mit 983 Metern die 1.000-Meter-Marke noch knapper verfehlt als die höchsten Berge Niedersachsens und Hessens. Navine lenkte uns bis kurz vor das Örtchen Oberhof, dann zweigt die Straße Richtung »Rennsteig« ab – bei uns kam ein heimatliches Schwarzwaldhochstraßen-Gefühl auf. Der Rennsteig, so hatte ich mich schlau gemacht, ist ein 170 Kilometer langer Kammweg, der älteste und meistbegangene Wanderweg Deutschlands, unterbrochen in seiner Nutzung nur durch die deutsche Teilung. Ansonsten wurden die ersten Grenzsteine bereits im 17. Jahrhundert gesetzt, insgesamt 1.300 Stück! Mit der ersten touristischen Wanderung, die August Trinius zurücklegte und dem ersten »Runst« im Jahr 1897, wie der Rennsteig-Verein seine jährliche Pfingstwanderungen nannte, ist damit der Rennsteig als Weitwanderweg noch älter als der Westweg im Schwarzwald, der gerne als »Mutter aller Weitwanderwege« bezeichnet wird.

Der Rennsteig ist Sprachgrenze zwischen fränkischen und thüringischen Dialekten, außerdem Wasserscheide, und er verläuft in Höhen zwischen 500 und 970 Metern. Er führt also *nicht* über den Gipfel des Großen Beerbergs. Ich hatte recherchiert, dass wir den Parkplatz »Suhler Ausspanne« ansteuern sollten, um von dort zu unserem Summit zu wandern. Von dort aus seien 60 Höhenmeter zu bewältigen, reine Gehzeit eine halbe Stunde. Ich studierte die Wanderschilder und war reichlich betrübt. Wie gerne würde ich hier wandern! Der Rennsteig wäre *das* Paradies für uns. Doch die Schmerzen in den Leisten waren schlimmer geworden, ich war viel zu viel auf den Beinen.

Inzwischen hatte ich bei Navine noch mehr Funktionen entdeckt. Ich gab die Geo-Koordinaten des Großen Beerberges ein. Navinchen verriet uns, dass man den Punkt mit dem Auto zwar nicht erreichen könne, sie werde uns aber möglichst nahe an ihn heranlotsen. Sie lotste uns, und zwar drei Kilometer weiter, zu einem kleinen Schotterparkplatz, auf dem aber noch genügend Platz für Fury war. In der Nähe ein ganzes Arsenal an Wanderschildern mit dem großen »R« für »Rennsteig«. Eins Komma eins Kilometer hatte ich noch zu gehen. Wir folgten erst einem kleinen Pfad, dann einem breiten Waldweg bis zum höchsten Punkt des Rennsteiges, auf dem der Aussichtsturm »Plänckners Aussicht« errichtet wurde. Benannt ist er nach Julius von Plänckner (1791–1858), einem Soldaten und Kartografen, der 1830 einen Teil des Rennsteiges wanderte und diese Wanderung beschrieb.

Wir schlichen, oder genauer: Ich schlich. Anja studierte in aller Seelenruhe die Flora. Endlich hatte sie dafür genügend Zeit, endlich keinen Ehemann, der drängelte und den es nervte, ständig stehenbleiben zu müssen und zu warten, bis sie ein Blümchen von allen Seiten taxiert, studiert und fotografiert hatte. Vom Aussichtsturm führt ein Pfad bis zum höchsten Punkt, die schönste Waldlandschaft mit Millionen von Blaubeeren. Wie sehr hatte ich mich als Bub gelangweilt, als meine Eltern mit uns Kindern im Nordschwarzwald Blaubeeren

*We are the champions –
der Autor am Gipfel des Großen Beerberges*

pflücken gingen, stundenlang. Wie gerne würde ich jetzt stundenlang wandern, wie sehr vermisste ich die Waldgerüche, das Vogelgezwitscher, die Leichtigkeit und Heiterkeit. Ich verdrängte und konzentrierte mich auf unser doch etwas skurriles Vorhaben. An der höchsten Stelle, dem definitiven Gipfel des Großen Beerberges, setzte ich mich auf den trigonometrischen Vermessungspunkt, reckte die Faust in die Luft wie einst Freddie Mercury: Summit 4 erreicht, Mission erfüllt, we are the champions. Die Cortisondosis von 10 mg, die ich nun noch nahm, reichte offenbar aus, um die Entzündung so weit in Schach zu halten, dass ich kleinere Wanderungen unternehmen konnte. Jetzt war ich mir sicher, auch die fehlenden Summits »besteigen« zu können.

Auf dem Rückweg genossen wir eine schwache sommerliche Aussicht auf die Nachbarberge und auf Suhl. Wir kamen mit zwei Einheimischen ins Gespräch. Die Stadt habe seit der Wende 20.000 Einwohner verloren, nur noch 36.000 Menschen lebten hier. Es sei eine sterbende Stadt. Ich erzählte von meiner Heimatstadt, dass Karlsruhe in der gleichen Zeit mehr an Bevölkerung gewonnen habe, dass bei uns gebaut werde auf Teufel komm raus. Was denn mit den Leerständen passiere? »Das wird alles abgerissen.« Suhl sei wegen der Bodenschätze immer eine reiche Stadt gewesen: Eisen, Kupfer, Gold, Silber, Mangan, Uran. Nichts von alledem werde mehr abgebaut. Suhl sei dank der Eisenvorkommen eine Waffenstadt gewesen, selbst Kalaschnikows wurden hier produziert. Eine einzige Waffenschmiede gebe es heute noch, ein Sportwaffenhersteller. Ich wollte ja nicht entgegnen, dass man eigentlich froh sein müsste, wenn weniger Waffen produziert werden, denn ich verstand die Trauer um seine Stadt. Zu gut Deutsch: Ich hielt meine Klappe und rühmte meine badische Heimat und deren Wohlstand nicht weiter.

Wir schlichen zurück zu Fury und machten Mittagspause auf dem Parkplatz »Suhler Ausspanne«. Zum ersten Mal nutzten wir die Küchenzeile, die Kochnische: Es gab Maultaschen in Tomatensauce. Wir aßen sie aus einem Topf, schließlich hatten wir keine Spülmaschine. »Wenn wir eine Viertelmillion ausgeben«, erzählte ich von einem Artikel über einen Freak, der höchst spezielle Wohnmobile baut, »können wir uns ein Luxus-Schlachtross anfertigen lassen mit Spül- und Waschmaschine, mit je einem 800-Liter-Wasser- und 800-Liter-Dieseltank.« Anja lehnte dankend ab. Die Idee, ohne eigene Wohnung nur mit einem Mobil durch die Welt zu gondeln, haben gewiss schon viele Menschen vor uns geträumt. Das geht so lange gut, wie man gesund ist. Mit fünfzig wollte ich derartige Fantasien nicht umsetzen. Vor allem seit den Malaisen mit meinen Leisten.

Campers Traum: Nach dem Mittagessen an einem idyllischen Plätzchen ein Nickerchen halten. Die Nacht war dank der Mönchsgrasmücke kurz gewesen. Ich schlief im Mobil, Anja draußen im Wald. Hier oben gab es zum Glück keine Stechmücken und keine Zecken.

Unsere Rundtour hatte einen kleinen Makel. Sie war keine Rundtour, denn um den höchsten Berg Nordrhein-Westfalens, den Langenberg, zu besteigen, mussten wir einen Stich nach Westen unternehmen. Auf unserem Weg dorthin, in der Nähe von Bad Hersfeld, fiel uns ein weiterer Kalimandscharo auf. Außerdem fuhren wir an der Gedenktafel zur Deutschen Teilung vorbei: »Hier waren Deutschland und Europa bis zum 22. Dezember 1989 um 11 Uhr geteilt.« Das genaue Datum und die Uhrzeit werden wir dank der Autobahnschilder nie wieder vergessen. Ebenso, dass Wechmar an der A 4, ein Ortsteil der thüringischen Gemeinde Günthersleben-Wechmar, mit seinen heute nicht einmal 3.000 Einwohnern der Stamm-Ort der Musikerfamilie Bach ist. Stammvater Johann Bach wurde hier am 6. Dezember 1604 getauft. Geboren wurde er dann wohl einige Tage zuvor.

Fast auf unserem Weg lag die Wartburg. Uns war zwar bewusst, dass dort gerade im Lutherjahr Menschenmassen zu Besuch sein würden, aber eine Führung konnte ich mit meinen Beinen ohnehin nicht mitmachen. Von außen »gucken« und staunen; mal dort gewesen sein, war die Devise. Die Wartburg ist in der Tat eine recht ordentliche Burganlage. Allerdings wurden große Teile im 19. Jahrhundert neu gebaut. Wie viele der Sehenswürdigkeiten, die wie durch Zufall auf unserem Weg lagen, ist die Burg mit der deutschen Geschichte verknüpft. Martin Luthers Rolle ist jedem vertraut, aber auch Elisabeth von Thüringen, die heilige Elisabeth, lebte von 1211 bis 1227 dort. Nicht zu vergessen die Wartburgfeste, insbesondere jenes im Revolutionsjahr 1848. Auch Goethe verschlug es mehrere Male hierher. Den Freunden mittelalterlicher Literatur ist auch der »Sängerkrieg auf der Wartburg« ein Begriff, sozusagen einer der ersten Poetry-Slams in deutscher Sprache, im Prinzip aber »nur« eine Liederhandschrift.

Anja stieg zu Fuß vom Parkplatz zur Burg, ich musste das Taxishuttle nehmen und kam mir vor wie ein uralter Mann. Mindestens zwei bis drei Stunden müsste man hier verweilen. So sahen wir die Mauern, die Zisterne im Innenhof und ein paar Türme. Wir besuchten aber weder das Lutherzimmer noch das Ritterbad noch die Grabplatte von Ludwig dem Springer, der einst im frühen 12. Jahrhundert den Stammsitz der Ludowinger auf die Wartburg verlegte. Sein Vater war übrigens Ludwig der Bärtige. Uns fielen die weißen Tauben im Innenhof mit ihrem Taubenhaus auf. Seltsam, überall werden Tauben bekämpft, abgeschossen, vergiftet; sie gelten als Ratten der Lüfte. Nur hier hegt und pflegt man sie. Natürlich sind es besondere Tauben, nämlich englische Garten-Pfautauben, deren Urahnen angeblich eine Mitgift der heiligen Elisabeth von Thüringen gewesen sein sollen. Was die vielen Besucher aus Fernost auf der Wartburg wollten, war uns nicht ganz klar, unwahrscheinlich, dass alle wegen Luther kamen. Ist die Wartburg wirklich so bedeutsam? Gut, in Neuschwanstein oder dem Heidelberger Schloss ist der Touristenandrang größer. Die beiden Schlösser sind aber auch deutlich beeindruckender als die Wartburg. Vielleicht waren es die Bildungsbürger Chinas, Japans und Koreas?

DIE WARTBURG

Über Eisenach thront die Wartburg auf 411 Metern Höhe, 220 Meter über der Stadt. Sie wurde um 1067 gegründet, allerdings wurde das heutige Unesco-Weltkulturerbe im 19. Jahrhundert fast komplett neu gebaut. Verantwortlich dafür war Großherzog Carl Alexander von Sachsen-Weimar-Eisenach. »Junker Jörg« alias Martin Luther, der sich unter diesem Namen hier versteckt hielt, übersetzte auf der Burg 1521/22 das Neue Testament, der berühmte Thesenanschlag fand am 31. Oktober 1517 statt. Ludwig der Springer verlegte den Stammsitz seines Geschlechts auf die Wartburg, Name und Lage lassen vermuten, dass schon vorher eine Befestigung oder ein Beobachtungspunkt auf dem Berg stand.
Schon um die Gründung der Burg ranken sich Sagen. Ludwig soll auf dem Berg Erde seines ursprünglichen Herrschaftsgebiets streuen lassen haben, weil er ihm nicht gehörte. Zwölf Ritter leisteten ihm nicht nur einen Schwur, indem sie ihre Schwerter in den herbeigeschafften Boden rammten, sondern standen vor Gericht für Ludwig ein. Von der ältesten Burg wurden bislang keine Spuren gefunden, ebenso wenig von den Teilen aus dem nachfolgenden Jahrhundert – die Burg bestand damals wohl im Wesentlichen aus Holz.
Handfeste Nachweise, wer wirklich die Herren der Burg waren, gibt es erst ab den 1150er-Jahren. Der wichtigste Bauherr war Landgraf Ludwig II., der Mitte des 12. Jahrhunderts die Wartburg ausbauen ließ. Heute noch erhalten sind der Palas, die östliche Ringmauer und Teile des Torhauses. Hermann der Erste, der hier 1190 bis

Die Wartburg – ein Bonusziel der Extraklasse

1216 residierte, machte die Burg zu einem Anziehungspunkt für deutsche Dichter. Der sagenhafte »Sängerkrieg« hat jedoch nie stattgefunden. Er wurde von dem thüringischen Chronisten Dietrich von Apolda »erfunden«.

Im Laufe der Jahrhunderte wechselten die Besitzverhältnisse mehrfach. 1247 kam die Wartburg nach dem thüringischen Erbfolgekrieg in die Hände der Wettiner. Stets wurde sie erweitert und repariert. Eine Kirche und ein großes beheizbares Gebäude kamen 1319/1320 dazu.

Goethe fertigte bei seinen Besuchen Skizzen der Burg an, 1793 veranlasste er Wetteraufzeichnungen. 1815 erwog er gar, hier ein Kunstmuseum einzurichten. Er verwarf seine Idee unter anderem wegen der Wartburgfeste, Versammlungen studentischer Verbindungen. 1817 nämlich trafen sich hier 500 Studenten und Professoren und protestierten gegen die reaktionäre Politik, forderten ein Ende der Kleinstaaterei und plädierten für einen Nationalstaat.

Nach dem historisierenden Wiederaufbau ab 1853 wurde die Burg zur Touristenattraktion. Vor allem, weil Eisenach um 1900 zu einer Kurbad-, Kongress- und Tagungsstadt aufstieg. Bis zu den frühen 1920er-Jahren wurde ein Besucherrekord nach dem anderen verzeichnet, der dazu führte, dass einige Fresken von Moritz von Schwindt unter anderem durch Pilzbefall beschädigt wurden.

Die Nationalsozialisten wollten die Wartburg zu einem »Kulturmittelpunkt des Reiches« erheben. Tiefpunkt waren zahlreiche Propagandaveranstaltungen. Außerdem wurde das Kreuz auf dem Burgturm durch ein Hakenkreuz ersetzt. Allerdings nur für einen Monat, denn die Bevölkerung protestierte heftig. Im Krieg ausgelagerte Kulturgüter und die Waffensammlung wurden nach der Kapitulation von der Roten Armee beschlagnahmt. Seitdem fehlt von ihnen jede Spur.
Heute besuchen jährlich etwa 340.000 Menschen aus aller Welt die Wartburg. Zum Vergleich: Schloss Neuschwanstein, die beliebteste deutsche »Touristendestination« wird jährlich von 1,4 Millionen Besuchern heimgesucht, das Heidelberger Schloss von etwas mehr als einer Million.

Nach unserem Wartburg-Rundgang fuhr ich mit dem Shuttle-Bus zurück zum Parkplatz, Anja lud mich ins Mobil. Scharf auf Summit Nummer 5, wollten wir möglichst schnell in die Nähe des Rothaar-Gebirges kommen, etwa 150 Kilometer hatten wir vor uns, doch unsere Navine führte uns wegen Staus auf diversen Autobahnen und anderen Straßen über die B 323, über die L 3218, über die L 3088 – und dann hörte ich auf, die Wegführung zu notieren. Wir wollten die Nacht am idyllischen Edersee verbringen. Doch es dauerte, denn wir machten Bekanntschaft mit Ortschaften wie Hebel, Mandern, Ungedanken, Wega und Anraff – in ungeordneter Reihenfolge. Wir fuhren durch das »Rotkäppchenland« im Knüll-Gebirge, freilich an der »Deutschen Märchenstraße«. Diese beginnt im Hessischen und endet – logischerweise – in Bremen. Die Brüder Grimm waren Hessen. Um genau zu sein, wurden sie in Hanau geboren, weshalb die 600 Kilometer lange Ferienstraße besonders viele Kehren und Schlaufen in Hessen hat. Mehrfach befuhren wir die »Deutsche Fachwerkstraße«, die mit 3.500 Kilometern deutlich länger ist, in Meersburg am Bodensee beginnt und in Stade endet. Übrigens gibt es weltweit nirgends mehr Fachwerkhäuser als in Deutschland, was angesichts des deutschen Waldreichtums nicht verwunderlich ist. Nicht, dass es ein deutsches Alleinstellungsmerkmal wäre, denn auch Großbritannien hat eine lange Tradition im Bauen von Fachwerkhäusern, doch die globale Verbreitung, etwa in Brasilien, geht oft auf deutsche Einwanderer zurück. Völlig andere Formen von Fachwerkbauten findet man in Japan oder in der Türkei. Ein wenig waren wir schon auf der Suche nach typisch Deutschem: Das Fachwerkhaus gehört dazu, so unterschiedlich die Ausprägungen auch sind.

Inzwischen war es gewittrig geworden. Anfangs standen über den hessischen Burgen, Bergen und Hügeln noch dekorative Gewittertürme, später war es nur noch grau und trüb. Als wir am Edersee ankamen, regnete es leicht. Wir waren Grünschnäbel in Sachen Wohnmobil und als technische Dinosaurier unterwegs. Naiv, wie wir waren, hatten wir geglaubt, ein schönes unberührtes Stellplätzchen zu finden. Spontan. Wie an den vergangenen Abenden auch. Wir hatten aber den Edersee unterschätzt: Der Nationalpark Kellerwald-Edersee ist für die Hessen wohl das, was für uns der Bodensee ist, jedenfalls gab es reichlich Verbotsschilder für die Nächtigung mit und im Wohnmobil. Als Erstes landeten wir auf einem Stellplatz, der uns nicht gefiel. Mitten auf dem Zufahrtsweg stand ein Deutscher mit Badelatschen und knallbunten Shorts. Er telefonierte lautstark, den Handy-Arm weit abgewinkelt, mit dem anderen gestikulierte er heftig. Wie beim Unterschicht-Fernsehen! Außerdem wollten wir Seeblick haben, basta! Hier hatten wir nur Aussicht auf Wohnmobile und peinliche Touristen.

Gegen 20.30 Uhr fanden wir entnervt und ausgehungert einen Campingplatz direkt am See, und zwar einen mit richtig viel Charme! Unser erster Campingplatz als alte Säcke! 1997, im zarten Alter von 30 Jahren, versenkten wir mitten in der Nacht unser undichtes Zelt in einem Abfalleimer des Campingplatzes in Sagres am äußersten Südwestzipfel Portugals und Europas. Es ging ein gewaltiges Gewitter hernieder, wir verstauten unsere Siebensachen im Mietwagen und verbrachten dort die letzten Stunden der Nacht mehr recht als schlecht. Seitdem nächtigten wir nie wieder auf einem Campingplatz.

Nicht jeden Turm haben wir bestiegen

Der letzte bunte Flecken auf dem Weg zum Edersee, bevor es grau und trüb wurde – irgendwo im Hessischen

Der Campingplatz »Bettenhagen« in Waldeck-Scheid bot uns herrlichen Seeblick, ja sogar mit Strandzugang. Der See war allerdings grau und fahl, es pieselte, und wir hätten überall im Wald ähnlich gut gestanden. Wäre da nicht der 70er-Jahre Charme gewesen. Vom Großvater vor ziemlich genau 50 Jahren aufgebaut, gab es im Mini-Supermarkt nur das Allernötigste: Nudelsuppe, Ravioli, Ketchup, Nutella, Duschgel, Klopapier und Bier. Vor dem Laden drehte sich ein Kettenkarussell, wie Noah schon eines auf seiner Arche dabei hatte. Heute würde es kein TÜV wegen Verletzungsgefahr mehr zulassen. Für zehn Cent Münzeinwurf brachte ich das Gerät zum Rotieren, sehr zur Freude zweier kleiner Mädchen, denen ich erklärte, dass die seltsame Maschine richtig modern war, als ich so klein war wie sie. Sie starrten mich an, als sei ich ein Außerirdischer und das komische Ding mein Ufo. Während des Abendessens beobachteten wir durchs Fenster eines der beiden Mädchen mit einem Steckenpferd, und zwar einem echten, ganz klassischen mit Holzkopf und Holzstiel mit kleinem Rad am Ende. Ich habe recherchiert: Man kann den »Klassiker unter den Kinderspielzeugen« für 20 Euro in Onlineshops erwerben!

ETAPPE 4

STARTPUNKT:	Wasserkuppe (Parkplatz)
WEGPUNKTE FÜRS NAVI (BIS ZUM GROSSEN BEERBERG):	Ehrenberg, Zella-Mehlis, Oberhof (vorher Richtung Rennsteig abbiegen), Suhler Ausspanne (Parkplatz)
FAHRTSTRECKE GESAMT:	Wasserkuppe – Großer Beerberg: 119 Kilometer
HÖCHSTER BERG IN THÜRINGEN:	Großer Beerberg, 983 Meter. Barrierefrei nicht zu erreichen.
MINIMALER AUFWAND:	Parkplatz »Suhler Ausspanne« auf ca. 920 Metern Höhe. Ca. 2,5 Kilometer, 1 Stunde Wanderzeit.
FÜR FORTGESCHRITTENE:	Rennsteig, ältester deutscher Fernwanderweg, 170 Kilometer Länge, 6 Etappen: Hörschel – Großer Inselsberg – Oberhof – Kahlert – Limbach – Steinbach am Wald – Blankenstein.
WEITERE BESONDERHEITEN DES GROSSEN BEERBERGS:	Der Turm bei »Plänckners Aussicht« wenige Meter unterhalb des Gipfels bietet eine gute Aussicht auf Suhl und die Berge der Umgebung. Bei klarem Wetter reicht die Sicht bis in die Rhön.

Verwirrung pur – Wanderschilder am Rothaarsteig

SUMMIT 5

LANGENBERG (843 M, NORDRHEIN-WESTFALEN)
VERSUCH UND IRRTUM

So nahe an unserem Ziel, dem Langenberg, konnten wir es uns endlich gemütlich machen. Dachten wir. Zumal es draußen regnete. Den Edersee, flächenmäßig zweitgrößter Stausee Deutschlands nach dem bayerischen Forggensee, bekamen wir nur in der Wetterfarbe Grau zu Gesicht, wie uns der hessische Dudelfunk bestätigte. Auch den Dudelfunk benötigten wir fortan nicht mehr, denn das Navi zeigte uns ja auch die Höhe unseres jeweiligen Standortes an, weshalb ich meinen über zwanzig Jahre alten Höhenmesser als Barometer einsetzte und uns selbst die Wetterfarbe prophezeite. Wir schliefen selig bis gegen 8 Uhr aus und bekamen in Jan Holmers (so hieß der Chef) winzigem Camping-Lädchen frische Brötchen. Wir füllten unseren Wassertank, um für die nächsten drei Tage autark zu sein. Navinchen lotste uns knapp 60 Kilometer über noch schmalere Landsträßchen als bisher. Im Osten der Republik sollte es noch dicker bzw. schmaler kommen. Es schüttete zeitweise so heftig, dass wir von der Landschaft rein gar nichts mitbekamen. Der Juli 2017 wird als einer der nassesten aller Zeiten in Erinnerung bleiben, vor allem in der Mitte Deutschlands. Im Nachhinein betrachtet, kamen wir noch glimpflich davon. Morgens waren es am Edersee noch 22 Grad, im Verlauf des Tages wurden es immer weniger. Wir befürchteten, den Langenberg bei strömendem Regen besteigen, eine Waldwanderung durch Matsch und über rutschige Äste und Wurzeln unternehmen zu müssen.

Korbach – Fachwerk, Gotik und Moderne einträchtig nebeneinander

Per Zufall landeten wir in Korbach – weil Navine es so wollte und wir uns nicht wehrten. Wir mussten sowieso noch einkaufen. Korbach sollte zudem ganz hübsch sein, hatte ich von meinen Vorbereitungen noch in Erinnerung. Wir hatten ja alle Zeit der Welt, wir konnten uns gemütlich in ein Café setzen und Zeitung lesen. Mehr als der Langenberg war an diesem Montag nicht drin. Wir stellten einen Antrag beim Universum auf eine Stunde Regenpause in Korbach und auf einen trockenen Nachmittag. Mein Höhenmesser zeigte steigenden Luftdruck an, wir sollten langsam auf der Rückseite des Tiefs über Großbritannien angelangt sein, zumal die Temperatur fiel.

Und siehe da: Korbach war eine nette Überraschung! Wir bekamen problemlos einen Parkplatz mitten in der Stadt und waren bei unserem Rundgang entzückt. Ein prächtiges Fachwerkhaus steht neben dem anderen, allen voran die Stadtbibliothek. Neben dem Rathaus steht zwar ein scheußlicher Betonzweckbau, aber welche Stadt keine Bausünden hat, werfe den ersten Stein. Dafür ist die gotische Kilianskirche sehr elegant vom Korbacher Heimatmuseum eingerahmt, dessen Architek-

Reiche Hansestadt Korbach

tur unter anderem mit dem deutschen Städtebaupreis ausgezeichnet wurde. Hier wurden geschickt historische und zeitgenössische Gebäudeteile verschränkt. Wir lernten außerdem: Korbach war die südlichste Stadt des Hansebundes, nennt sich aber erst seit 2013 »Hansestadt«. Insofern herrschte in der höchst gelegenen Kreisstadt Hessens mit knapp 24.000 Einwohnern immer ein zumindest bescheidener Wohlstand. Zu Hansezeiten handelten die Korbacher mit Tuchen, Fellen, Bier und auch Gold aus den Bergwerken der Umgebung. Deshalb findet sich heute in der Altstadt alle paar Meter ein kreisrunder goldfarbener Pflasterstein: »Korbach – goldrichtig«. Die Kreisstadt hat einige berühmte Kinder hervorgebracht, einige ziemlich bekannte Schriftsteller, darunter Elke Heidenreich. Hoch geschätzt wird in der Stadt auch der Arzt August Bier, Erfinder der Spinalanästhesie. Schon interessant, welche Persönlichkeiten man auf einer Reise anhand von Gedenktafeln kennenlernt und fortan nicht mehr vergisst.

Obst, Gemüse, Wiener Würstchen, Käse, Brot und Wein – wir waren versorgt, es war trocken, die Wolkendecke bekam Lücken, und wir

Anja hat Hunger – Linsensuppe und Würstchen

waren bereit für Summit Nummer 5. Einen kleinen Nachmittagsspaziergang hatten wir eingeplant. Während einer Rast Richtung Hochsauerland kochten wir Linsensuppe und Würstchen und stärkten uns, ohne dies zu ahnen, für ein mittleres Abenteuer. Dass wir in Westfalen waren, also das Bundesland gewechselt hatten, bemerkten wir an den Markierungen der Fahrradwege. In Hessen waren sie grün auf weißem Grund, nun waren sie rot auf weißem Grund.

Nordrhein-Westfalen kulminiert im Rothaargebirge. Wer im Erdkunde-Unterricht aufgepasst hat, erinnert sich, dass der Kahle Asten mit 842 Metern dessen höchster Berg sein soll. Auf dem Gipfel zu finden: ein Aussichtsturm, ein Hotel, ein Restaurant, Wetterstation und – in der näheren Umgebung des nächsten Ortes Winterberg – ein Skiliftkarussell. Zwar liegt der Kahle Asten ganz auf dem Boden dieses Bundeslandes, höher jedoch ist der Langenberg mit 843 Metern, 30 Zentimeter niedriger ist der ganz auf hessischem Boden gelegene Hegeberg. Bis zur nächsten exakten Vermessung, wenn die Erde mal wieder ein wenig gebebt hat und die Berge sich gehoben oder gesenkt

Höchstgelegener Turm in NRW

haben. Wir hatten ja Zeit, also tranken wir auf dem Kahlen Asten eine Tasse Kaffee und stiegen auf den Aussichtsturm. Angesichts der Wetterlage war das Panorama bescheiden. Zum Kaffee gab es originellerweise einen Eierlikör. Für unsere Gipfelstatistik: Wir hatten nun den *zweithöchsten* des Bundeslandes im Kasten. Interessanterweise liegen die meisten Summits ganz in der Nähe von Grenzen. Logisch, denn die Grenzziehung erfolgte in den deutschen Kleinstaaten oft über die Kammlinien. Für die Mehrheit unserer Summits gilt, dass eine Grenze nur wenige Meter oder Kilometer entfernt liegt: Dollberg, Erbeskopf, Friedehorstpark, Hasselbrack, Langenberg, Kutschenberg, Fichtelberg, Zugspitze, Wurmberg, Brocken – also zehn der 16 Summits.

Dass unser nächster Zielort Niedersfeld sein sollte, hatte ich Navine verraten; 17 Kilometer fuhren wir Richtung Norden. Ausgedruckt hatte ich sogar eine Karte mit einem Wanderweg von Niedersfeld zum Gipfel. Total easy, ein Waldspaziergang, meine Sehnen und Muskeln sollten nicht viel leisten müssen, ein wenig tägliches Spazierengehen war mir ja erlaubt. Ich hatte mich so sehr mit Navine angefreundet, dass

Beliebtes Ausflugsziel

ich sie mit den Geo-Koordinaten des Langenbergs fütterte. Und siehe da: Das Mädel lotste uns durch Niedersfeld hindurch auf ein frisch geteertes Sträßchen. Immer weiter, immer höher. Das Sträßchen war so neu, dass es im Netz noch in keiner Wanderbeschreibung verzeichnet war, immerhin war Navine diesmal auf dem aktuellen Stand der Dinge.

Nur wenige Meter unterhalb unseres nächsten Startpunktes, der Hochheidehütte, entdeckten wir einen Parkplatz. In der Hütte verbirgt sich ein kleines, rustikales Restaurant, strategisch günstig am Rothaarsteig gelegen. Wir stiegen aus, vor uns ein Schild: »Langenberg 3,0 Kilometer / zum Rothaarsteig / Hochheidehütte 0,4 Kilometer.« Zehn Minuten vor 15 Uhr wanderten wir los. Ohne Karte, ohne Höhenmesser, ohne Kompass – der Rothaarsteig war angeblich gut ausgeschildert, von der Hütte zum Gipfel: ein Kinderspiel für Waldflaneure!

Ich bin der Pfadfinder schlechthin. Wenn ich einmal in einer Gegend war, finde ich jeden Weg wieder. Nur, ich war noch nie in dieser Gegend. Ich hatte noch nie einen der verwirrenden Pfeiler vor Augen gehabt, die ein ganzes Rudel Wandervereine entlang des Weges von oben bis unten mit knallbunten Markierungen gespickt hatten. Hier oben kreuzten und schnitten sich Dutzende Wanderwege. Unter anderem: der Rothaarsteig, der Kaiser-Otto-Weg, ebenso der Langenbergkammweg (beide Sauerländischer Gebirgsverein), Uplandsteig, Winterberger Hochtour, Themenweg Hildfeld, Neuer Hagen-Rundweg (Sauerländischer Gebirgsverein, Bezirk Astenberg), Clemensbergweg H3 (Sauerländischer Gebirgsverein, Abt. Hildfeld), W4 etc. etc. Nirgends anderswo ist uns ein derart verwirrendes Wegesystem begegnet.

WAS IST EIN MITTELGEBIRGE?

Deutschland ist das Mittelgebirgsland schlechthin. Ein Mittelgebirge überschreitet bestimmte Höhen nicht. In der Bundesrepublik sind dies knapp 1.500 Meter, eine Höhe, die von Region zu Region schwankt. Die höchsten Berge Mallorcas etwa unterschreiten diese Höhe bei Weitem und dennoch handelt es sich bei der Serra de Tramuntana um ein Hochgebirge. Ein Mittelgebirge weist eine höhere Reliefenergie auf als eine Hügellandschaft, »Reliefenergie« meint die Differenz zwischen Gebirgsfuß und höchster Erhebung. Je nach Definition hat ein Mittelgebirge eine Reliefenergie von 200 bis 500 Metern. Die europäischen Mittelgebirge übersteigen die Baumgrenze nicht, von einigen Ausnahmen abgesehen. Die Bundesländer Saarland und Hessen sind die einzigen, die zu fast 100 % in Mittelgebirgen liegen. Auch finden sich die meisten unserer Summits in Mittelgebirgen: Dollberg, Erbeskopf, Wasserkuppe, Großer Beerberg, Langenberg, Wurmberg, Brocken, Fichtelberg und Feldberg. Das nördlichste deutsche Mittelgebirge, der Stemweder Berg, hat keine Reliefenergie von 200 Metern, ist aber aufgrund seiner Beschaffenheit und Entstehung (ein Kalksediment, das tektonisch emporgehoben wurde) ein Mittelgebirge.
Die restlichen Summits liegen entweder im Hochgebirge (Zugspitze) oder in Hügellandschaften. Hier sind laut Definition immerhin mindestens 50 Meter Reliefenergie notwendig. Hasselbrack, Bungsberg, Helpter Berg, Großer Müggelberg und der Kutschenberg sind während der Eiszeiten aus Gletschergeschiebe entstanden, sind also Moränen. Hügellandschaften sind weniger gegliedert als Gebirge und nicht durch Faltungsprozesse entstanden.

Weil es an jenem Nachmittag bedeckt war, funktionierte mein innerer Kompass nicht richtig, der sich instinktiv am Sonnenstand orientiert. Genauer: Er funktionierte gar nicht! Von der Hochheidehütte aus führt der Rothaarsteig nach rechts, also Richtung Osten. Wir folgten ihm und stiegen schnurstracks auf den Clemensberg. Für meine Verhältnisse war ich schnell unterwegs. 838 Meter misst der Berg, er trägt ein Gipfelkreuz, eine Absperrung zum Steinbruch auf der dem Rothaarsteig abgewandten Seite sowie eine Windharfe eines Künstlers, die abscheulich-metallische Klänge von sich gibt, ein Sägewerk produziert schöneren Lärm. Rund um den Clemensberg sind eine Art Biwakschachteln aufgestellt aus stabilem Blech, Unterstände, falls im Steinbruch Sprengungen vorgenommen werden!

Ein hübsches Gipfelchen für die Statistik, befanden wir, im Steinbruch war zum Glück Ruhe. Nur konnte ich mich nicht erinnern, bei der Vorbereitung der Wanderung irgendetwas über einen »Clemensberg« gelesen zu haben. Wieder studierte ich einen Pfosten mit seinen unzähligen Markierungen. Wir befanden uns ganz richtig auf dem Rothaarsteig. Weiter ging es über die Hochheide, eine wunderbar offene Landschaft, die ihren Namen verdient, denn sie war über und über bedeckt mit Blaubeeren. Anja erzählte einen alten Witz: »Papa, Papa, was sind denn das für Beeren? Das sind Blaubeeren, Fritzchen! Papa, die sind doch rot! Ja, Fritzchen, nur so lange sie noch grün sind.«

Wir folgten weiter dem Rothaarsteig, kamen in den Wald, verloren kräftig an Höhe und standen vor einem isolierten Schild: »Langenberg 6 Kilometer«. Wir konstatierten, ja mussten uns eingestehen, zähneknirschend und schlecht gelaunt, dass wir uns verlaufen hatten. Je länger wir auf dem Rothaarsteig wanderten, desto weiter entfernte sich der Langenberg. Es führte kein Weg daran vorbei: Wir mussten zurück zur Hütte, gut drei Kilometer. Macht in der Summe schon neun Kilometer, die ich meinen Sehnen zumutete. Grenzwertig, befand ich, aber völlig egal. Ich *musste* auf den Summit, und zwar heute, die Sehnen würden schon nicht abreißen. Wir gingen schnell, es zog sich zu, es grummelte und wurde gewittrig. Am Auto tranken wir Wasser, wir studierten

Natur pur – die Hochheide rund um den Langenberg

eine Wanderkarte am Rande des Parkplatzes. Ich war verzweifelt, kapierte meinen Kompass nicht. Wir mussten von der Hochheidehütte nach *Norden* wandern, nur den Weg nach *Norden* nehmen, nichts einfacher als das. Zeigte die rote Nadel meines Kompasses nach *Norden* oder nach *Süden*? In meinem Kopf herrschte Chaos, Anja blickte mich entgeistert an. Was war los mit dem Wanderer von Gottes Gnaden, der sie auf Hunderte von Alpengipfeln geführt hatte? Alzheimer? Höhenkrankheit? Altersschwachsinn? Vielleicht müssten wir von dem tiefer gelegenen Parkplatz starten, spekulierte ich. Wir stiegen ins Mobil, um ein paar Hundert Meter tiefer die Markierungen zu studieren. Im nächstbesten Ort würde ich uns ein GPS kaufen, besser noch das neueste Smartphone, auch wenn es 800 Euro kostete! »Wir sind doch die Deppen der Nation«, sagte ich zu Anja. Sie wusste, dass es gerade besser war, den Mund zu halten. »Wo haben die Bäume denn Moos angesetzt?«, fragte ich rhetorisch. »Auf dieser Seite«, sagte Anja, »und auf dieser.« Ich begriff, dass die rote Hälfte meiner Kompassnadel Richtung *Norden* zeigte. Ja, ich erinnerte mich wieder daran! Genau

Höchster Punkt Nordrhein-Westfalens – der Gipfel des Langenberges (843 m)

so war es immer schon gewesen! Die rote Nadel zeigt nach Norden! Immer! Bei jedem Kompass!

Dann endlich hatten wir den genialen Einfall schlechthin, derweil es immer lauter grummelte, zu blitzen und zu regnen begann: »Wir fragen einfach auf der Hütte nach dem Weg!« Zwei Wirtinnen und zwei Gäste waren noch anwesend, es war zwanzig nach fünf. »Wir wollen noch einen kleinen Abendspaziergang machen. Wo bitteschön geht es denn zum Langenberg?« »Ganz einfach: vor der Hütte den schmalen Pfad geradeaus. Etwa eine halbe Stunde, dann seid Ihr dort.« So weit, so gut. Vor der Hütte standen wir und vor uns einer dieser Pflöcke mit seinem knallbunten Markierungschaos. Auf einer Seite führte der Rothaarsteig eindeutig nach *Norden*. In diese Richtung hätten wir gehen müssen, und in diese Richtung würden wir jetzt gehen. Vor vielen, vielen Stunden hatten wir einfach die falsche Richtung des Steiges genommen, den Knick nach *Osten*, hatten den schönen Clemensberg und die noch schönere Hochheide kennengelernt mit Rentierflechten,

Islandmoos, Ebereschen, Preiselbeeren, Krüppelkiefern und Birken. Wir wollten die kleine Wanderung nicht missen!

Und nun liefen wir im Eiltempo und ohne Rücksicht auf meine Entzündungen bei leichtem Regen und tiefschwarzem Himmel 2,8 Kilometer zum Gipfel des Langenbergs, den wir nach drei Stunden und zwanzig Minuten Suche ungefähr um 18.10 Uhr erreichten. Weshalb zum Teufel taten wir uns das an? Vermutlich würde es gleich richtig schütten, hier oben auf dem Kamm hatten wir gute Chancen, vom Blitz erschlagen zu werden – wir würden zu den durchschnittlich acht Deutschen pro Jahr gehören, die durch Blitzschlag zu Tode kommen und damit einen höchst seltenen Abgang machen. Wir waren außer Atem, hechelten sogar und standen auf dieser matschigen Lichtung mit ihrem Gipfelkreuz, um nichts anderes zu tun, als Beweisfotos zu schießen und ein Video zu drehen, als Nachweis, dass wir hier waren, wenn auch nur für ein paar Sekunden.

Wenn der Langenberg wenigstens ein ordentlicher Dreitausender wäre, mit dem wir angeben könnten: »Wir haben den 3.843 Meter hohen Langenberg bei Schneesturm und Gewitter bezwungen und uns dabei leichte Erfrierungen zugezogen.« Morgen, spätestens übermorgen würden lediglich meine Oberschenkel schmerzen und ich mich kaum bewegen können. Nein, mit dieser heldenhaften Leistung würden wir nirgends prahlen können, im Gegenteil, unsere Besteigung des Langenberges war hochgradig peinlich.

Wir wanderten sehr zügig zurück. Egal, ab sofort standen Bahnfahrten und Minigipfel auf dem Programm. Je näher wir wieder zur Hochheidehütte kamen, desto weniger pieselte es, das Gewitter schlich von dannen. Die beiden Mädels in der Hütte packten schon zusammen, doch wir bekamen noch ein Bier. Ganz souverän erklärte ich ihnen, dass heute zu wenig Energie in der Atmosphäre für heftige Gewitter war, die große Abkühlung hatte ja schon stattgefunden, insofern sei uns klar gewesen, dass wir trockenen Hauptes davon kämen. Sie setzten sich zu uns, boten uns eine Zigarette an und zeigten ältere Bilder

der Hütte. Was bei uns im Schwarzwald Orkan Lothar erledigt hatte, besorgte hier Kyrill im Januar 2007. Die Hütte und die Hochheidefläche waren vor zehn Jahren noch von Nadelwald umzingelt.

Am frühen Nachmittag dieses Tages hatten wir ursprünglich weiterfahren wollen zu den Bruchhauser Steinen, einer markanten Felsformation, ebenfalls noch in Nordrhein-Westfalen. Keine Ahnung, was sich genau dahinter verbirgt. Auf dem Turm des Kahlen Astens hatten wir sie auf einer Panoramatafel entdeckt. Aber wer drei Stunden braucht, um einen Idiotenhügel zu besteigen, dem gehört es nicht besser. Wir trollten uns nach dem Bier zu Fury, mit zwölf Kilometern auf dem Buckel und in den Sehnen. Wir machten uns Duschwasser heiß, futterten und tranken ein wenig Wein. Derweil brach die Sonne durch die Wolken und bescherte uns auf 810 Metern Höhe im Hochsauerland eine erneute Camperidylle. Wie schön wir uns dort oben in die Büsche schlagen konnten, bevor wir erschöpft ins Bett krochen.

ETAPPE 5

STARTPUNKT:	Suhler Ausspanne (Parkplatz)
WEGPUNKTE FÜRS NAVI:	Eisenach, Wartburg, Fritzlar, 34513 Waldeck-Bettenhagen, Korbach, Winterberg, Kahler Asten, Niedersfeld (Hochheidehütte)
FAHRTSTRECKE GESAMT:	Großer Beerberg, Suhler Ausspanne – Hochheidehütte, Nähe Niedersfeld: 354 Kilometer
HÖCHSTER BERG IN NORDRHEIN-WESTFALEN:	Langenberg, 843 Meter. Barrierefrei nicht zu erreichen.
MINIMALER AUFWAND:	Vom Parkplatz der Hochheidehütte ca. 2,8 Kilometer dem Rothaarsteig nach Norden (!) folgen. Auf der Hochheidehütte gibt es eine kleine Wanderkarte mit einfachen Zielen in der Umgebung.
FÜR FORTGESCHRITTENE:	Der Rothaarsteig ist ein 157 Kilometer langer Fernwanderweg. Die Zertifizierung als Premiumweg lief 2014 aus. Startpunkt: Brilon; Endpunkt: Dillenburg. Acht Etappen: Brilon – Bruchhausen – Winterberg – Schmallenberg (Schanze) – Rhein-Weser-Turm – Lützel – Lahnhof – Wilgersdorf – Dillenburg.
WEITERE BESONDERHEITEN DES LANGENBERGS:	Der Gipfel ist Teil des nordhessischen Upland-Rundwanderweges. Er führt 66 Kilometer lang rund um die Gemeinde Willingen.

SUMMIT 6
WURMBERG (971 M, NIEDERSACHSEN)
HARZ HARMLOS

Ein idealer Campertag. Gegen 7 Uhr weckte uns die Sonne. Mit Beleuchtung war mir wieder klar, wo Norden und wo Süden war! Ein herrlicher Morgen also auf einem gottverlassenen Waldparkplatz in über 800 Metern, was für den Norden Deutschlands eine ordentliche Höhe ist. Anja hatte inzwischen eine Methode entwickelt, wie man ein aufgetautes Brötchen ohne Toaster knusprig aufbackt. Man befeuchte es leicht von allen Seiten, und zwar mit Hilfe von Wasserdampf, der dem Kessel entweicht, in dem das Kaffeewasser erhitzt wird. Dann »brate« man es vorsichtig im Pfännchen an, eine Minute etwa von oben und eine von unten.

Unser Programm heute: Ein Morgenspaziergang zu den Bruchhauser Steinen, eine Fahrt durch Anjas Heimat rund um Göttingen inklusive Mittagspause mit dem Ziel Braunlage im Harz. Dort eine nachmittägliche Seilbahnfahrt auf Summit Nummer 6, den Wurmberg, höchster Gipfel Niedersachsens. Gegen Abend wollten wir ein paar Kilometer weiter in Schierke logieren, unterhalb des Brockens, des höchsten Berges von Sachsen-Anhalt.

Die Bruchhauser Steine sind vier Porphyrschlote, die der Erosion während der Jahrmillionen mehr Widerstand entgegen gesetzt haben als der umgebende Tonschiefer des nördlichen Rothaargebirges. Sie sind ein »Nationales Naturdokument«, ein »Nationales Geotop«, ein Vogelschutzgebiet und so weiter – kurz: Die Felsen sind maxi-

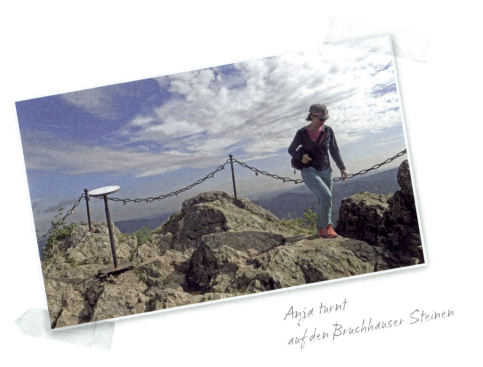

Anja turnt auf den Bruchhauser Steinen

mal geschützt! Der Bornstein als höchster des Quartetts überragt den Grund um 92 Meter. Der Klotz mit dem höchstgelegenen Punkt ist der Feldstein. Zwar nur 45 Meter hoch vom Boden aus gemessen, trägt er auf 756 Metern aber ein weithin sichtbares Gipfelkreuz. Er ist der einzige der Felsen, den man besteigen darf, die anderen beiden, der Ravenstein und der Goldstein, bleiben allerhand Getier vorbehalten. Übrigens sind es nicht die nördlichsten Felsen in Deutschland. Im Harz und im Teutoburger Wald würden uns weitere markante Formationen begegnen. Selbst in Schleswig-Holstein gibt es einen Felsen, nämlich den 91 Meter hohen Kalkfels, bei dem die berühmten Karl-May-Spiele von Bad Segeberg stattfinden – also auch ein »urdeutscher« Ort.

Früher Vogel spart sich Geld: Um 9 Uhr kassierte auf der Zufahrt hinter der Ortschaft Bruchhausen noch niemand Maut und Eintritt. Den ersten nennenswerten Besucherstrom erwartete man hier zahlenderweise ab 10 Uhr. Etwa einen Kilometer spazierten wir vom höchst gelegenen Parkplatz des Mautsträßchens bis zum Fuß des Feldsteins. Den Fels hinauf zog und hangelte ich mich an den Ketten und Geländern entlang, möglichst darauf bedacht, hohe Stufen und Tritte zu vermeiden und den Beinen keine ausladenden Bewegungen zuzumuten. Die Felsen waren in der Morgensonne schon warm geworden. Wie oft träume ich vom Klettern im warmen Fels, einer meiner Lieblingsträume. Es gibt wenig Schöneres im Leben als im Winter auf die Kanaren zu fliegen und dort über die warmen Felsen zu kraxeln! Und nun »spiele« ich Klettern, ich simuliere es für drei oder fünf Minuten, ich mache mich quasi über mich selbst lustig. Eigentlich unerträglich, fünf Minuten auf wackeligen Beinen zu klettern. Entschädigt wurden wir durch die Morgenstimmung, die Singvögel am Gipfel und den weiten, unverstellten Blick über das Hochsauerland, die bewaldeten Hügel, fast endlos in Richtung Süden, dazwischen auf die freien Flächen, Äcker, Wiesen, Windräder, Gehöfte, Dörfer, ja sogar auf den ach so schwer zugänglichen Langenberg. Dort haben wir uns wirklich angestellt wie das Kind im Dreck! Aber es hat so sein sollen, schließlich waren die Besteigung des Clemensbergs und die Wanderung über die Hochheide attraktiver als die Waldlichtung des Langenbergs. So richtig genießen konnte ich diesen Prachtvormittag nicht: Zu sehr sorgte ich mich um meine Sehnen. Erfahrungsgemäß machte sich der Schmerz erst zwei Tage später richtig bemerkbar. Anja turnte ein wenig in den Felsen herum, leicht, tänzelnd, spielerisch; ich hangelte mich vorsichtig nach unten in Richtung Fury.

Unsere Navine prophezeite uns eine Fahrt von 215 Kilometern bis Braunlage. Die Strecke wollten wir bis Göttingen auf der Autobahn zurücklegen. Es war kurz vor 10 Uhr, bis gegen 13 Uhr sollten wir ein Restaurant in der Nähe von Göttingen gefunden haben. B 251, L 913, L 870, B 7, A 44, A 7 – mehr lässt sich über die Fahrt nach Göttingen nicht erzählen. Je nach Verkehrsaufkommen hätte die Route auch anders verlaufen, hätte Navine uns anders lotsen können.

Je näher wir Anjas Heimat kamen, desto mehr strahlte sie. Zu jedem Dorf fiel ihr eine Geschichte ein. Sie selbst stammt aus der Nähe von Göttingen, ihr Elternhaus steht in der Friwoler Straße (ungelogen). Das etwa 800 Einwohner zählende Dorf liegt am Südostrand des Sol-

lings, einem Mittelgebirgszug, der in der »Großen Blöße« mit 528 Metern kulminiert. Auf dem Dorffriedhof liegen ihre Großmutter und Mutter begraben, die Ländereien rund um das Dorf sind großenteils Eigentum ihres Vaters. Die Landwirte der Region bauen Getreide und Rüben an und zahlen monatlich Pacht.

Östlich von Göttingen fuhren wir in Ebergötzen von der Landstraße. Dort lebte Anjas Lieblingslehrerin während der Orientierungsstufe. Die Gemeinde zählt kaum 2.000 Einwohner, hat aber zwei Sehenswürdigkeiten von wenigstens überregionalem Rang. Die »Wilhelm-Busch-Mühle« und das »Europäische Brotmuseum«, das wohl die halbe Grundfläche der Gemeinde einnimmt, Bus- und PKW-Parkplätze eingerechnet. In der Mühle wollten wir speisen. Obwohl deren Vorgeschichte nicht so sehr appetitanregend ist. Wilhelm Busch war nämlich von 1841 bis 1846 in dem Örtchen zur Schule gegangen, die Mühle gehörte dem Vater eines Freundes. Fantasie hatte Busch schon als Bub, weshalb die Mühle ihn zu der Geschichte von Max und Moritz anregte. Und diese beiden endeten bekanntlich geschreddert vom Mahlwerk im Bauch zweier Gänse, nachdem die Burschen vorher eingewickelt in gebackenem Brotteig überlebt hatten. Ich hingegen spekulierte auf Pizza, was sonst.

Das Restaurant hatte geschlossen, Dienstag war Ruhetag, und mit leerem Magen wollten wir nicht ins Brotmuseum. Was sollte außerdem in einem Brotmuseum interessant sein? Also wieder mal keine Pizza. Auf einem Parkplatz mitten im Dorf kochten wir Reste: Nudeln mit Tomatensoße, Zwiebeln, Knoblauch und in kleine Stücke geschnittene Wiener Würstchen. Während meines Studiums war diese Kreation in der Mensa unter »Pasta Alfredo« bekannt und wurde von den Studenten, wenn möglich, ignoriert, weil sie einfach scheußlich schmeckte.

Gleich nach dem Abspülen fuhren wir weiter Richtung Ostdeutschland. Erstaunlicherweise waren die vielen Straßen, auf denen wir in den vergangenen und kommenden Tagen unterwegs waren, wenig befahren. Navine leistete gute Arbeit, selbst auf der B 27 war an diesem Dienstagnachmittag wenig los. Um 14.45 Uhr parkten wir bei der Wurmberg-Seilbahn, die Braunlager Flaniermeile sparten wir uns. Auf den ersten Blick erinnerte sie an jene vom Titisee, nur deutlich abgespeckter. Das internationale Publikum besucht doch eher den Schwarzwald als den Wurmberg im Harz. Der Gipfel sollte unser unspektakulärster und bisher einfachster Summit werden. Ich notierte komische Ortsnamen und kalauerte. Durchaus anspruchsvoll etwa ist der Gag über die Ausfahrt »Barbis Scharzfeld«: »Immerhin ohne Deppenapostroph«. Anja verstand den Witz nicht auf Anhieb. Ein Bananenwitz eben. Er reift beim Käufer.

Süddeutsche Kennzeichen sahen wir im Harz oder im Erzgebirge nur wenige, dafür viele polnische, holländische, dänische und norddeutsche. Für die Nordländer ist der Harz ein richtiges Gebirge! Vor allem für die Dänen, deren höchster Berg mit Ach und Krach die Marke von 170 Metern knackt. Welcher Schwabe, Badener oder Bayer reist in den Harz, um dort Urlaub zu machen? Bayerischer Wald und Schwarzwald sind mindestens gleich attraktiv, liegen deutlich näher, und hochdeutsch sprechen muss man dort auch nicht, um verstanden zu werden.

Der Wurmberg ist das alpine Zentrum Niedersachsens, ein Paradies für Mountainbiker und Monsterroller mit Reifen breit wie Elefantenfüße. Auf dem großzügigen Gipfel wurden auf engstem Raum ein Abenteuer-Spielplatz einschließlich künstlichem Gebirgsbach installiert, dazu ein Streichelzoo, ein Skizirkus samt Speichersee zur künstlichen Beschneiung der Pisten im Winter, ein Restaurant plus einer Kneipe für die Säuferseelen. Wir genossen die Seilbahnfahrt, obwohl wir einen solchen Spaßberg sonst nie im Leben aufgesucht hätten. Für mich wieder eine Art Simulation von Alpenerlebnis: Was blieb mir anderes übrig? Meine allererste Seilbahn war der Sessellift von Grindelwald auf den First im August 1974. Ich war damals sieben Jahre alt und von den Dimensionen der Viertausender des Berner Oberlandes regelrecht erschüttert.

Meine Eltern fuhren fortan mit meiner Schwester und mir regelmäßig in die Schweiz in Urlaub. Das bedeutete: Seilbahnfahren! Wir fuh-

Touristenbespaßung am Wurmberg – Monsterroller

ren auf die Kleine Scheidegg, den Niesen, das Brienzer Rothorn, das Jungfraujoch, und wir gondelten auf das Niederhorn, das Schilthorn, den Rinderberg und zum Oeschinensee. Es gibt hübsche Dias von meiner Mutter im geblümten Sommerkleid und meinem Vater mit Sakko und Schlips, inmitten eines Schneefelds auf dem Eggishorn aufgenommen. Meine Eltern erzogen mich auf diese Weise zum Wanderer, denn ich beneidete die anderen Kinder, die mit prall gefülltem Rucksack an uns vorbeimarschierten, auf die Berge stiegen und schon jetzt kleine Bergsteiger waren. Gleich nach dem Abitur plünderte ich mein junges Konto und wanderte auf alle Gipfel, die ich als Kind hatte befahren müssen. Auch später mied ich Seilbahnen, erst allein, später zusammen mit Anja – wir bekamen im Laufe der Jahre die Kondition von Bergziegen. Und jetzt? Schweigen wir darüber.

Auf dem Wurmberg brauchten wir zum ersten Mal eine Jacke. 11. Juli 2017, 971 Meter, 18 Grad Celsius. Es wuselte rund um dem Gipfel fast wie im Kindergarten, wäre da nicht der Gestank von billigem Tabak gewesen, der aus einem roten Vollbart quoll, an dem ich

Speichersee Wurmberg – er lächelt nicht und lädt nicht zum Bade

mich vorbeischleppte auf dem Weg von der Bergstation zum Gipfelkreuz. Nichts mit frischer Höhenluft, vom Restaurant her schwappte der Geruch von frittierten Pommes. Ich gebe zu, ich hatte schlechte Laune. Was war das für ein Unsinn, den wir hier betrieben? Wir suchten die hässlichsten Ecken der Republik auf, nur weil sie per Definition die höchsten Punkte bestimmter Landflächen waren. In den Alpen hätte ich den Wurmberg unter »A6« verbucht.

Normalerweise werden Berge ja nach Schwierigkeitsgrad eingeteilt, ich pflege sie seit einiger Zeit nach »Andrang« einzuteilen. Auf einem Gipfel »A0« herrscht so wenig Andrang, dass ich selbst noch nicht oben war. »A1« bedeutet, dass ich auf dem Gipfel samt Auf- und Abstieg allein bin und keiner Menschenseele begegne. Und zwar unter standardisierten Bedingungen, also an einem Augustmontag bei schönem Wetter. »A2« meint: Auf dem Weg zum Gipfel stößt man auf einige versprengte Einheimische, die meist auch noch beruflich unterwegs sind, also etwa Wanderwegmarkierer. Ein Gipfel mit Andrang

»A3« hat eine erlesene Handvoll von Kennern zu Besuch. »A4« heißt: Am Gipfel befinden sich andere Wanderer oder Bergsteiger, allerdings ist nach der Brotzeit eine Siesta noch möglich, der Lärmpegel hält sich in Grenzen. Ein Gipfel »A5« ist überfüllt. Man bekommt einen Gipfelschnaps angeboten und muss während der Brotzeit ein Dutzendmal »Berg Heil« antworten. »A6« bedeutet: Der Gipfelschnaps ist alle, man geht leer aus und wird alle naselang von »Ihm« gefragt, ob man ein Foto »Er plus Gattin am Gipfelkreuz« machen könne.

Was blieb uns zu tun? Ein Gipfelfoto machen, einen kleinen Rundgang, einen Kaffee auf der Terrasse des Restaurants trinken, den eindrucksvollen Blick auf den Brocken genießen und eine innere Schweigeminute abhalten ob der düsteren DDR-Vergangenheit. Was ging den Menschen vor dreißig, vierzig Jahren durch den Kopf, als sie hier standen und mit dem Fernglas über den Eisernen Vorhang hinweg ins hermetisch abgeriegelte Militär-Gelände des Brockens schauten? Nach einer Stunde fuhren wir mit der »längsten Luftseilbahn Norddeutschlands« wieder zu Tal, um Niedersachsen vorläufig zu verlassen. Das also war unsere kurze, wenig ästhetische Begegnung mit Summit Nummer 6.

Die Niedersachsen sind mir nicht nur wegen meiner Frau sympathisch, auch wenn (gerade rund um Göttingen und Hannover) jeder Prolet ein astreines Hochdeutsch spricht, der bei uns in einem grammatikfreien südfränkischen Dialekt radebrechen würde. Meine Landsleute singen ein pathetisches Badnerlied, die Schwaben haben wenigstens »Uff de Schwäbische Eisenbahn«, das kürzlich von Deep Purple gecovert wurde, aber nur die Niedersachsen verfügen über ausreichend Selbstironie, um sich mit Genuss selbst in die Pfanne zu hauen: »Wir sind die Niedersachsen/trinkfest und schiefgewachsen, polizeilich bekannt«, las ich gleich im Vorwort eines amüsanten Aufklärungswerkes meines Kollegen Axel Klingenberg, »Die Wahrheit über Niedersachsen«. Er verweist darauf, dass Trio aus Großenkneten eine Rockband sei, »die mit ihrem lakonisch-ostfriesischen Humor den Geist Nieder-

Nicht zu übersehen – wir haben den nächsten Summit erreicht

sachsens am besten repräsentiert«, während die Scorpions aus Hannover »ihr vor Jahren gegebenes Rücktrittsversprechen leider bis heute nicht eingehalten haben«.

Ein paar Kilometer nur fuhren wir weiter, um am nächsten Tag Summit Nummer 7 zu »erobern«, den Brocken, den ersten Tausender der Reise. Schierke ist der mehr oder weniger berühmte Ausgangsort. Wir fuhren einmal mit der Kirche ums Dorf, um zu registrieren, dass Schierke im Wesentlichen aus Baustellen, Parkhäusern, Souvenirläden sowie Hotels ohne Charme besteht, und richteten uns auf dem »Campingplatz am Schierker Stern« am Ortsanfang ein. Er liegt ruhig am Waldrand und ist deutlich moderner (errichtet 2002) als der am Edersee. Die Sonne schien, wir waren recht früh dran, stellten Tisch und Klappstühle vor das Mobil und lasen Zeitung. Es ging nicht lange, bis uns ein bärtiger Mann in unserem Alter ansprach. Er habe unser Karlsruher Kennzeichen gesehen. Lange habe er in unserer Heimat als Förster gearbeitet. Nach vielen Jahren in Kanada reise er nun mit dem Bully und seiner Familie durch Europa. Er sei erschrocken darüber, wie sehr

Am Eingang des Campingplatzes Schierke kann man einen Elch knutschen

das Waldsterben gerade dem Harz zusetze. Er führte es auf eine andere Politik gegenüber dem Schädling Borkenkäfer zurück. Man müsse die befallenen Fichten sofort fällen und beseitigen, so wie man es im Schwarzwald mache. Das Problem dabei: Der Harz ist nach wie vor ein reiner Fichtenwald, während sich der Schwarzwald spätestens seit dem Orkan Lothar im Jahr 1999 langsam in einen Mischwald verwandelt. Heute, fast zwanzig Jahre später, ist dort von den Baumleichen nicht mehr viel zu sehen, die Lücken sind durch Mischwald weitgehend geschlossen. Vor Lothar sah es an vielen Orten im Schwarzwald so aus wie rund um den Brocken. Neben dem Borkenkäfer sind Trockenheit und Wärme die größten Feinde der Fichtenwälder, also viele Sommer der vergangenen drei Jahrzehnte. Der Sturm Kyrill tobte acht Jahre nach Lothar im Jahr 2007 vor allem in Norddeutschland und warf die Fichtenbestände um, die in den Sommern 2003 und 2006 gelitten hatten.

Im Nationalpark Harz greift keine Forstverwaltung ein, um die Leichen zu entfernen, egal ob sie noch stehen oder schon zu Boden ge-

Draußen sitzen! Selten möglich im Juli 2017.

gangen sind. Man überlässt die Rundumerneuerung der Natur selbst. So müssen die Brockenwanderer wohl noch ein Weilchen warten, bis die robusteren Jungbäume, die schon buchstäblich in den Startlöchern liegen, die Monokultur ersetzen und dem Wald ein adretteres Aussehen bescheren, das den Touristen ein Wohlgefühl bereitet. Ein strammer Fichtenwald, wie ihn hier noch Heinrich Heine erlebte, wird in Mitteleuropa wohl bald nirgends mehr zu finden sein. Ich stellte es mir regelrecht gruselig vor, auf den Brockengipfel zu wandern, um den meist Nebelschwaden wabern. Ein toter Baum nach dem anderen taucht aus dem feuchten Gewölk auf und verschwindet wieder aus dem Blickfeld.

Eine kuriose Geschichte über den Wurmberg sei zum Schluss noch erwähnt: Wie auf vielen markanten Bergen vermuteten Esoteriker und Sagengläubige hier keltische Kultbauten. Archäologen untersuchten aufgrund der Erzählungen Einheimischer erstmals in den 1850er-Jahren Relikte eines »heidnischen Tempels« sowie eine »Hexentreppe«. Weitere Forschungen etwa hundert Jahre später sahen in den steinernen Spuren eine »prähistorische Kultstätte unbekannter Zeitrechnung«. Die Nachkriegs-Archäologen fanden keine Hinweise, um eine präzisere Datierung vornehmen zu können. Erst neuere Untersuchungen um die letzte Jahrtausendwende identifizierten die »sagenhaften« Funde als Reste einer Signalanlage aus den Jahren um 1850. Außerdem fand man einen Knopf englischer Fertigung aus der Zeit um 1800. Der damalige Förster mit Namen Daubert und seine Tochter waren für ihre Gelage am Berg bekannt. Die Braunlager hatten aus den Gerüchten »heidnische Handlungen« gemacht und wohl allerhand dazu erfunden.

Vor der Nachtruhe verbrachte ich übrigens eine Viertelstunde auf der Toilette des Campingplatzes: Der MDR spielte Deep Purples »April«. Selten, dass man dieses Großwerk in voller Länge im Radio hört, am wenigsten in unserem Spätzlesender.

ETAPPE 6

STARTPUNKT:	Hochheidehütte bei Niedersfeld (Waldparkplatz)
WEGPUNKTE FÜRS NAVI:	Bruchhausen – Brilon – Kassel – Göttingen – Braunlage
FAHRTSTRECKE GESAMT:	Hochheidehütte – Braunlage: 236 Kilometer
HÖCHSTER BERG IN NIEDERSACHSEN:	Wurmberg, 971 Meter. Barrierefrei zu erreichen mit der Seilbahn von Braunlage aus.
MINIMALER AUFWAND:	Von Braunlage aus ist der Wurmberg in ca. 1 Stunde zu besteigen.
FÜR FORTGESCHRITTENE:	Die beiden »Summits« Wurmberg und Brocken lassen sich an einem Tag erobern. Sie sind per Rundweg verbunden. Reine Gehzeit, je nach Variante und Kondition 6 bis 9 Stunden.
WEITERE BESONDERHEITEN DES WURMBERGS:	Wenig anstrengende Wanderungen führen zur Großen Wurmbergklippe (220 Meter westlich der Seilbahntrasse zwischen Berg- und Mittelstation) sowie zur Kleinen Klippe (etwa 100 Meter östlich der Seilbahntrasse zwischen Mittel- und Talstation). Wie die meisten »Harzklippen« bestehen die Felstürme aus Granit.

SUMMIT 7
BROCKEN (1.142 M, SACHSEN-ANHALT)
HARZ HARDCORE

Was bin ich für ein Warmduscher gegen Brocken-Benno! Auf meinem Hausberg, der Hornisgrinde, war ich bislang etwa fünfzigmal. Die Hornisgrinde ist vom Brocken aus gesehen in südwestlicher Richtung der nächsthöhere Berg (1.163 m), der Brocken dominiert die Umgebung insgesamt 224 Kilometer. Erst der Fichtelberg (1.214 m) schlägt den höchsten Harzer. Brocken-Benno alias Benno Schmidt jedenfalls bestieg am 28. Juli 2018 den Brocken zum 8.530sten Mal, im Jahr 2020, an seinem 88. Geburtstag, will er ihn 8.888-mal erklommen haben. Selbst Reinhold Messner zog vor Benno Schmidt den Hut und wanderte mit ihm einmal auf den höchsten Berg Sachsen-Anhalts. An gut 300 Tagen im Jahr, also insgesamt etwa 7.000-mal stocherte der Rekordwanderer dabei im Nebel, im ungünstigen Fall herrschte Brockenwetter, sprich Sauwetter!

Anja und ich waren noch jung, als wir zum ersten Mal gemeinsam auf den Brocken fuhren. Es war im Jahr 1999 an einem sonnigen Novembernachmittag zum Sonnenuntergang. Im Tal lag Nebel, wir hatten einen idealen, milden Tag erwischt. Anders 18 Jahre später, am 12. Juli 2017, just als der Brocken als Nummer 7 unserer Summits dran war. Wir frühstückten frische Brötchen, packten, spülten das Geschirr und ließen Fury das Grauwasser ab. Es fing leicht an zu regnen. Klar, die Wahrscheinlichkeit, kein schönes Wetter am Brocken-Gipfel zu erwischen, lag bei 82 %. Wir fuhren Fury zum Parkplatz in Schierke.

Brockenbahnhof bei Brockenwetter

Von dort geht man etwas mehr als einen Kilometer zu Fuß, um zum Bahnhof zu gelangen. Es ist doch erstaunlich, wie oft wir per pedes unterwegs waren, obwohl wir genau dies vermeiden wollten beziehungsweise sollten. Wir wanderten also bei nach wie vor leichtem Regen Richtung Bahnhof der Harzer Schmalspurbahnen.

Die Brocken-Bahn ist die wohl schönste auf deutschem Boden. Nicht wegen des Wetters oder der Aussicht, vielmehr ist hier ein ganzes Bataillon historischer Dampfloks im Einsatz, darunter eine Mallet-Lokomotive. Der Kenner weiß: Sie wurde 1884 vom Schweizer Ingenieur Anatol Mallet entwickelt, beschafft wurde sie von der damaligen Nordhausen-Wernigeroder Eisenbahn-Gesellschaft in den Jahren 1897/98. In Deutschland sind nicht einmal mehr ein Dutzend dieser Loks betriebsbereit. Weitere Triebwägen stammen aus den 1930er-Jahren, hinzu kommen die stärksten Schmalspurdampflokomotiven Europas aus den 1950er-Jahren. Ein Muss für Eisenbahnfreunde. Auch die Waggons und Zugtickets sind historisch, nicht aber die Fahrpreise: Die Berg- und Talfahrt der Brocken-Bahn kostete 41 Euro, egal

Eine der Lokomotiven der Brockenbahn

ob man in Schierke oder anderswo startet. Die Tourismusverbände haben sich etwas dabei gedacht: So lassen sich Besucherströme steuern. Wäre die Fahrt von Schierke aus günstiger, stiegen alle dort ein.

Wir hatten geglaubt, heute die Einzigen zu sein, die dem Brocken einen Besuch abstatten, waren wir doch sozusagen »dienstlich« unterwegs. Außer Brocken-Benno, wahrscheinlich. Doch der erste Zug, den wir nahmen, der erste Zug des Tages, der gegen 10 Uhr startete, war schon gut besetzt. Wir wussten ja, was auf uns zukommt, hatte uns doch der Mitteldeutsche Rundfunk darüber informiert, was uns erwartete: Strömender Regen und Sturm. Hatten noch mehr Menschen außer uns weder ein Smartphone mit Wetter-App noch einen Fernseher? Eine knappe Dreiviertelstunde dauert die Nostalgiefahrt von Schierke auf den Brocken. Verspätung und Verzögerungen gehören auch hier dazu. Die historischen Fahrkarten bekommen vom Schaffner ein echtes Löchlein geknipst. Ob es in der DDR früher Standard war, dass die Zugbegleiter Schnäpse und Liköre anbieten, entzieht sich unserer Kenntnis. Wir fröstelten auf den harten Bänken, der Niesel-

Suchbild: Anja am Brockengipfel

regen hatte uns zugesetzt. Alle paar Meter ließ der Lokführer seine Maschine heftig tuten, an den Fenstern strich grauschwarzer Rauch vorbei, derweil draußen der Nebel im Stangenwald dichter wurde. Je näher wir dem Gipfel kamen, desto grauer wurde es. »Das gehört so«, sagte Anja ironisch, »wie schön, dass wir auf dem Brocken richtiges Brockenwetter erleben.«

Bei der Bergstation herrschte also dichter Nebel, Sichtweite circa zwanzig Meter. Es schüttete nicht nur wie aus Eimern, es eimerte regelrecht. Vom Sturm ganz zu schweigen. Die zwei-, dreihundert Meter bis zum Gipfel mussten wir deshalb in mehrere Etappen aufteilen. Zunächst ging es sozusagen ins erste Höhenlager. Wir rannten in den Wartesaal des Bahnhofs und packten uns ein, um nicht nass bis auf die Knochen zu werden. Dann sprangen wir quasi um die Ecke und zogen im Vorraum des Bahnhofsrestaurants auch unserem Rucksack ein Regencape über. Weil ich durch meine Brille nichts mehr sehen konnte, so beschlagen und nass war sie, nahm mich Anja an der Hand und führte mich auf Etappe Nummer drei ins überdimensionale Café des Brockenhauses. Es hat ein wenig den Charme einer Großkantine. Dort ließen wir unsere Funktionswäsche fünf Minuten lang ein wenig antrocknen – Hochtourenhosen wären besser gewesen als leichte Wanderhosen. Einen Kaffee trinken wollten wir nicht. Wir hatten eine Aufgabe zu erledigen und überlegten, wie wir dokumentieren könnten, dass wir den Gipfelstein, die Brocken-Uhr, erreicht hatten. An ein Sclfie am höchsten Punkt war bei diesen Wetterverhältnissen nicht zu denken, ohne die Kamera zu gefährden.

Dick eingepackt nahmen wir Etappe Nummer vier in Angriff. Wieder ein paar Meter weiter in Richtung Gipfel. Vor dem Brocken-Hotel und dem Touristensaal stellten wir uns unter eine Art Vordach. Von hier aus wollten wir getrennt zum Gipfel gehen und das Ziel »abklatschen«. Der jeweils Zurückbleibende sollte filmen und fotografieren. Ich machte den Anfang. Anja gelangen Filmaufnahmen, wie ich die finale, die fünfte Etappe, absolvierte. Hin und zurück benötigte ich 75 Sekunden, nach denen ich durchnässt bis auf die Knochen war. Anja war schneller am Gipfel, sie konnte ja rennen, sie brauchte nicht einmal eine Minute. Wir schüttelten uns, weniger vor Nässe als wegen der Kälte. Anja nahm mich bei der Hand und zurück ging es zum Bahnhof, wo wir den nächstbesten Zug (11.36 Uhr) nach Schierke nahmen. Im Bahnhof hielten sich einige wahrscheinlich wenig intelligente oder zumindest schlecht informierte Zeitgenossen auf. Zwei junge, kräftig gebaute Männer in Shorts und mit Tattoos auf den Waden fluchten über das Wetter und brüllten: »Scheiße, scheiße, scheiße!« Wieder hatte der Zug Verspätung, wir warteten im Bahnhof und studierten die Souvenirs »Made in China«. Unsere Laune war bestens, denn der Brocken hatte uns ganz typisch empfangen. Was wäre denn das für eine Geschichte gewesen, wenn wir Sicht bis zur Nordsee oder nach Paris gehabt hätten bei strahlendem Sonnenschein und 25 Grad?

Bis Schierke waren wir trocken, schlotterten aber immer noch vor Kälte. Auf dem Gipfel hatte es 10 Grad gehabt! Diesmal nahm ich das Angebot an und ließ mir vom Schaffner einen »Schierker Feuerstein« verkaufen. Ein Kräuterlikör, der kurz vor High Noon erstaunlich wenig scheußlich schmeckte. In der Mitte meines Körpers machte sich sofort ein warmes Wohlgefühl breit. Wir mussten wieder einen Kilometer vom Bahnhof Schierke bis zum Parkplatz gehen, um zu Fury zu gelangen. Als wir das Mobil aufschlossen, brach ironischerweise für drei, vier Sekunden die Sonne durch die Wolken. Danach verschwand sie, um an diesem Tag nicht mehr gesehen zu werden, im Gegenteil: Es schüttete immer heftiger. Auf unserem Weg in den Teutoburger Wald schwammen wir streckenweise im Schritttempo über die Straßen, einmal ging ein Schauer nieder, dessen Wassermassen die Scheibenwischer nicht mehr bewältigten – Fury war kurz vor dem Ertrinken. Wir stellten uns die vierte der drei W-Fragen: »Weshalb tun wir uns das an?« Ab fünfzig sollte man ruhig und gesetzt sein, seine Ferien am Strand verbringen, nicht unbedingt auf Mallorca, aber vielleicht Sizilien oder Korfu, oder mit einem Busunternehmen eine Bildungsreise nach Kreta unternehmen, wahlweise durchs Baltikum. Es goss, und wir fuhren nach Westen, auf der Suche nach einem Restaurant. Wir hatten Gelüste nach Fleisch, hätten am liebsten ein griechisches Restaurant gefunden, wohl aus Sehnsucht nach einem milden Abend in einer Taverne und dazu dezent die Musik von Alexis Sorbas im Hintergrund. Jetzt aber galt es, überhaupt ein Restaurant zu finden mit Parkplatz vor dem Haus, jedenfalls nicht allzu weit entfernt, damit wir nicht während des gesamten Mittagessens froren. Selbst kochen konnten wir nicht, unsere Vorräte waren aufgebraucht.

Sachsen-Anhalt hatten wir hinter uns gelassen. Im Niedersächsischen Clausthal-Zellerfeld sprang uns eine mächtige, hellblaue Holzkirche ins Auge. Navine zeigte an, dass in 300 Metern Entfernung direkt im Stadtzentrum ein Restaurant sein würde. Anja behauptete, es gäbe einen Zusammenhang zwischen den skandinavischen Stabkirchen und denen im Harz. Mir war es egal.

Unser Restaurant wurde zwar von keinem Griechen geführt, aber von einem Kroaten. Anja bestellte eine Forelle, ich gab mich der Fleischeslust hin und orderte Pola-Pola. Wir schwiegen. Uns wurde weihnachtlich zumute. Es roch nach Tannengrün, im Hintergrund liefen

Marktkirche in Clausthal-Zellerfeld

Musicalklassiker, die ein billiges Orchester gründlich vergeigte, mittelprächtige Tenöre oder Sopranistinnen knödelten Ohrwürmer von »Don't cry for me Argentina« bis zum »Phantom der Oper«, Kerzen brannten. Der Kellner schien sich aus der Zeit der österreichisch-ungarischen Monarchie nach Niedersachsen gebeamt zu haben. Er rollte das »r«, trug auf seiner Halbglatze eine zerfließende Schmalzlocke, ebenso schwarz gefärbt wie sein schmales Oberlippenbärtchen. »Das nenn' ich mal stimmungsvoll«, sagte ich zu Anja, »mal was anderes.« Die weihnachtliche Stimmung wich beim vorzüglichen Essen, als uns allmählich warm wurde. Wahrscheinlich wäre der Kellner auch lieber Tenor geworden.

Wir rannten (ich so gut es ging) zum Auto, es goss unerbittlich. Die Marktkirche schenkten wir uns. Wir verpassten eines der bedeutendsten Baudenkmäler Norddeutschlands und die größte Holzkirche der Republik, die – zwar evangelisch-lutherisch – eine üppige Barock-Ausstattung aufweist, nicht etwa düster und bedrohlich wie manche oberschwäbische Barockkirche, sondern in hellem Weiß gehalten, auch der blaue Außenanstrich ist eher ungewöhnlich. Die Schäden waren bis zum Jahrtausendwechsel so immens geworden, dass sie zwölf Jahre lang, von 2001 bis 2013, für insgesamt 9,3 Millionen Euro restauriert werden musste. Wir verpassten unter anderem einen Kronleuchter in Form eines brennenden Dornbusches und eine gewaltige Rokoko-Orgel aus dem Jahr 1758. Kurios ist, dass man auch bei der Sanierung »Mondphasenholz« verwendete, also nach dem entsprechenden Kalender fünfzig Mondfichten fällte für den Wiederaufbau des Glockenturmes.

Nochmals die vierte der drei W-Fragen: Weshalb, zum Teufel, taten wir uns das an? Hätten wir nicht besser eine Auswahl an touristischen Glanzlichtern zusammenstellen sollen, 16 an der Zahl, darunter eben diese Marktkirche? »Es ist doch ein schönes Spiel«, sagte Anja, »während sich die anderen heute geärgert haben, dass sie auf dem Brocken übles Wetter hatten, hatten wir unseren Spaß.« Ob wir nach dieser Tour erholt sein würden? »Ey, das ist der reinste Stress und völlig sinnlos«, entgegnete ich. »Muss alles einen Sinn haben?«, fragte meine Gattin und steuerte einen Siestaplatz an. Vor dem Kloster Marienberg bei Helmstedt. Wir verließen Fury nicht, auch diese Sehenswürdigkeit fiel dem Regen zum Opfer. Und unserer Trägheit, dem Bedürfnis nach einem wohlverdienten Verdauungsschläfchen.

Unsere Planung war ursprünglich Folgende gewesen: Am Abend, wenn die Sonne tief steht, wir also schöne Beleuchtung haben, besichtigen wir die Externsteine im Teutoburger Wald und nächtigen in der Nähe. Doch auch im Teutoburger Wald regnete es. Einige Kilometer vor unserem nächsten Ziel, dem Bonus-Ziel »Externsteine«, fanden wir einen Standplatz am Rande einer Sportanlage. Alle offiziellen Parkplätze waren für Wohnmobile tabu. 15 Grad zeigte das Thermometer draußen an, inzwischen war es früher Abend. Wir hielten die Temperatur im Wohnmobil dank des Trangia-Brenners, auf dem nebenbei Teewasser köchelte, auf zwanzig kuscheligen Grad. Die Bordheizung wollten wir nicht nutzen aus Furcht, die Gaskartusche aufzubrauchen. Wir hatten nämlich keine Ahnung, wie man diese wechselt.

EIN WENIG STATISTIK ZUR REISE

Die kürzeste Distanz zwischen allen Summits beträgt 3.323 Kilometer. Mit allen Bonus-Zielen und Umwegen brachten wir es in unseren 20 Tagen Reisezeit auf 4.268 Kilometer Gesamtstrecke. Die reine Fahrzeit betrug 68 Stunden. Durchschnittlich reisten wir mit einer Geschwindigkeit von 54 Kilometern pro Stunde – laut Geschwindigkeitsanzeige im Mobil. Rein rechnerisch sind es knapp 63 Stundenkilometer. Die folgende Tabelle zeigt neben den 16 Summits und ihren Höhen, an welchem Tag wir an welchem Ziel waren, außerdem die kürzeste Distanz zwischen den Summits laut Google Maps, sämtliche Zwischenziele und – in der letzten Spalte – die Gesamtzahl der Kilometer von Summit zu Summit mit *allen* unseren Umwegen. Was die Zahl der »Gipfel« betrifft, kamen zu den 16 Summits weitere 18 und reichlich andere Sehenswürdigkeiten.

	SUMMIT	BUNDESLAND, HÖHE	DATUM	KÜRZESTE DISTANZ	ZWISCHEN-/ BONUSZIELE	KM GESAMT
1	DOLLBERG	Saarland, 695 m	7. Juli	163 km	• Trifels (Sonnenberg, 494 m) • Teufelstisch (284 m)	191 km
2	ERBESKOPF	Rheinland-Pfalz, 816 m	8. Juli	31 km		32 km
3	WASSERKUPPE	Hessen, 950 m	8. Juli	278 km	• Rotenfels (327 m) bei Bad Münster am Stein	289 km
4	GROSSER BEERBERG	Thüringen, 983 m	9. Juli	100 km		119 km
5	LANGENBERG	Nordrhein-Westfalen, 843 m	10. Juli	251 km	• Kahler Asten (842 m) • Clemensberg (838 m)	354 km
6	WURMBERG	Niedersachsen, 971 m	11. Juli	205 km	• Bruchhauser Steine, Feldstein (756 m)	236 km
7	BROCKEN	Sachsen-Anhalt, 1.142 m	12. Juli	11 km		16 km
8	FRIEDEHORST-PARK	Bremen, 32,5 m	13. Juli	259 km	• Externsteine • Hermannsdenkmal (Grotenburg, 386 m) • Kollwesshöh (181 m)	415 km

	SUMMIT	BUNDESLAND, HÖHE	DATUM	KÜRZESTE DISTANZ	ZWISCHEN-/ BONUSZIELE	KM GESAMT	
9	HASSELBRACK	Hamburg, 116 m	14. Juli	110 km		125 km	
10	BUNGSBERG	Schleswig-Holstein, 168 m	14. Juli	148 km		160 km	
			15. Juli		• Travemünde • Lübeck • Boltenhagen, Weiße Wiek		10 11 12
			16. Juli		• Bützow • Malchin • Schloss Basedow • Kummerower See		13 14 15 16
11	HELPTER BERG	Mecklenburg-Vorpommern, 179 m	17. Juli	334 km	• Schloss Kummerow	418 km	17
12	GROSSER MÜGGELBERG	Berlin, 115 m	18. Juli	165 km	• Warnitz • Oberuckersee	174 km	18 19
13	KUTSCHENBERG	Brandenburg, 201 m	19. Juli	151 km	• Kleiner Müggelberg (88 m) • Großthiemig • Wasserschloss Großkmehlen	194 km	20 21 22
14	FICHTELBERG	Sachsen, 1.214 m	20. Juli	178 km	• Keilberg (1.244 m) • Crottendorf	184 km	23 24
			21. Juli		• Ochsenkopf (1.024 m) • Burgruine Waldeck (641 m) • Großer Arbersee (935 m)		25 26 27
			22. Juli		• Großer Arber (1.456 m)		28
15	ZUGSPITZE	Bayern, 2.963 m	23. Juli	432 km		721 km	
			24. Juli		• Bodensee		29
16	FELDBERG	Baden-Württemberg, 1.493 m	25. Juli	308 km	• Seebuck (1.450 m) • Hochfirst (1.190 m) • Kalte Herberge (1.035 m)	413 km	30 31 32
			26. Juli		• Kniebis (971 m) • Schliffkopf (1.055 m)		33 34
			27. Juli	199 km	• Karlsruhe	227 km	35
	GESAMT	16 Bundesländer	20 Tage	3.323 km	• 34 Gipfel	4.268 km	

ETAPPE 7

STARTPUNKT:	Wurmberg-Seilbahn, Braunlage-Talstation
WEGPUNKTE FÜRS NAVI:	Schierke
FAHRTSTRECKE GESAMT:	Braunlage – Schierke (Parkplatz Dorfmitte): 16 Kilometer
HÖCHSTER BERG IN SACHSEN-ANHALT:	Brocken, 1.142 Meter. Barrierefrei zu erreichen mit der Harzer Schmalspurbahn von Schierke aus.
MINIMALER AUFWAND:	Von Schierke aus ist der Brockengipfel 12 Wanderkilometer und 488 Höhenmeter entfernt, Gehzeit etwa 4 Stunden.
FÜR FORTGESCHRITTENE:	Die beiden »Summits« Wurmberg und Brocken lassen sich an einem Tag erobern. Sie sind per Rundweg verbunden. Reine Gehzeit, je nach Variante und Kondition 6 bis 9 Stunden.
WEITERE BESONDERHEITEN DES BROCKENS:	Auf dem Gipfel und rund um ihn verlaufen ein halbes Dutzend Wanderwege, jeweils ausgehend von den unterschiedlichen Talorten. Zu empfehlen ist das mit 6 Euro sehr preiswerte Buch: »Der Brocken. Natur und Geschichte erleben« von Jürgen Korsch und Thorsten Schmidt. Schmidt-Buch-Verlag, Wernigerode.

Ein deutscher Ort – das Hermannsdenkmal

SUMMIT 8
FRIEDEHORSTPARK (32,5 M, BREMEN)
DIE BERGE SCHRUMPFEN!

Auf unserem einsamen Parkplatz am Rande einer Sportanlage in Nordrhein-Westfalen haben wir selig geschlafen. Wobei es in Deutschland wohl keine wirklich einsamen Parkplätze gibt. Immer auf den Beinen sind Hundebesitzer. Kurz vor dem Schlafengehen und kurz nach dem Aufstehen: Immer waren ein Herr und Hund unterwegs. Diesmal war es allerdings eine ältere Dame, die uns mit ihrem adrett frisierten Pudel regelrecht kontrollierte. Wie viel eine Sitzung beim Hundefrisör kostete? War sie eben noch weit weg, stand sie jetzt neben Fury und starrte ins Seitenfenster. Wir winkten und lächelten ihr zu. Sie verzog ihr Gesicht und verschwand samt Tier. Wir passten offenbar nicht in ihr Weltbild. Als wir beim Frühstück saßen, hielten im Abstand von zehn Minuten zwei Busse in unserer Nähe und spuckten Hundertschaften von Kindern aus. »Wie schön«, sagte Anja, »die Kids gehen wandern.« Einsamkeit in Deutschland – Fehlanzeige.

Ein paar Kilometer weiter lag unser nächstes Bonus-Ziel, die Externsteine. Dort trafen wir die Schüler wieder – es war kurz vor 9 Uhr. Die Felsformation gehört zu den bekanntesten Touristenzielen der Republik. In mindestens jedem zweiten Naturkalender von Sparkassen, Apotheken oder Tankstellen sind sie abgebildet. Sie bestehen aus hartem Quarz-Sandstein, sind in 13 Einzelformationen ausgewittert und maximal 48 Meter hoch. Ihre bizarren Formen mit unzähligen Kissen, Bäuchen und »Wollsäcken« haben sie der »Wollsackverwitte-

Ein deutscher Ort – die Externsteine

rung« zu verdanken, die in vielen Mittelgebirgen Deutschlands vom Harz bis zum Schwarzwald verbreitet ist.

Wir umrundeten die Felsen und bestiegen sie. Seit einigen hundert Jahren, mindestens jedoch seit 1663, führt auf den zweithöchsten Felsen, den Grottenfelsen, ein Treppenaufgang. Die Schüler kletterten unbeaufsichtigt in den Steinen herum und erfüllten den idyllischen Ort mit einem grausamen Geschrei. Drei Lehrerinnen lagen unter einem Baum und vesperten. »Waldorfschüler!«, sagte ich zu Anja. »Auf gar keinen Fall, dafür sind sie nicht nachhaltig genug gekleidet«, entgegnete sie. Die Externsteine außerhalb der Wege zu besteigen, ist natürlich streng verboten; vor 10 Uhr allerdings sind sie nicht beaufsichtigt, der Aufstieg zu den mittleren Felsen, »Turmfels« und »Treppenfels«, verschlossen. Die Schüler, die keinen sehr aufgeweckten Eindruck machten, wollten von mir wissen, wann aufgeschlossen werde. »Heute nicht«, erklärte ich und außerdem sei das Klettern hier sehr gefährlich, vor etwa einem Jahr seien hier zwei Elfjährige zu Tode gestürzt, zwischen den Felsen lägen noch die Knochen. Der Bub stürmte

los, um seine Freunde zu informieren: »Hey, da unten liegen Knochen von Kindern!« Immerhin war er so intelligent, mich zu fragen, woher ich das wüsste. »Ich arbeite hier«, log ich wieder. Inzwischen hatten wir erfahren, dass heute der letzte Schultag, also Wandertag war. Sehr freundlich hielt ich einer der »Aufsichtspersonen« eine Standpauke, schließlich wollten auch noch ihre Enkel und Urenkel die Steine in halbwegs sehenswertem und nicht abgewetztem, zerbröseltem Zustand besichtigen.

Die Externsteine haben schon in Urzeiten Menschen angezogen, die sie auch gründlich bearbeitet haben. Im Grottenfels wurden mehrere Höhlen eingemeißelt, an der Nordseite ist ein Kreuzabnahmerelief aus dem Mittelalter zu sehen, die älteste aus massivem Fels gehauene Großplastik nördlich der Alpen. Sie entstand bereits im neunten Jahrhundert, von vielen anderen Kleinplastiken und Gravuren ganz zu schweigen. Schon während der Steinzeit hausten hier Menschen, allerdings ließ sich nicht nachweisen, dass der Ort vor dem frühen Mittelalter kultisch genutzt wurde, am allerwenigsten sind die Felsen ein germanisches Heiligtum. Vermutlich waren die alten Germanen sehr viel nüchterner, als manche Interpreten das im vergangenen Jahrhundert gerne gehabt hätten. Auch die Grotten wurden in der frühen Neuzeit ganz prosaisch genutzt, nämlich als Gefängnis der Stadt Horn. Heute pilgern an einschlägigen Tagen wie der Sommersonnenwende und der Walpurgisnacht Heerscharen spiritueller Zeitgenossen zu diesem »Kraftort«. Die Externsteine sind also ebenfalls ein typisch deutscher Ort, seit Jahrhunderten von Menschen in Beschlag genommen, bearbeitet und jeweils ideologisch verbrämt worden. Dass das ganze Ensemble recht hübsch anzusehen ist, verdanken wir den lippischen Landesfürsten. Der dekorative Wiembecke-Teich wurde erst 1836 aufgestaut – die deutsche Romantik lässt grüßen.

Der Teutoburger Wald, der mit 446 Metern in einem Gipfel mit dem schönen Namen »Barnacken« kulminiert, ist ein sehr schmales, maximal 15 Kilometer breites, aber 105 Kilometer langes Gebirge in Westfalen und Niedersachsen. Es ist eines der nördlichsten Faltengebirge

Deutschlands und wird insgesamt mythisch überhöht. Was daran liegt, dass hier die Cherusker ihre Heimat hatten, ein antiker Germanenstamm, über den herzlich wenig überliefert ist. Das führte im Laufe der Neuzeit zu immer neuen Spekulationen, vor allem weil die ältesten Spuren auf einige Fliehburgen auf den Höhen des Gebirges hinweisen, die bis in die vorrömische Eisenzeit zurückreichen, etwa die Hünenburg bei Bielefeld. Mehr noch: Hier soll die Varusschlacht, die Schlacht im Teutoburger Wald, stattgefunden haben, quasi die Mutter aller Schlachten! Drei römische Legionen wurden hier dank eines Hinterhalts von einem germanischen Heer unter der Führung des cheruskischen Feldherrn Arminius vernichtend geschlagen. Es wurde also nichts daraus, die rechtsrheinischen Gebiete zu einer römischen Provinz zu machen.

Von dieser Schlacht zeugt das Hermannsdenkmal, ein Kaventsmann von Denkmal, die zweite Station auf unserer Reise zu Summit Nummer 8. Es erscheint in seinen Dimensionen wie aus einer anderen Welt, man stellt es sich eher in Nordkorea vor. Nach der Wende wurden solche Giganten in den ehemaligen Staaten des Warschauer Pakts geschleift. Erbaut 1875 war der Hermann das größte Denkmal der westlichen Welt, bis 1886 die amerikanische Freiheitsstatue errichtet wurde. Arminius bzw. Hermann galt den national gesinnten Deutschen als Gründer der Nation. Die Tourismusverbände der Gegenwart vermarkten das beliebte Ziel als »Mahnmal für den Frieden«. Heute erscheinen derartige Denkmäler eher als Ausdruck nationaler Minderwertigkeitskomplexe. Welche Bedeutung Kriege in der deutschen Geschichte hatten, wird auch an anderen Monumentalbauwerken deutlich, etwa der Siegessäule in Berlin, dem Völkerschlachtdenkmal in Leipzig oder dem Kaiser-Wilhelm-Denkmal an der Porta Westfalica – der Baustil wird gerne »Zyklopenstil« genannt. Das Denkmal im Teutoburger Wald ist in Gänze 53,46 Meter hoch, allein die Figur misst 26,57 Meter, alles zusammen wiegt sagenhafte 42,8 Tonnen. Das Schwert misst sieben Meter und bringt es auf 550 Kilogramm, gestiftet wurde es damals von der Firma Krupp. Die Welt dürfte kein größeres Schwert gesehen

haben. Umgerechnet 30 Millionen Euro soll die Errichtung des großen Hermanns gekostet haben.

Wir stiegen auf die Aussichtsplattform des Hermannsdenkmals und befanden uns zum letzten Mal für längere Zeit über der 400-Meter-Marke mit prächtiger Sicht auf die Ränder der deutschen Mittelgebirge und die Städte der Umgebung. Mit dem Koloss an sich konnten wir nicht viel anfangen. Er hat auch etwas Komisches, ja Lächerliches, was womöglich daran liegt, dass sich Asterix & Obelix gründlich über die Römer lustig machen. Sie haben uns offenbar mehr beeinflusst als der Geschichtsunterricht. In einem kleinen Pavillon in der Nähe des Denkmals findet sich eine kleine Bronzestatue, die den Schöpfer des Giganten, Ernst von Bandel, darstellt, wie er Hermanns Faust und den Schwertgriff formt. Es ist die Skulptur des deutsch-kirgisischen Künstlers Jakob Wedel, der Bandel bewunderte. Als er 1979 endlich nach Deutschland reisen durfte, schuf er aus Dankbarkeit diese Figur – diese Geschichte, die auch von einem einigen und friedlichen Europa erzählt, gefiel uns schon besser.

Nach dem Ausflug in die deutsche Geschichte fuhren wir Richtung Bremen. Inzwischen schien wieder die Sonne. Bei Lübbecke überquerten wir noch einmal ein Gebirge, nämlich den nördlichen Bruder des Teutoburger Waldes, das maximal 320 Meter hohe Wiehengebirge – sie schrumpften die Berge, je weiter wir uns nach Norden bewegten. Deutschland besteht zum größten Teil aus Mittelgebirgen, und spaßeshalber habe ich einmal behauptet und ausgerechnet, dass der durchschnittliche deutsche Berg 600 Meter hoch sei. Lübbecke hat eine Kuriosität: Es ist die Föhnhauptstadt Ostwestfalens! Kopfschmerzen, schlechte Laune, Zipperlein – in Lübbecke hat man also eine beliebte Ausrede parat, je nach Wetter. Hier, am Nordfuß des unscheinbaren Hügelzuges scheint die Sonne deutlich länger als an der Südseite. Der Höhenunterschied zwischen dem Stadtzentrum und dem Gipfel des Heidbrink (320 m) beträgt immerhin 240 Meter, offenbar ausreichend für den meteorologischen Effekt.

Unscheinbar: der Stemweder Berg

Von nun an wurde Deutschland flach. Ich hatte es geschafft: Endlich hatte ich vorläufig jeden Buckel hinter mir gelassen, für eine Weile musste ich meine Sehnen nicht mehr plagen! Mit einer einzigen Ausnahme, denn in unsere Kuriositätensammlung wollten wir als Bonus-Ziel noch das wirklich nördlichste Mittelgebirge Deutschlands aufnehmen. Nördlicher als der Stemweder Berg, der aus einer Handvoll Hügeln besteht, finden sich nur noch Moränenzüge, also keine echten Gebirge mehr. Sie sind durch Faltungsprozesse entstanden und wurden vom Wetter der Jahrmillionen modelliert. Die meisten der vor uns liegenden Summits waren in den Eiszeiten geformte Landschaften und keine Berge: Sechs von 16 Bundesländern verfügen definitiv über keinen einzigen echten Berg: Bremen, Hamburg, Schleswig-Holstein, Mecklenburg-Vorpommern, Berlin und Brandenburg! Der Stemweder Berg, dieses Minigebirge auf der Grenze zwischen Nordrhein-Westfalen und Niedersachsen, liegt zufällig direkt auf der Strecke nach Bremen. Wir mussten auf der Idealroute durch Deutschland praktisch keinen Umweg fahren. »Kollwesshöh« heißt dessen höchstes Gipfelchen und misst 181 Meter. Das kleine Gebirge mit dem an seiner Nordseite gelegenen Dümmer See ist eine Urlaubslandschaft en miniature, die weitgehend unbekannt ist. Auch den Dümmer See zeichnet ein Kuriosum aus: Den 12,4 Quadratkilometer großen See kann man theoretisch komplett zu Fuß durchqueren, denn er ist maximal 1,50 Meter tief. Das »Naturschutzgebiet Dümmer« samt Gebirge und See ist also das Urlaubsgebiet für mich schlechthin: Leistenlahm schaffe ich es schmerzfrei, von Minigipfel zu Minigipfel zu steigen, als sehr schlechter Schwimmer könnte ich einfach durch den See flanieren!

Es lief alles wie am Schnürchen und – Google Earth und Maps sei Dank – wie vorgeplant. Neben der Schützenhalle hat Westrup, Ortsteil der Gemeinde Stemwede, einen Wanderparkplatz eingerichtet, der sich sogar als Stellplatz für Wohnmobile entpuppte inklusive Frischwasser- und Stromanschluss. Wir hätten hier also nächtigen können, selbst mit Kindern, denn nebenan findet sich ein gepflegter Kinderspielplatz einschließlich Schnullerbaum zum Entwöhnen von etwas größeren Kleinstkindern. Überhaupt war die ganze Anlage blitzsauber – klar, hierher verirren sich kaum Touristen, die ihren Dreck liegen lassen, und wir gehören zu den sauberen Schweinen, die die Hinterlassenschaften anderer wegräumen.

Anja hielt als Fahrerin Siesta, ich kochte Nudeln mit roter Soße. Nach dem Essen vertraten wir uns die Beine und erklommen unseren Gipfel in etwa zwanzig Minuten. Wir spazierten durch dichten Buchenwald mit reichlich Waldmeister und Waldglockenreben. Die letzten Meter ging es weglos über kleinräumig-bucklige Anhöhen zum nicht markierten höchsten Punkt. Und eine Kleinigkeit lernten wir am Wanderparkplatz auch noch: Dort lag ein »Bokemühlenstein«. – Ein Miniaturmuseum mit einem einzigen Exponat und einer Messing-Informationstafel inklusive Schreibfehler: »Auf diesem ›Bokemühlenstein‹ wurden früher durch die ›Röthe‹ und ›Trocknung‹ mürbe gewordenen Flachsstengel durch die schweren Stampfer der Bokemühle zerschlagen. ›Boken‹ heißt den Flachs brechen, damit sich die Schale von der Faser lösen läßt. Auf diesem Bokemühlenstein wurde noch bis 1950 Flachs gebrochen. Die Spuren der Stampfer sind deutlch zu erkennen.« Den Stemweder Berg hatten wir sofort ins Herz geschlossen. Alles erschien hier pittoresk und beschaulicher als in den Gegenden, in denen wir bisher waren. Wir hatten Zeit und Muße und Stille um uns, so dass wir jeden Baum, das saftige Grün und Vogelgezwitscher genossen. Kein Geschrei, kein qualmender Rotbart, keine Monsterroller, keine Windräder, keine Baumleichen, keine fachmännisch frisierten Pudel – stattdessen Ruhe und Natur pur. Hier, auf und zwischen den Hügeln des Stemweder Berges, findet man tatsächlich noch Einsamkeit. Möge das nach Erscheinen dieses Buches so bleiben.

Auf dem Weg nach Bremen veränderte sich nicht nur die Landschaft: Ein ziegelrot verklinkertes Gehöft folgte dem nächsten. Hier ist offenbar eine der Kornkammern der Nation. Überhaupt scheint in Deutschland im Sommer 2017 vor allem Getreide angebaut worden zu sein – überall begegneten uns mehr oder weniger reife Getreidefelder. Anja erinnerte an die verschiedenen Schweinemastskandale und daran, dass die Gegend rund um Vechta Deutschlands quasi größter Schweinestall sei. Als Badener amüsierten wir uns über die »Niedersächsische Spargelstraße«. Gedeihen in diesem Klima überhaupt Spargel? Bis die niedersächsischen Spargel ernterif sind, hat sich schon alle Welt mit genügend badischem eingedeckt. Je flacher das Land wurde, desto mehr fielen uns Ortsangaben auf wie »Große Höhe« und »Auf dem Berge«, beide in der Nähe von Delmenhorst.

Kurz vor Bremen bogen wir auf die Autobahn ab, doch dank des Feierabendverkehrs lotste uns Navine auf merkwürdigen Wegen durch Delmenhorst und Bremen, ein Stückweit sogar durchs Stadtzentrum. Was wir eigentlich vermeiden wollten. Vor nichts grauste uns mehr, als uns mit Fury durch eine Großstadt zu quälen. Am Ende war alles gut und ziemlich unspektakulär. Bremens höchster Punkt liegt im Friedehorstpark, ganz im Norden im Stadtteil Burglesum. Ich hatte einen genauen Plan ausgedruckt. Wir landeten in der Straße, die ich Navine genannt hatte, im Holthorster Weg, direkt am Parkeingang. Wir standen vor einer neurologischen Rehaklinik mit vielen

Anja am höchsten natürlichen Punkt
Bremens, Deutschlands tiefster Summit

freien Parkplätzen, einen davon steuerten wir an und holten uns beim Portier die Genehmigung, eine Viertelstunde lang stehen bleiben zu dürfen. Dann flanierten wir los. Ohne GPS und nur mit dem Google-Earth-Ausdruck.

Neun Hektar groß ist die Parkanlage, und wir hatten nur dann eine Chance, Bremens höchsten Punkt zu finden, wenn wir den Park komplett absuchten. Bremens Summit – 32,5 Meter – soll sich mitten auf einer Wiese befinden. Und tatsächlich: Zwei Stellen kamen dafür infrage, an zwei Passagen erhob sich der Park minimal himmelwärts. Wahrscheinlich waren beide Stellen gleich hoch, beide jedenfalls überragten mit Sicherheit die 32-Meter-Marke. Wir dokumentierten Summit Nummer 8 in einem unauffälligen, netten Park mit See und Enten. Parkbesucher grüßten uns, darunter offenbar einige, die derzeit in der Klinik buchstäblich wieder auf die Beine gestellt wurden. Zur Feier der Hälfte der Summits bescherte uns das Universum in Bremen-Vegesack noch eine Weinhandlung. Wir wollten schließlich mit einem ordentlichen Wein anstoßen.

Im Garten des Cafés Lieblingsplatz

DIE BIBEL FÜR WOHNMOBILISTEN – »LANDVERGNÜGEN«

Mit dem Wohnmobil kann man natürlich auf einem schlichten Stell- oder überfüllten Campingplatz logieren, doch schöner ist es bei einem Bauern- oder Gasthof. Wie das geht? Der fortgeschrittene Camper erwirbt für 30 Euro den jeweils aktuellen, »etwas anderen Stellplatzführer« mit dem Titel und vom Verlag »Landvergnügen«. Darin enthalten: ein Ausweis und eine Plakette, die berechtigen, auf den »schönsten Höfen Deutschlands« zu nächtigen. Mit dabei sind Restaurants, Weingüter, Biobauernhöfe oder Brauereien. Meist sind nur wenige Stellplätze vorhanden. »Landvergnügen« bedeutet auch, dass die beteiligten Höfe meist Selbstgemachtes anbieten, von Bier, Schnaps, Most oder Wein über Kuchen zu Demeterbroten, Käse aller Art etc. Manchmal werden auch Hofführungen oder Spielmöglichkeiten für Kinder angeboten. Auf knapp 400 Seiten sind über tausend Beteiligte und damit Adressen versammelt. Der Führer informiert über alles, was der Camper wissen und haben muss, etwa Verpflegungsmöglichkeiten, Stromanschluss, Toilettennutzung, Dusch- und Waschgelegenheiten sowie Frühstück und Freizeitaktivitäten in der Umgebung. Zweimal haben wir den »Landvergnügen«-Führer genutzt und waren in beiden Fällen begeistert.

Gar nicht weit von Hamburg entfernt, etwas südwestlich von Buxtehude, reiht sich ein kleines Dorf an das andere. Eines der niedersächsischen Örtchen heißt Ruschwedel, ist Ortsteil des Fleckens Harsefeld, hat kaum 500 Einwohner und zeichnet sich dadurch aus, dass die Herrenmannschaft in der 2. Faustball-Liga spielt. Dort wollten wir nächtigen. Um genauer zu sein, auf einem modernen Bioland-Betrieb mit dem angeschlossenen »Café Lieblingsplatz«. Der fortgeschrittene Wohnmobilist logiert am liebsten auf solchen Plätzen aus dem »etwas anderen Stellplatzführer Landvergnügen«. Wie schön wir es erwischt hatten, konnten wir erst am nächsten Morgen so richtig würdigen. Wir hatten nach Summit Nummer 8 nämlich noch einmal 99 Kilometer »abgerissen«, waren hungrig und müde. Anja fiel auf, wie hell es um 22 Uhr hier, hoch im Norden, noch war.

ETAPPE 8

STARTPUNKT:	Schierke (Parkplatz Dorfmitte)
WEGPUNKTE FÜRS NAVI:	Clausthal-Zellerfeld, Horn-Bad Meienberg (Externsteiner Straße), Hiddesen (Denkmalstraße), Lübbecke, Westrup, Bremen (Holthorster Weg)
FAHRTSTRECKE GESAMT:	Schierke (Parkplatz Dorfmitte) – Bremen / Friedehorstpark: 415 Kilometer
HÖCHSTER BERG IN BREMEN:	Friedehorstpark, 32,5 Meter. Barrierefrei zu erreichen.
MINIMALER AUFWAND:	Gehzeit wenige Minuten.
FÜR FORTGESCHRITTENE:	–
WEITERE BESONDERHEITEN DES FRIEDEHORSTPARKS:	Der Bremer Dom liegt auf einer Höhe von 10,5 Metern, die Innenstadt hat ihren höchsten Punkt mit 14,4 Metern »Am Wall 196«. Der Gipfel der Blockland-Mülldeponie im Ortsteil Hohweg des Bremer Stadtteils Walle, der 49 Meter hoch ist und bis 2023 noch 61 Meter hoch werden soll, überragt das Bremer Flachland deutlich. Suchmaschinen fördern unter den Suchbegriffen »Blocklanddeponie Besteigung« amüsante Beiträge zutage.

SUMMITS 9 UND 10
HASSELBRACK (116 M, HAMBURG) UND BUNGSBERG (168 M, SCHLESWIG-HOLSTEIN)
GIPFELBUCH UND CURRYWURST

Diese Art von Urlaub entsprach gar nicht unserem Lebensstil. »Nur, wo man zu Fuß war, war man wirklich«, ist meine Devise immer gewesen. Unsere er-fahrenen Summits hätten in unserem vorigen Leben nichts gegolten, wir hätten uns über uns lustig gemacht wie über die SUV-Fahrer, die vor dem Bioladen parken, um ein Päckchen veganer Bratwürste zu kaufen. Nun blinzelten wir aus unserer Schlafkoje in die Sonne. Wir standen auf einem Biolandbetrieb, Hofhund Sally saß mit seinem Beißring wahrscheinlich schon drei, vier Meter vor unserem Auto und wollte spielen. Hundert Meter weiter grasten Galloways, Pferde und Ponys. Drei Hühner, verteilt über den großen Hof, gackerten auf Niedersächsisch. Gestern waren es noch vier. Wie wir später erfuhren, wurde das vierte (von ehemals mehr als einem Dutzend) in der Nacht von einem Fuchs verspeist.

Seit nicht einmal einem Jahr betrieb Familie Poppe das Hofcafé »Lieblingsplatz«, und zwar mit so großem Erfolg, dass sie bislang 13 Minijobber einstellen musste. Und das, obwohl Ruschwedel nicht der Nabel der Welt ist. »Wir haben eine Marktlücke entdeckt, in keinem der Dörfer gibt es ein schönes Café«, sagte die Juniorchefin beim Frühstück, und so waren an diesem Freitagmorgen, dem 14. Juli, bereits zahlreiche Tische reserviert. Selbst gebackene Brötchen, Marmelade, Wurst, Käse – Anja frühstückte üppig wie lange nicht mehr, ich wenig wie immer. Nach dem Frühstück verschwand Anja im Gemüsegarten des Cafés, um dort Yoga zu machen, ich saß im Blumengarten und arbeitete ein wenig, zumal wir WLAN hatten. Wir erfuhren, dass der Betrieb heute weitgehend vom Anbau des Riesen-Chinaschilfs lebt, ein Rohstoff, der in Biomasseheizkraftwerken zum Einsatz kommt, als Füllmaterial bei Spanplatten verwendet wird, als Einstreu für Pferdeställe oder als Mulch etwa auf Erdbeerplantagen – es schimmelt nicht und wird von Tieren nicht gefressen.

Deutschlands Landwirtschaft hat nichts mehr mit ländlicher Idylle und reichlich Vieh zu tun, auch wenn der »Lieblingsplatz« den Anschein erweckte. Ich spazierte durch den Garten, überall blühte es in allen Farben, es war mild, aber nicht zu warm. Sally trottete in gebührendem Abstand hinter mir her samt Spielzeug in der Schnauze. Allmählich trudelten die Gäste ein, die Tische reserviert hatten. Sektkorken ploppten. Ich war mit unserem »Urlaub« versöhnt. So konnte es weitergehen. Sonnig, blumig-bunt, nach Kaffee und frischen Brötchen duftend, am besten leicht angeheitert bis zum Mittag, dann eine Pizza mit schwerem Rotwein, gefolgt von einem Zweistundenschläfchen – das alles flüsterte mir der innere Schweinehund ein. Acht Summits lagen noch vor uns. Diesen »Lieblingsplatz« mussten wir ohne Sekt, Pizza, Rotwein und Siesta verlassen.

Weit hatten wir nicht mehr zu fahren, um Summit Nummer 9 zu erreichen, den Hasselbrack, mit 116 Metern der höchste Berg Hamburgs, nicht einmal 25 Kilometer. Wie erwähnt, bekamen einige Bundesländer nur einen »Streifschuss« ab, vor allem die Stadtstaaten Bremen und Hamburg, die wir mit Fury meiden wollten. In Bremen waren wir wohl nicht länger als eine Stunde, in Hamburg sollten es nur ein paar Minuten sein, denn der Hasselbrack liegt ganz im Süden an der Grenze zu Niedersachsen (übrigens das Bundesland, in dem wir am meisten Zeit verbrachten). Der Gipfel gehört zu den »Schwarzen Bergen«, die wiederum einen Nordostausläufer der Harburger Berge darstellen, eine bis zu 155 Meter hohe Endmoräne der Saaleeiszeit, die etwa vor 130.000 Jahren endete.

Wir steuerten den Hasselbrack von Südwesten aus an, von Niedersachsen. Im weltweiten Netz hatte ich nur Wanderungen ausgehend von Hamburg gefunden, also musste ich selbst tätig werden. Google Earth hatte einen Wanderweg verzeichnet von Daerstorf bzw. dem Ortsteil Tempelberg aus. Ich hatte einen Ausdruck mit der etwa zwei Kilometer langen Route dabei. In 25 Minuten sollten wir den Gipfel erreicht haben. Die Hamburger Naturschützer sind nicht sehr erpicht darauf, dass der Hasselbrack von Touristenmassen erklommen wird, liegt er doch in einem Naturschutzgebiet. Selbst Wanderführer wie »Rund um Hamburg« des Rother-Verlags verrieten keinen einzigen Weg auf den Hasselbrack. Hier lebt nämlich der seltene Raufußkauz, eine kleine Eule mit charakteristischem Ruf, der angeblich an den Klang einer Okarina erinnern soll.

Hier herrsche echte Wildnis, hatte ich bei der Vorbereitung gelesen, es gebe vor allem keine Wege und Straßen, was dem Tierchen das Überleben ermögliche. Deshalb tragen die Schwarzen Berge in Hamburgs Süden nur wenige Wanderschilder – von niedersächsischer Seite braucht es gar ein wenig Pfadfindergeschick. Da mir dieses im gepflegten Mittelgebirge anscheinend leicht abhanden kommt (wie am Langenberg), fürchtete ich, den höchsten Hamburger mit Hilfe der dürren Angaben nicht zu finden. Womöglich würden wir scheitern und es doch von einer anderen Seite versuchen müssen. Wanderschilder oder Markierungen gab es keine, allenfalls die üblichen weißen, sprich Reste von Klopapier oder Papiertaschentüchern. Der Höhenmesser war justiert, den Kompass nahm ich mit, als wir vom Wanderparkplatz zwischen Daerstorf und Tempelberg loswanderten. Um es kurz zu machen: Wenn man sich absolut nicht irritieren lässt, ist der Gipfel kein Problem!

Unserem Ausdruck der Geländekarte von Google Earth entnahmen wir, dass zwischen den beiden ersten Häusern Tempelbergs ein Pfad nach rechts abzweigt. Wir ließen uns nicht davon beirren, dass bald

Steile Passage am Hasselbrack

ein breiter Pfad wieder nach rechts abbiegt. Wir blieben stur auf einem schmalen Pfad, der nach halblinks führt. Weiter ging es bis zu einer Kreuzung von Güterwegen. Auch diese ignorierten wir und marschierten weiter geradeaus. Schließlich kam ein spitztütenförmiger Abzweig. Ganz einfach folgten wir nun diesem Pfad aufwärts. Als ein Grenzstein in circa hundert Metern Höhe auftauchte, waren wir uns sicher: Es kann nicht mehr weit sein! Was uns erstaunte: Hier gibt es steile Passagen, richtige Gipfel und tiefe Senken! Die Gletscher, die einst Skandinavien entsandte, hatten ganze Arbeit geleistet. Etwa 80 Meter hoch lag unser Ausgangspunkt, nur 36 Höhenmeter Steigung hatten wir also zu absolvieren und dennoch gab es hier in diesem dichten Wald steilere und hügeligere Passagen als etwa am Schwarzwaldrand zwischen dem heimatlichen Karlsruhe und Ettlingen, steiler jedenfalls als im Kraichgau, wo immerhin mehrfach die 250-Meter-Marke geknackt wird.

Vom Grenzstein zum Gipfelstein, Gipfelkreuz und Gipfelbuch waren es noch ein paar Meter. Klar, dass wir uns eintrugen, unser »niedrigstes Gipfelbuch« überhaupt. Den Notaten nach waren vor uns schon

Hamburgs Höhepunkt ziert ein Fels

andere 16-Summits-Sammler hier. Anja notierte Datum, Uhrzeit, unsere Namen, unsere Heimatstadt und die Tatsache, dass wir unseren 9. Summit erreicht hatten. Ich schoss ein paar Bilder. Unglaublich, dass Hamburg über einen derart dichten Mischwald verfügt, noch unglaublicher, dass ein paar Kilometer nördlich von uns eine der größten Städte der Republik beginnt. Fast echte Wildnis – sieht man davon ab, dass hier intensive Forstwirtschaft betrieben wird. Hier oben fehlt eigentlich nur noch ein Aussichtsturm mit Blick bis zur Elbphilharmonie und zur Reeperbahn, auf der ich als Zwanzigjähriger einmal eine Nacht verbracht habe. Leider war ich damals ein armer Student.

Ein paar Minuten verweilten wir ganz oben in Hamburg. Dann ging es zurück zu Fury, vorbei an weißem Fingerhut, Himbeersträuchern und Kartoffelhalden. Kartoffelhalden? Die Jäger hatten auf Lichtungen in der Nähe von Hochsitzen tonnenweise Kartoffeln abgeladen, wohl um Wildschweine oder anderes Getier anzulocken. Vielleicht waren die Kartoffeln auch ein Relikt des G20-Gipfels. Wladimir Putin soll leidenschaftlicher Jäger sein, und mit diesen Lockmitteln hatte er leich-

Die letzten Meter des Bungsberges

te Beute. Jagdfreudigen deutschen Provinzfürsten hatte man auf ähnliche Weise das Erlegen von Wild erleichtert.

Vor dem Aufstieg hatten wir in einer Daerstorfer Bäckerei eine Kleinigkeit gegessen, beim Abstieg gab es Nachtisch: Am Wegrand wuchsen Abertausende von Himbeeren. Anja hatte genügend Zeit, sie zu pflücken, denn ich schlich Richtung Fury. Der unebene Pfad und die Steigungen hatten meinen Sehnenansätzen zugesetzt.

Wären wir clever gewesen, hätten wir nun Hamburg großräumig umfahren, wären also erst einmal Richtung Winsen an der Luhe gestartet, über Geesthacht und Büchsenschinken (!) weiter nach Schleswig-Holstein. Statt zwei Stunden im Stau rund um Hamburg zu stehen, hätten wir noch einen kleinen Abstecher in die Lüneburger Heide machen können. So war ich bemüht, die ständigen Routenvariationen von Navine zu korrigieren. Immer wieder wollte sie uns mitten durch die Hansestadt lotsen. Der NDR klärte uns auf: Ferienbeginn in zwei Bundesländern! Wir gehörten erstmals zu den armen Schweinen, die in den berühmten Staus Richtung Ostsee standen. Uns Kinderlose, die

Am Gipfel – sanfte Hügel und die Bergstation des Skilifts (rechts im Bild)

sonst immer antizyklisch unterwegs und stolz darauf waren, so pfiffig zu sein, hatte es voll erwischt.

Am späten Nachmittag hatten wir die Staus hinter uns: Eine halbwegs flüssige Fahrt über die Landstraßen Schleswig-Holsteins zu Summit Nummer 10 folgte. Da sogar die Schwarzen Berge Hamburgs schon kurz nach Ruschwedel zu erkennen sind, fällt der große Fernsehturm unterhalb des Bungsberg-Gipfels erst recht von Weitem ins Auge. Mitten in der Holsteinischen Schweiz. Erstaunlich, wie viele Gegenden sich den Zusatz »Schweiz« geben: die Sächsische Schweiz, die Fränkische Schweiz, die Märkische Schweiz, die Mecklenburgische Schweiz (max. 124 m), die Dithmarscher Schweiz (max. 72 m), die Bremer Schweiz (höchster Punkt 30 m). Die Schweiz ist wohl ein Sehnsuchtsort, und das nicht nur für die Deutschen. In Honduras, in Haiti, in den USA, in Spanien, sogar in Kamerun und Australien tragen Landschaften den Zusatz »Schweiz«. Meist kann man dies wenig nachvollziehen, einzig die »Schweiz des Pazifiks« (für Neuseeland) ist einleuchtend. In meiner Heimat Baden wurde kein Zusatz »Schweiz«

vergeben, dafür ist der äußerste deutsche Südwesten viel zu warm. Hier gibt es dafür die »Badische Toskana«, sogar gleich zweimal, nämlich im Kraichgau und im Markgräflerland, wo auch die besten Weißweine der Republik gedeihen nebst Kiwi und Zitronen.

Wir steuerten den Parkplatz am Bungsberg an, vorbei an der Ortschaft Schönwalde. Es war früher Abend, viel vor hatten wir nicht mehr. Außer Summit 10 einzusammeln. Auch am Bungsberg ging es merklich bergan, die größte Steigung hatte diesmal Fury zu bewältigen. Unterhalb des Fernsehturms, etwa 200 Meter östlich des Gipfels, parkten wir. Während der folgenden Nacht waren wir wieder mutterseelenallein, die letzten PKWs verschwanden nach und nach, diesmal ließ sich kein Hundebesitzer blicken, dafür aber der Sicherheitsdienst, der die gesamte Anlage über Nacht bewachte. Anja war nach dem langen Stau verspannt und hatte das Bedürfnis, auf die Plattform des Fernsehturms zu joggen, zehn Minuten vor Schließung des Turms um 19 Uhr. Ich wartete am Eingang zum Gipfel. »Für Unbefugte ist der Zutritt verboten« las ich am Durchgang, einem angelehnten Gatter. Vor mir lag eine sanft gewölbte Kuppel mit Rondell und Gipfelstein am höchsten Punkt, auf den eine von Reifenspuren zerfurchte Wiese zuführte. In der Höhenluft von 168 Metern grasten die Kühe der Holsteinischen Schweiz. Ich war ungeduldig, denn ich hatte Hunger. Anja kam angeschlendert, ihre Verspannungen hatten sich wohl gelöst. »Wir sind befugt«, sagte ich und öffnete das Gatter.

Gemeinsam bestiegen wir Summit Nummer 10, quasi in Badelatschen. Wir schritten Hand in Hand aufwärts, würdevoll, wie damals in den Ötztaler Alpen, als wir den höchsten Punkt meines hundertsten Dreitausenders betraten. Auf dem höchsten Berg Schleswig-Holsteins angelangt, tat sich vor uns eine dezent gewellte Hochfläche auf. Wir ließen unseren Schweif blicken: in der Ferne ein schmaler, grauer Streifen Ostsee, ein paar Bauernhöfe, Felder, Wald. Ein Weidehund kläffte oder wir bildeten es uns nur ein, so still war es hier oben. Von Westen, laut NDR von Holland, zog sich der Himmel zu. Die Abendstimmung ließ auf Regen in der Nacht schließen. Ist der Himmel am Abend röt-

Bierdurst nach dem Gipfelsturm

lich verfärbt, ist die Luft feucht, bei gelber Färbung ist sie trocken. Die Landschaft gefiel uns so gut, dass wir Bierdurst bekamen.

Wie viele der Höhepunkte der Bundesländer wird auch der Bungsberg touristisch genutzt. Seit einigen Jahren ist dort eine Bildungsstätte untergebracht, ein sogenannter »außerschulischer Lernort« nebst der 2014 eröffneten »Waldschänke« und einem künstlichen Gebirgsbach, der nachts stillgelegt, abgeschaltet wird. Der adrette historische Elisabethturm mit seinen bunten Fenstern soll ab 2018 wieder zugänglich sein.

Wir lernten, dass der Bungsberg während der letzten Eiszeit, also vor rund 10.000 Jahren, ein Nunatak bildete. Die vor 150.000 Jahren entstandene Endmoräne war für den Gletscher einfach zu hoch, weshalb er den Bungsberg umfloss. Wie die großen Alpengipfel ragte er also aus dem Gletscherstrom heraus – ein Nunatak wie etwa das Finsteraarhorn oder die Jungfrau in der Schweiz! Der Bungsberg, dessen Name man besser sehr deutlich aussprechen sollte, ist Deutschlands nördlichstes Wintersportgebiet. Sobald eine geschlossene Schneedecke

Abendstimmung am Elisabethturm beim Bungsberg

Leicht gewellt: Moränenlandschaft vom Bungsbergturm gesehen

vorhanden ist, wird ein 250 Meter langer Schlepplift in Betrieb genommen, Fahrzeit 90 Sekunden, Abfahrtszeit auf den drei Pisten jeweils 25 Sekunden, Länge 300 Meter bei 17 Grad Neigung. Theoretische Kapazität: 600 Wintersportler pro Stunde. In der Saison 2007/08 gab es am Bungsberg keinen einzigen Tag mit Skizirkus, zwei Jahre später lief die Anlage 54 Tage. Jetzt wussten wir auch, was das merkwürdige orangefarbene Metallgestell unterhalb des Gipfelrondells war: die Bergstation des Schlepplifts!

Die Terrasse der Waldschänke lag im Abendlicht, am Nebentisch saß eine Gruppe Gäste: Jeder hatte eine überdimensionale Currywurst mit reichlich Pommes, Mayo und Ketchup vor sich. Uns lief das Wasser im Mund zusammen, dann ein Bier in großen Schlucken die Kehle hinunter. Längst hatten wir beschlossen, hier oben am Gipfel zu nächtigen. Die Wirtin hatte nichts dagegen. Die Sonne sank, wir saßen bald im Schatten und bestellten zur Currywurst ein zweites Bier. Selten, dass wir Pommes mit den Fingern tief in Ketchup und Majo tauchten und genüsslich in den Mund schoben. Die Currywurst war eine der besten unseres Daseins. Genauer gesagt, mag ich sonst überhaupt keine Currywurst. Gegen halb zehn unternahm ich noch einen winzigen Abendspaziergang, derweil Anja in der Schlafkoje lag und las. Mit Badelatschen stakste ich von Fury noch einmal bis unter den Gipfel. Leider erwartete mich kein schöner Sonnenuntergang, keine Schweizer Hochgebirgsidylle, stattdessen Möwengeschrei und von Ferne Mofageknatter.

ETAPPE 9

STARTPUNKT:	Bremen (Holthorster Weg)
WEGPUNKTE FÜRS NAVI:	Ruschwedel (Am Steinbeck 28), Daerstorf, Tempelberg
FAHRTSTRECKE GESAMT:	Bremen – Tempelberg (Wanderparkplatz): 125 Kilometer
HÖCHSTER BERG IN HAMBURG:	Hasselbrack, 116 Meter. Barrierefrei nicht zu erreichen.
MINIMALER AUFWAND:	Von Tempelberg, einem östlich gelegenen Ortsteil von Daerstorf, einem Pfad zunächst in südöstlicher, dann in nördlicher Richtung folgen. Nicht markiert.
FÜR FORTGESCHRITTENE:	–
WEITERE BESONDERHEITEN DES HASSELBRACKS:	Der Hasselbrack ist von mehreren Seiten erreichbar, so auch von Osten auf einem Rundweg startend in Alvesen. Informationen unter: http://www.bergwelten.com/t/w/18175

ETAPPE 10

STARTPUNKT:	Tempelberg (Wanderparkplatz)
WEGPUNKTE FÜRS NAVI:	Daerstorf, Schönwalde am Bungsberg, Bungsberg (wahlweise: Bungsberghof)
FAHRTSTRECKE GESAMT:	Tempelberg (Wanderparkplatz) – Bungsberg: 160 Kilometer
HÖCHSTER BERG IN SCHLESWIG-HOLSTEIN:	Bungsberg, 168 Meter. Barrierefrei bis unterhalb des Gipfelplateaus.
MINIMALER AUFWAND:	Fünf Minuten Fußweg vom Parkplatz zum Gipfel.
FÜR FORTGESCHRITTENE:	Rundwanderung von Schönwalde aus, Länge ca. 14 Kilometer, Gehzeit ca. 3,5 Stunden. Routenbeschreibung in: Michael Schnelle: Rund um Hamburg. Rother Wanderführer, Tour Nr. 15.
WEITERE BESONDERHEITEN DES BUNGSBERGS:	Keine.

*Schief und krumm –
der Kirchturm von Bützow*

TAGE OHNE HÖHEPUNKTE
ÖDE OSTSEE, ROTES LÜBECK

Wir schrieben den 15. Juli 2017. Nicht einmal die Hälfte unseres Urlaubs war vergangen, und wir hatten zehn von 16 Summits im Kasten. Zeit, etwas kürzerzutreten, Zeit, zwei ruhige Tage an der Ostsee zu verbringen. Auf unserem Gipfelplatz unterhalb des Fernsehturms haben wir wie meistens selig gepennt. Ab und an vernahmen wir eine unbekannte Vogelstimme und Möwengeschrei. Morgens gaben die Mofas noch Ruhe. Ein Auto kam, parkte neben uns. Unser Seitenfenster war geöffnet. Es war der Wirt der Waldschänke. »Moin, wollt Ihr bei mir Kaffee trinken?«, wollte er wissen. Ich dankte, denn unser mit der Hand gefilterter Kaffee tröpfelte schon durch. »Ihr könnt im Gasthaus die Toilette nutzen. Ich lasse die Tür auf. Bis das Restaurant öffnet, habe ich noch genügend zu tun.« Nach dem Frühstück setzte ich mich zu ihm auf die Terrasse. Er trank Kaffee, las Zeitung. Ich lobte die Currywurst. Wir hätten sie entgegen unserer Essgewohnheiten gestern bestellt, weil sie einfach unverschämt gut aussah und dann auch lecker schmeckte, und zwar extrem lecker. Er war geschmeichelt. Ja, die Wurst sei der Renner. Zehn Jahre lang sei er Koch in einem Hotel im schleswig-holsteinischen Pönitz gewesen, schon dort sei sie sehr begehrt gewesen. So beliebt, dass die ehemaligen Hotelgäste aus der ganzen Welt nun extra hierher fahren. Er erzählte, dass der Bungsberg lange Zeit vernachlässigt und regelrecht verwahrlost gewesen sei. Erst in den vergangenen Jahren sei es hier sehr schön geworden, ein richtiges Touristenzentrum wie es sich für den höchsten Berg eines Bundeslandes gehört.

Bevor wir weiterfuhren, stiegen Anja und ich gemeinsam auf den Fernsehturm, der den Bungsberg um mehr als seine eigene Höhe überragt, nämlich um 179 Meter. Die Plattform befindet sich etwa 45 Meter über dem Grund. Von hier oben wirkte die dünn besiedelte Landschaft niedlich, die Berge erschienen noch sanfter, die grasenden Kühe noch beschaulicher. Hier ist es gut Kuh sein! Fernsicht hatten wir keine, wenigstens die Achterbahnen des Hansa-Parks in Sierksdorf erahnten wir. Über Nacht war es diesig geworden, auch wenn der angekündigte Regen ausgeblieben war.

Wir hatten lange diskutiert, welche Orte an der Ostsee wir besichtigen wollten. Anja hatte erst kürzlich die Buddenbrooks gelesen und sich Travemünde ausgeguckt. Ich schlug Wismar oder Schwerin vor. Diese beiden Städte lagen auf dem Weg durch Mecklenburg-Vorpommern. Travemünde, ein Stadtteil von Lübeck, war nicht weit, also steuerten wir als Erstes diesen an. Die Buddenbrooks benötigten seinerzeit mit der Kutsche eine Stunde, um von Lübeck dorthin zu gelangen.

Ich gestehe, dass mir Thomas Mann schon immer ein wenig zu gedrechselt und pathetisch war, und so ist es auch nicht verwunderlich, dass ich Manns Alter Ego Hanno Buddenbrook, nur glücklich in Travemünde, eher unfreiwillig komisch finde. Auch Franz Kafka besuchte Travemünde, und zwar 1914. Er besaß die Unverschämtheit, barfuß das Meer zu betreten, statt sich mit der Badekarre hineinkutschieren zu lassen.

Ich bin eine Bergziege, und so ist die Ostsee für mich kein Meer, eher »die Badewanne der Republik«, wie sie abschätzig genannt wird. Kurz nach dem Abitur war ich in Holland, sozusagen in den »Dutch Mountains«. Dort bei Zoutelande, an der Zeeländischen Riviera (wohlgemerkt nicht Schweiz!) plätschert die Nordsee nicht gelangweilt vor sich hin und ist begrenzt von bis zu 54 Meter hohen Dünen sowie langen Sandstränden. Auf Kreta kochte ich bei gefühlten 50 Grad an einem Kieselstrand. Aus dem Gebirge strömte Backofenluft meerwärts. Welch erhebendes Gefühl war es, nach dem 17 Kilometer langen Abstieg durch die Samaria-Schlucht plötzlich das Mittelmeer zu er-

Traumhaftes Travemünde?

blicken! Welche gewaltigen Klippen hatte ich im Südwesten Portugals gesehen! Bis zu 80 Meter hoch donnern dort die Brecher bei Sturm. Von den grandiosen Stränden der Kanaren ganz zu schweigen. Kilometerlange Sandstrände und Dünen auf Fuerteventura, eine regelrechte Sandwüste auf Gran Canaria, Steilabstürze auf Teneriffa. Aber die Ostsee? Ein etwas zu groß geratener Tümpel.

Der erste Eindruck von Travemünde war noch erfreulich. Auf dem Parkplatz für Wohnmobile ließen wir Fury unter seinesgleichen und flanierten durch einen kleinen Park. Noch immer sang eine Amsel, noch immer dufteten die Linden, die bei uns im Südwesten seit gut zwei Wochen verblüht waren. Doch die Strandpromenade ist gesäumt von grauen 1970er-Jahre-Scheußlichkeiten zwischen wenigen hübschen Villen und großen Hotels, wie sie Thomas Mann schon erlebt haben durfte. Anja verteidigte die Ostsee, vielleicht sei Travemünde nicht repräsentativ. Rügen etwa sei viel schöner. Ich hielt Montreux dagegen, wo wir gerne am Genfer See entlang flanieren. »Du wirst doch Travemünde nicht mit Montreux vergleichen wollen«, entrüstete sie sich. »Naja, um Travemünde wird mehr Gedöns gemacht«, gab ich zu bedenken, »jedenfalls in Deutschland.« Die Strandpromenade wird von Felsblöcken gesäumt, die wohl als Wellenbrecher dienen. Doch die meisten Baggerseen in der Rheinebene haben mehr Seegang als die Ostsee, jedenfalls an diesem Tag. Hätte ich mich in ihr gespiegelt, hätte ich jeden einzelnen Pickel erkennen können.

Es war Mittag, wir suchten ein Restaurant. Jede Strandpromenade dieser Welt verfügt über eine ganze Reihe konkurrierender, mithin zumindest durchschnittlicher bis guter Lokale. Nicht Travemünde. Hier reiht sich eine Fressbude an die andere: Fischbrötchen, Bratwürste, Flammkuchen, Pommes. In zwei großen Villen immerhin residieren Sternerestaurants. Kleingeld hatten wir zwar genügend dabei, aber mit meinem Outfit wagte ich es nicht einmal, die Speisekarte zu studieren. Die Sonne kam heraus, plötzlich erschien Travemünde mit seinen vielen Strandkörben freundlicher, ich schoss ein paar Postkartenfotos. Der Strandbetrieb ist hier typisch deutsch geregelt. Vom 15. Mai bis zum 14. September ist eine Strandbenutzungsgebühr von 2,80 Euro pro Person fällig (ab 15 Uhr die Hälfte), auf der Halbinsel Priwall ebenfalls nur die Hälfte. Der Abstand zwischen den Strandkörben hat außerdem drei Meter zu betragen.

»Mir gefällt es hier nicht«, sagte ich zu Anja, die für zehn Minuten auf einem Flohmarkt verschwunden war und zwei Weingläser erstanden hatte. Sie hatte es satt, Wein aus Plastikbechern zu trinken. Hätte ich *vorher* gelesen, dass Travemünde von Touristikern als »Lübecks schönste Tochter« bezeichnet wird, hätte ich nun schreiend Reißaus ins Landesinnere genommen. Ich gebe ja zu, wir hatten den weniger schönen Teil besichtigt und den Hafen jenseits des 119 Meter hohen Maritim-Hochhauses nicht mehr besucht. Woran das Maritim-Hochhaus selbst schuld war. Denn das Restaurant »Über den Wolken« in der obersten Etage öffnete erst um 14 Uhr. Von dort oben, knapp unterhalb des höchsten Leuchtfeuers Europas in 117 Metern Höhe, hätte ich mich womöglich mit dem Heilbad angefreundet und wir hätten noch den attraktiveren Teil besichtigt.

Lecker Labskaus?

So landeten wir in der Billig-Abteilung des Restaurants im Erdgeschoss. Die ansprechende Speisekarte täuschte über die Qualität hinweg. Anja, neugierig wie immer (was ihr in Südtirol einmal heftige Magenprobleme einbrachte), aß zum ersten und letzten Mal in ihrem Leben Labskaus. Ich sah ein solches Gericht überhaupt zum ersten Mal in meinem Leben vor mir und ekelte mich allein wegen des Rollmopses und der Roten Bete. Erstmals während dieser Tour war meine Laune im Keller, im schwarzen Kohlekeller. Beim Bezahlen empfahl ich dem Ober angesichts der Schweinemedaillons, die immer noch teilweise an meinem Gaumen hafteten, dem Koch mitzuteilen, er möge Nachhilfe nehmen, und zwar bei mir. Ich könne zwar überhaupt nicht kochen, aber wie man Fleisch in der Pfanne anbrät, habe mir schon meine Großmutter verraten. Worauf er sehr betroffen verschwand und uns aus dem »Höhenrestaurant« ein exquisites Dessert »aufs Haus« servierte. Nach dem Urlaub berichtete *Der Spiegel* über die boomende Ostsee als Alternative zu den Stränden der Türkei oder nordafrikanischer Länder. Der von uns ignorierte Teil Travemündes hätte uns noch weniger amüsiert: Hier wurde 2017 auf Teufel komm raus gebaut, trotz heftigen Widerstands einer Bürgerinitiative. Immerhin hat diese erreicht, dass die Hochhäuser ein paar Stockwerke niedriger ausfallen werden.

Weshalb macht man also hier an der Ostsee Urlaub, fragte ich mich, fragte ich Anja – ganz objektiv gesehen, versteht sich: Das Wasser ist kalt, das Wetter eher wechselhaft, der Tümpel verfügt über keinen Wellengang, landschaftliche Glanzlichter Fehlanzeige, von einer erquicklichen Auswahl an Restaurants jeder Couleur und Küche ganz zu schweigen. Dazu die 1970er-Jahre-Bunker und die Strandbenutzungsgebühr! Nach drei Gläsern Weißweinschorle und dem Dessert leuchteten die Strandkörbe etwas bunter, ich war halbwegs versöhnt. Vor dem Hotel mühte sich ein Rollstuhlfahrer über eine abschüssige Wiese und rollte plötzlich schnell davon. Gemeinerweise kam uns eine legendäre Filmszene in den Sinn, in der O. J. Simpson im Rollstuhl die Treppe eines Baseballstadions hinunterschießt und in hohem Bogen über die Brüstung ins Stadion segelt.

Vielleicht gefiele mir Wismar besser? Ich wies Navine an, die Autobahn zu meiden, um eine weniger langweilige Strecke zu fahren. Von Weitem tauchte wohl eines der bekanntesten Marken-Logos Deutschlands auf, nämlich das der Konfitürenfabrik in Bad Schwartau. Es dreht sich auf einem 50 Meter hohen Turm um seine eigene Achse. »Deutschland ist das Land der Marmeladen und Konfitüren«, erklärte ich, und Bad Schwartau die heimliche Hauptstadt der Marmeladen-Republik Deutschland! Jede Hausfrau, die etwas auf sich hält, kocht eigene Marmelade, wobei gut 50 % der selbst gekochten Marmelade verschenkt wird. Wer hat denn schon gerne Rhabarber-Bananen-Marmelade auf seinem Brot oder schmiert einen Stachelbeer-Ingwer-Aufstrich auf seine Schrippe, sein Brötchen oder sein Weggle? Von den verschenkten Gläsern werden wiederum 90 % weiterverschenkt. Bei jedem siebten Verschenkvorgang geht das Glas zu Bruch, dozierte ich, was der Grund ist, weshalb Firmen wie Schwartau überhaupt noch nennenswerte Umsätze machen. Und die Tatsache, dass selbst hergestellte Erdbeermarmelade rasch eine braune Färbung annimmt und Erdbeermarmelade nun einmal des Deutschen liebste ist. Wir vermuteten, dass Schwartau Konkurs anmelden müsse, sobald sich herumgesprochen habe, dass Erdbeermarmelade ihre strahlend rote Farbe behält, wenn man sie einfriert. Ich fotografierte das Logo, und wir hatten ein weiteres urdeutsches Thema, was im angelsächsischen Raum ganz harmlos »Continental Breakfast« genannt wird.

Von Bad Schwartau ist der Weg nach Lübeck nicht weit, und Navine wollte uns mitten durch die Stadt hindurch nach Wismar navigieren. »Na, wenn wir schon durch Lübeck fahren, können wir uns die Stadt auch ansehen«, befand Anja. Stimmt! Von der deutschen Erdbeermarmelade ist es schließlich nicht weit zur Deutschen Mark, zum Fünfzigmarkschein und damit zum Holstentor in Lübeck. »Jeder Deutsche sollte einmal in seinem Leben das Holstentor gesehen haben«, dozierte ich wieder. Nach Travemünde nahmen weder Anja noch ich irgendetwas ernst, vor allem von dem, was ich von mir gab – die Weinschorle tat immer noch ihre Wirkung.

Das Erste, was wir in Lübeck wahrnahmen, waren Standplatzschilder für Wohnmobile, ein Geschenk des Himmels oder des Touristikverbandes. Das war gut so, denn wir wurden nervös, weil der Verkehr zugenommen hatte – Lübeck hat immerhin 200.000 Einwohner. In Bad Schwartau mussten wir so lange an einer Ampel warten, dass ich aus dem Autofenster heraus das Portal des ehemaligen Amtsgerichts fotografierte. Sehr sehenswert. Wer also in Bad Schwartau jemals an einer Ampel steht, möge nach rechts blicken, ob sich dort nicht ein auffallend schöner Eingangsbereich befindet.

Der Wohnmobilstellplatz befindet sich direkt am Hafen am Rande der Altstadt, am sogenannten »Klughafen«, benannt nach einem Lübecker Bürgermeister. Eineinhalb Stunden Zeit genehmigte ich uns für die Besichtigung der Stadt. Eilig hatten wir es zwar nicht bzw. nicht mehr, aber meine Sehnenansätze schmerzten mit dem Verlauf der Reise stärker. Ich war zwar in der Lage zu gehen und ins Wohnmobil zu steigen, aber größere Stufen oder etwas weiter ausladende Schritte waren ziemlich schmerzhaft. Mir graute vor der Zugspitze, denn von

Details über einem Hauseingang in Lübeck

der Seilbahnstation bis zum höchsten Punkt muss man ein wenig klettern. Wie weit, wie lang und wie steil es dort ist, hatte ich vorab vorsichtshalber *nicht* recherchiert.

Auch in Lübeck dominierte erst mal der Gedanke an die Schriftstellerfamilie Mann. Für Süddeutsche dominiert vor allem die Farbe Rot der Backsteinbauten (weshalb mir auch schnell die Parteizentrale der SPD auffiel). Im Nachmittagslicht leuchtete die Stadt regelrecht. Kirchen, Bögen, welche Gassen überspannen, Backstein-Treppengiebel, gediegene, nein: überbordende Bürgerlichkeit, wie sie in einer pietistischen Umgebung, etwa im Schwäbischen, unvorstellbar ist. Das Burgtor, das Heilig-Geist-Spital, die Marienkirche – es ist eine ganz eigene Architektur.

Hering aus der Nord- und Ostsee, Salz aus Lüneburg, Pelze aus Russland, Dorsch aus Norwegen, Tuche aus Flandern, Getreide aus dem Baltikum. Die Lübecker Kaufleute beherrschten die europäische Wirtschaft vom 12. bis 17. Jahrhundert. Handelsniederlassungen existierten in London, Brügge oder Bergen, die Hansetage waren politische Großereignisse. Lübeck war so mächtig, dass es zur zweitgrößten Stadt in Deutschland aufstieg. Hunderte Schiffe warteten in und vor dem Hafen auf ihre Be- und Entladung; Seeleute, Tagelöhner, Handwerker – alle suchten in der Hanse ihr Glück und vor allem ihr Auskommen.

Im Jahr 1518 tagten Kaufleute aus mehr als 200 Hansestädten in Lübeck. »Pfeffersäcke« nannte man die reichen Kaufleute. Entsprechend dem Reichtum findet man heute in Lübecks Kunsthalle St. Annen feinste Tafelgedecke, teuerste Schmuckstücke, fein ziseliertes und mit Intarsien versehenes Mobiliar und natürlich edle Kleidung. Die begabtesten Künstler Europas schufen Gemälde und Altäre. Die Ratsherren ließen sich porträtieren, als seien sie Könige, in religiösen Gemälden tauchen sie neben Heiligen auf. Zwölf Ratsherren sorgten sich ganz besonders um ihr Seelenheil und finanzierten eine der ältesten Sozialeinrichtungen des Kontinents, das Heilig-Geist-Spital, noch heute ein Altersheim. An Bedeutung verlor Lübeck durch die Entdeckung Amerikas und neuer Seewege nach Asien – der letzte Hansetag in Lübeck fand 1669 statt. Heute gehört die Altstadt zum Welterbe der Unesco.

Ich musste mich setzen, bevor wir das Holstentor suchten, das sich offenbar nicht in der unmittelbaren Altstadt befand. Ein kleiner Weinladen kam gerade recht, unsere Vorräte waren zwar noch nicht aufgebraucht, aber Wein kann man nie genug haben, merkte ich an. Der Genuss der Weinprobe wurde uns ein wenig vergällt, denn in diesem Weinladen wurde heftig geraucht.

Wäre doch die Ostsee warm, wären die Strände schön, wäre der Juli 2017 doch der Juli 2003! Dann lägen wir jetzt am Strand, ich könnte meine Sehnen schonen, denn mit den ständigen Fußmärschen bekam ich meine Probleme nicht in Griff. Mein Orthopäde würde mir in den Hintern treten. Wir überlegten kurz, ob wir in Lübeck übernachten sollten, um am nächsten Tag die Stadt weiter zu erkunden, denn die Wetteraussichten waren dürftig. »Wenn wir bleiben, sind wir auch morgen den halben Tag zu Fuß unterwegs. Entweder im Museum oder, noch schlimmer, auf Kopfsteinpflaster«, sagte ich zu Anja.

Schabbelhaus

Wir verwarfen es, obwohl wir uns spontan in die für uns fremde Altstadt verliebt hatten. Sie hatte so gar nichts von dem adretten Fachwerk süddeutscher Altstädte. Hinter den Fassaden, den Mauern, den Details versteckten sich Kornkammern und Salzspeicher. Wir entdeckten das Schabbelhaus, das nach dem gleichnamigen Bäckermeister benannt wurde und bei dem Bombardement 1942 nicht zu Schaden kam. Die Kaufmannschaft zu Lübeck ist heute Besitzer und verpachtet die Räumlichkeiten für das darin betriebene Restaurant. Bäcker Schabbel kam durch seine Erfindung des »Hanseaten«, eines gezackten, runden Kekses mit Erdbeer- oder Himbeerkonfitüre, halb rot, halb weiß (also in den Farben der Hanse), zu Ruhm und vor allem Reichtum. Einst war übrigens der Dada-Künstler Kurt Schwitters Gast im Schabbelhaus. Das hatte nach seinem Besuch eine Speisekarte weniger, dafür das Museum of Modern Art in New York viele Jahre später ein Kunstwerk mehr: Kurt Schwitters hatte sie kurzerhand zu Kunst erklärt.

Hätten wir weitere Häuser inspiziert, wären uns wohl noch weitere schräge Geschichten begegnet. Etwa die von Nikolaus Brömse, der keineswegs die Handbrömse erfand, wie ich mutmaßte. Brömse war Anfang des 16. Jahrhunderts ein Bürgermeister Lübecks. Es war der mit großem Abstand reichste Pfeffersack seiner Zeit und hinterließ ein gewaltiges Vermögen: mindestens 60.000 Lübsche Mark, darunter über 23.000 Mark in bar und 42 Häuser allein in Lübeck. Er führte einen eigenen Silbertaler ein, den »Brömsentaler«, der heute unter Sammlern als gesuchte Rarität gilt. Und natürlich gehört er zu den Kaufleuten, deren Konterfei dank der angeheuerten Maler überliefert ist: einmal in der Bürgermeistergalerie im Rathaus und ein zweites Mal im Schabbelhaus.

Auf dem Weg zu Fury gingen wir durch das Holstentor. Wobei man durchs Holstentor nicht »geht«, sondern »schreitet«. Allein durch seine Masse wirkt es einerseits erdrückend, aber auch erhaben, »elegant« wäre der falsche Ausdruck. Dank des Fünfzigmarkscheins ist das Holstentor für die Deutschen wohl auf immer und ewig legendär, vergleichbar etwa mit dem Berner Wankdorfstadion, das aber leider nicht mehr steht und als Pilgerstätte für ruhmesvolle deutsche Zeiten entfällt. Wobei das Holstentor dem Widerstand gegen bewaffnete Eindringlinge diente, das Wankdorfstadion hingegen dem friedlichen Miteinander der Völker. Die Inschrift des spätmittelalterlichen Stadttors »Concordia domi, foris pax« (»Eintracht nach innen, Friede nach außen«) hat noch heute Gültigkeit.

HOLSTENTOR

Andy Warhol wurde von ihm zu einer Gemäldeserie inspiriert, es wurde vielfach auf Briefmarken und Münzen verewigt und natürlich auf dem alten Fünfzigmarkschein: das Holstentor, das die Altstadt von Lübeck nach Westen begrenzt und in dem heute das Stadtgeschichtliche Museum untergebracht ist. Drei Stadttore wurden im 19. Jahrhundert abgerissen, neben dem Holsten- ist einzig das Burgtor noch erhalten. Die beiden Seiten des Tores präsentieren sich sehr unterschiedlich,

Haste mal 50 Mark? –
Das Holstentor.

Die reiche Hansestadt musste sich im Laufe der Jahrhunderte mit Mauern und Befestigungsanlagen schützen, wie andere Städte auch. Es waren ursprünglich einfache Tore, die immer weiter ausgebaut wurden. Erste Abbildungen stammen aus dem Jahr 1376. Ein rechteckiger Turm war mit einer hölzernen Galerie gekrönt. Das Bild des Holstentors änderte sich immer weiter. Ab dem 15. Jahrhundert waren einfache Tore nicht mehr ausreichend, da die Militärtechnik immer brachialer wurde. So wurde 1464 mit dem Bau des heutigen Holstentores begonnen unter dem Ratsbaumeister Hinrich Helmstede. Die Bauzeit betrug 14 Jahre. In dem morastigen Untergrund setzte denn die »Feldseite« diente der Verteidigung. Hier sind im Gegensatz zur »Stadtseite« nur Schießscharten und Öffnungen der Geschützkammern, aber keine Fenster angebracht. Entsprechend fällt auch die Mauerdicke aus, 3,5 Meter und weniger als ein Meter. Die ungleiche Gewichtung sorgte im Laufe der Jahrhunderte dafür, dass sich das Holstentor immer weiter neigte und umzustürzen drohte. 1933/34 wurde es deshalb mit Stahlbetonankern und Eisenringen gesichert. Die wenigen Fenster der Außenseite dienten dazu, den nahenden Feind mit Pech oder siedendem Wasser zu empfangen. Das Tor ist mit umlaufenden Motivbändern aus Terrakottaplatten verziert.

schon bald die Neigung des Bauwerks ein. Mit dem Aufkommen der Eisenbahn und der Industrialisierung sah man die Stadttore als überflüssig an. Zwischen 1808 und 1853 wurden drei der Tore abgerissen. 1855 hätte das Holstentor dran glauben sollen. Fast 700 Bürger unterstützten eine Eingabe an den Senat, das alte Gebäude stünde dem Ausbau der Bahnanlagen im Wege. Als König Friedrich Wilhelm IV. von Preußen davon hörte, entsandte er seinen Konservator für Kunstdenkmäler, Ferdinand von Quast, um »zu retten, was zu retten ist«. Erst 1863 beschloss die Bürgerschaft endgültig, das Gebäude nicht abzureißen, sondern zu restaurieren. Fertig gestellt wurde es mit der Reichsgründung 1871. Seitdem sind die Lübecker stolz auf das verbliebene Stadttor als Symbol für ihre glanzvolle Vergangenheit. Die letzte Restaurierung wurde in den Jahren 2004 bis 2006 vorgenommen und kostete etwa eine Million Euro.

Weiter ging es Richtung Mecklenburg-Vorpommern. Ein kleines Fischerdorf musste her. Wir beantragten beim Universum einen Stellplatz mit Meerblick. Mir war es egal, aber Anja wollte Sand zwischen den Zehen spüren. Ich studierte die Umgebung mit Hilfe von Navine. »Hast du schon mal etwas von Boltenhagen gehört?«, fragte ich Anja. Es sei ein kleines Ostseebad, sicher schöner als Travemünde. »Und anscheinend nicht größer als eine Milchkanne«, meinte ich, »keine 50 Kilometer entfernt, maximal eine Stunde Fahrt.« Wir trudelten von Nordwesten ein, »Ostseeallee« hieß höchst originell die vermeintliche Strandpromenade, die wir mit Fury passierten. Hier tummelten sich in etwa so viele Touristen wie in Köln auf dem Weihnachtsmarkt oder in Zermatt während der Skisaison. Ein Souvenirshop reihte sich an den nächsten. Postkarten, Badelatschen, Kühlschrankbuttons, aufblasbare Einhörner. »Ein einsames Fischerdorf«, sagte ich, »sieht anders aus.«

Ich starrte auf Navines Bildschirm und wies Anja planlos an: »Fahr einfach immer geradeaus!« Der Campingplatz war übervoll, jeder Parkplatz mit einem Verbotsschild für Wohnmobile versehen. »Bald ist hier Ende Gelände«, stellte ich fest. Am rechten Straßenrand tauchte ein Parkstreifen auf mit freien Plätzen und Parkerlaubnis für zwölf Stunden. Es war die letzte Möglichkeit vor einer herausgeputzten Ferienhaussiedlung. »Weiße Wiek« heißt der Ortsteil. Rechts von uns ein gut frequentierter Fahrradweg, daneben nichts mehr, außer Gestrüpp und Büschen (sehr wichtig!). Der Strand war nicht in Sichtweite, aber zu Fuß in knapp zehn Minuten erreichbar. Anja stellte den Motor ab, kroch nach hinten in die Schlafkoje und machte sich lang. Ich zog die Jalousien auf der Radwegseite zu.

Wir disponierten angesichts meiner Leisten um. Wir konzentrierten uns auf die restlichen Summits, jedenfalls gäbe es morgen keine Besichtigung von Wismar, auch wenn die Stadt gerade mal 23 Kilometer entfernt war. Morgen wollten wir eine Bootsrundfahrt um die Weiße Wiek und zur Seehundsandbank unternehmen. Mehr nicht. Außer am Nachmittag gemütlich Richtung Helpter Berge tuckeln. Wohlgemerkt »Richtung Helpter Berge«, nicht »bis zu den Helpter Bergen«, die in über 240 Kilometer Entfernung in den Himmel ragten.

Die Nacht an der Straße war mittelprächtig. Irgendein Auto fährt nachts immer, nichts also mit Camperidylle. Beim Frühstücken zogen wir als Sichtschutz die Papierjalousien zu. Vom Wetter her wäre es nicht nötig gewesen, draußen war es grau und trüb – »Ostseewetter«, lästerte ich. Wir spazierten zur Ferienhausanlage, ein Neubaugebiet, deutlich nach der Wende entstanden. Eröffnet wurde sie 2008, ein Investor hatte 100 Millionen Euro verbuddelt. Es schien sich gelohnt zu haben, denn die propere Anlage ist dauerhaft von einem namhaften Pauschalanbieter angemietet und ein Städtchen für sich, einschließlich Kinderspielplätzen, Rikschaverleih und Naturlehrtafeln. Wir schauten uns prophylaktisch nach einem Restaurant um, nach Postkarten, kauften eine Zeitung und warteten, bis die erste Bootsrundfahrt startete.

Wir hoben den Altersdurchschnitt an, und zwar dramatisch. Hier war von der Überalterung der Bevölkerung nichts zu spüren, junge Familien noch und nöcher. Wenn ältere Herrschaften zu sehen waren, waren es Großeltern, die ihre Enkel hüteten, damit die Eltern im Urlaub in Ruhe für weiteren Nachwuchs sorgen konnten. Die Ferienanlage war uns sympathisch, wohl weil sie uns an die Kanaren er-

Hier fand keine Seebestattung statt

innerte, auf die wir regelmäßig im Winter fliehen. Was ich angesichts der grauen, trüben Ostsee nun auch gerne getan hätte, meine Laune war immer noch im Keller. Graue Häuser, grauer Strand, graue See, grauer Horizont.

»Der Seebär von Tarnewitz. Ausflugs- und Charterfahrten, Seebestattungen« legte um 11 Uhr ab. Der Käpt'n spielte coole Socke und erzählte pointenreich, was er schon tausendmal erzählt hatte, während wir zur Seehundsandbank schipperten. Zu Nazi- und DDR-Zeiten sei die Halbinsel militärisch in Beschlag gewesen, der Wald ist heute wegen der nicht geborgenen Geschosse immer noch gesperrt und als Naturschutzgebiet ausgewiesen. Wenn ein Wildschwein über eine Granate stolpere, fehlten ein paar Bäume. In der Ferne erkannte man im Dunst Wismar, es sei der größte Holzumschlagplatz Europas. Hinzu käme eine Holzpelletfabrik und Holzspanplattenproduktion. »Interessante Sehenswürdigkeiten«, dachte ich. Eine boomende Stadt, so der Käpt'n, die Werft soll erweitert werden, sie beschäftige derzeit 700 Mitarbeiter, und die größte Halle messe 395 Meter Länge. Demnächst sollen dort neue Kreuzfahrtschiffe gebaut werden. »Na toll. Wismar können wir uns getrost sparen«, dachte ich übellaunig und ziemlich klamm, denn es pieselte vor sich hin. Der Käpt'n wies uns auf die Steilküste von Boltenhagen hin, die zweithöchste in Deutschland nach den Rügener Kreidefelsen – in der Ferne zeichnete sich ein schmaler hellgrauer Streifen ab. Aus dem Wasser ragten Wrackteile eines Betonbootes, auf dem Möwen auf besseres Wetter warteten.

»Die Fahrt auf dem Vierwaldstättersee an Ostern und den vielen scheußlichen Villen, den Segelbooten, Parkanlagen und Bergen war trübsinnig dagegen«, lästerte ich. Dann das Glanzlicht: die Seehundinsel! In weiter Ferne lagen einige Dutzend Seehunde herum. Ohne Fernglas hätte man nicht viel gesehen. Ich hatte erwartet, dass man Aug' in Aug' mit den Tieren wäre, sie quasi streicheln und füttern konnte. »Im Karlsruher Zoo kriegt man mehr von den Viechern mit«, lästerte ich weiter, doch Anja genoss die Fahrt. Der Käpt'n erklärte, dass Seehunde einen Jagdradius von 60 Kilometern haben und mit bis zu 60 Stundenkilometern durchs Wasser schießen – außer im Karlsruher Zoo.

Die Ostsee mochte uns nicht. Jedenfalls nicht mich mit meiner schlechten Laune. Die Sehnen schmerzten bei jedem Schritt, als wir vom Hafen zum Restaurant und später zehn Minuten zu Fury bummelten, um weiterzufahren. Die östlichen Nachbarorte von Boltenhagen boten, was wir beim Universum beantragt hatten, dieses uns aber offenkundig verweigert hatte: unbeaufsichtigte, einsame Sandstrände und camperfreundliche Parkplätze fünfzig Meter von der See entfernt, ebenso zwei Campingplätze, einer mit dem verdächtigen Namen »Liebeslaube«. Das Werbevideo gibt keine Hinweise auf Anstößiges. Zähneknirschend fuhren wir weiter, verließen die Küste. Der Fehler war: Die Ostsee hatte ich nicht auf meiner Vorbereitungsliste gehabt. Anja wollte zwei Tage hierher, an der Ostsee musste es überall schön sein! Sie hätte sich ja auch mal schlau machen können.

Die Übernachtungszahlen an der Ostsee sind seit der Jahrtausendwende von 6,1 auf 9,3 Millionen gestiegen. Von 2018 bis 2021 werden 664 Millionen Euro in neue Hotels und Ferienwohnungen investiert, sogar an Orten, an denen man sich bis dahin nach Einbruch der Dunkelheit besser nicht aufgehalten hat, etwa dem ehemaligen Güterbahnhof von Warnemünde mit Blick auf die stillgelegte Werft und einen S-Bahnhof. Brachialromantik pur bietet ein Hotel aus 64 Überseecontainern, auf einen Stahlbetonsockel getürmt. Lange standen sie im Hamburger Hafen herum, um der Verschrottung entgegen zu rosten. Auf einer Länge von zwölf Metern und auf einer Breite von zweieinhalb Metern fühlt sich die junge Familie in zwei bis acht Betten rundum kuschelig wohl wie in einer romantischen Berghütte. Das also ist die »German Riviera«.

Navinchen lotste uns nun Richtung Mecklenburgische Seenplatte, und zwar über Landstraßen. Zeit hatten wir genug, elf Tage für die restlichen fünf Summits in Meck-Pomm, Berlin, Brandenburg, Sachsen, Bayern und Baden-Württemberg.

Die Fahrt durch den Kreis Rostock erfüllte jedes, aber auch jedes Klischee. Wir gondelten durch die berühmten Alleen, dahinter wieder schier endlose Getreidefelder, vereinzelte Baum- und Waldinseln sowie winzige Örtchen mit Namen wie Penzin, Horst, Parkow oder Gülzow-Prüzen. Es sind oft Dörfer mit einer Durchgangs- und zwei, drei Seitenstraßen. Die Häuser sind nach wie vor meist rot verklinkert oder aus Backsteinen, in der Dorfmitte steht eine lutherische Kirche in klotzigem Architekturstil, der norddeutschen Backstein-Gotik. Klar, hier gibt es keine Natursteine als Baustoffe und so fehlen auch plastische Ornamente und Figuren. Hier baute man auf und aus Lehm und Sand, die Landschaft gab den Baustil vor. Es sind ausnehmend hübsche Orte dabei, nach dem Ende der DDR wurden viele Baudenkmäler sorgsam restauriert oder wiederhergestellt.

Wir hatten nun wieder deutlich mehr Glück, denn wir landeten am frühen Nachmittag in einem besonders schönen Städtchen zwischen Schwerin und Rostock, und zwar in Bützow. Dessen Geschichte reicht bis ins 12. Jahrhundert zurück, sogar der griechische Geograf Claudius Ptolemäus, der um 150 n. Chr. starb, erwähnte den Siedlungsplatz als »Bunitium«. Besonders sehenswert: das Schloss und das Rathaus sowie

Johanniterkirche in Malchin

ein klassisches Fachwerkhaus in der Altstadt. Es hatte sogar aufgehört zu regnen, wir suchten ein Café. Was uns irritierte: In der Kleinstadt von gerade 7.600 Einwohnern gab es drei Bestattungsinstitute! Seit der Wende hat Bützow 3.000 Einwohner verloren, rechnete ich, das macht theoretisch etwas mehr als 100 Tote pro Jahr, durchschnittlich knapp 33 pro Bestatter. Wenn man davon ausgeht, dass jedoch die Hälfte des Bevölkerungsverlusts durch Wegzüge bedingt ist, sind es also 16,5 Tote pro Bestatter, etwas mehr als ein Toter pro Monat. Kann man von einem Toten im Monat leben? Die Bewohner Mecklenburg-Vorpommerns mögen mir diesen schwarzen Humor nicht krumm nehmen, lustig ist es in sterbenden Städten nicht.

An zahlreichen Bützower Gebäuden finden sich Schilder, die sie als zu verkaufen oder zu vermieten ausweisen. Auffallend auch: Die Straßen waren an diesem Sonntag menschenleer, im einzigen geöffneten Café saßen fünf weitere Gäste. Auffallend leider auch: die Glatzen in Bomberjacken, die vor dem Café-Fenster vorbeigingen, während ich eine Karte des Landkreises Rostock studierte, die an einer Wand hing.

Märchenschloss Basedow

Der höchste Berg ist mit 147 Metern die Hohe Burg. Wir hätten nicht gedacht, dass wir sämtliche Klischees serviert bekämen. Dabei wurde Bützow im Jahr 2008 von der Bundesregierung als »Ort der Vielfalt« ausgezeichnet, als vorbildlich für Weltoffenheit, Toleranz und Demokratie. Außerdem ist der Ort fest in der Hand von CDU und SPD. Hart getroffen hat es die Kleinstadt im Jahr 2015. Am 5. Mai beschädigte ein Tornado viele Gebäude, etwa das Rathaus und die – für die Gegend wiederum sehr typische – Stiftskirche.

Über die Landstraßen von Mecklenburg-Vorpommern zu rollen ist das reine Vergnügen, meine Laune verbesserte sich, je weiter wir uns von der Ostsee entfernten. An diesem Sonntagnachmittag schienen wir die Einzigen auf den Straßen zu sein. Seltsame Schilder fielen uns auf, etwa der Hinweis auf »Sauna – Solarium – Softeis«. Gewarnt wird hier nicht vor Krötenwanderungen oder Wildwechsel, sondern vor »Otterwechsel«. Immer wieder machten wir kurze Pausen, um die versteckten Schönheiten des Landes zu bestaunen, das wahrlich märchenhafte Schloss in Basedow, das uns mit seinen vielen Türmchen an

Neuschwanstein erinnerte, oder die bullige Johanniterkirche in Malchin, erstmals erbaut im 13. Jahrhundert und wie die meisten Kirchen einmal abgebrannt und wieder hergestellt, nämlich 1397. Die Turmspitze stammt aus dem 17. Jahrhundert. Wir waren nun kurz vor unserem Ziel, einem der angeblich schönsten Seen der Gegend, dem Kummerower See. Neben den Glanzlichtern immer wieder traurige Anblicke von verfallenden Prachtbauten, und seien es nur verlassene Gehöfte, deren Ruinen noch immer einen verschwundenen Wohlstand ausstrahlen.

Das Universum hatte am Ende des Tages ein Einsehen und bescherte uns einen Stellplatz an einem winzigen Bootshafen, neben uns grillte ein Camper Hamburger. Oder war es ein Hamburger Camper, der grillte? Es fing wieder an, leicht zu regnen, so, als wollte uns das Universum den Tag doch noch vermiesen. Zu idyllisch wäre der Blick über den See in die Berge der Mecklenburgischen Schweiz, deren höchster Gipfel, der Bobenberg, hier mit sagenhaften 107 Metern Spitze ist.

SUMMIT 11
HELPTER BERG
(179 M, MECKLENBURG-VORPOMMERN)
EINSAME TRAUMSCHLÖSSER
UND EIN GIPFELCHEN

»Bei Sonne ist sogar die Mecklenburgische Seenplatte schön«, sagte ich zu Anja nach meinem kleinen Spaziergang vor dem Frühstück. Der Kummerower See glänzte, ich blickte über Schilf und Boote hinweg zu den beiden Hundertern der Mecklenburgischen Schweiz, ich ging den Bootssteg entlang und schaute den Fischen zu. Sie schwiegen mich an, ich schwieg zurück. Ich ging zurück zu Fury und kochte Kaffee. Heute wollten wir unseren Summit Nummer 11 in Angriff nehmen, den Helpter Berg, eine allzu große Leistung und weite Fahrt hatten wir nicht vor uns, also lasen wir erst einmal die Zeitung von gestern fertig. Nebenan frühstückte der Hamburger, ich hatte mich mit ihm unterhalten. Er wollte noch ein paar Tage bleiben, er habe Zeit, sehr viel Zeit. Er kam mit seiner vollen Tasse zu uns. Ob wir schon das Schloss gesehen hätten. Wir hatten keine Ahnung, was er meinte. In etwa dreihundert Meter Entfernung stünde das frisch renovierte Schloss Kummerow und davor sei eine riesige Blumenwiese. Wir sollten uns beides unbedingt ansehen, das Paradies schlechthin.

»Er übertreibt«, dachte ich und fragte, ob er schon lange unterwegs sei. »Schon zwei Jahre«, erwiderte er und erzählte seine Geschichte. Er habe seine Firma verkauft, nachdem er knapp an einem Schlag-

Entspannt am Kummerower See

anfall vorbeigeschrammt sei. Ein IT-Laden mit 40 Mitarbeitern, der immer mehr geboomt habe. Dann habe er beschlossen, sich einen alten VW-Bus zu kaufen und durch Europa zu fahren. Ein Wohnmobil wollte er nicht, das Nötigste reiche ihm. In Norwegen, in Finnland, in Frankreich, Spanien, Portugal und so weiter sei er schon gewesen und nun der glücklichste Mensch der Welt. Für einen Moment beneidete ich ihn, dachte aber gleich an die vergangenen Jahre, in denen ich nahezu die kompletten Sommer in den Bergen verbracht hatte. Klagen konnte ich wirklich nicht. Selbst, wenn ich nie wieder würde Bergsteigen können: Ich habe so viel Zeit in den Bergen verbracht wie die meisten Bergsüchtigen ihr ganzes Leben nicht. In diesem Moment überwog Dankbarkeit die Schmerzen.

Ich brauche zudem meine Arbeit, aber die ist ja wohl nicht mit der des ehemaligen Firmenchefs zu vergleichen. Schriftsteller ist kein Beruf, sondern ein Hobby. »Können Sie davon leben?«, ist die Frage, mit der man einen Berufsautor zur Weißglut bringen kann. Ich pflege dann

Idylle pur – der Kummerower See

zu antworten: »Nein, ich muss auch regelmäßig essen und trinken.« Der Hamburger sagte, er wolle weiter nach Polen, dann nach Russland. Vielleicht jedenfalls, vielleicht bleibe er in der EU und fahre nach Süden. Ich wollte ihn noch fragen, ob er überhaupt noch einen festen Wohnsitz habe. Vermutlich hatte er aber ein paar Euro mehr auf dem Sparbuch als wir. Ich überlegte kurz, ob ich für den Europabummler einen heißen Tipp hätte, aber mir fiel partout nichts ein. Wir verabschiedeten uns lakonisch und wünschten uns gegenseitig eine gute Reise. Ich habe mir verkniffen, ihm noch ein angenehmes Leben zu wünschen, ein wenig Neid wäre doch herausgeklungen.

Schloss Kummerow war in der Tat nur einen Steinwurf entfernt. Wir grüßten einen alten Mann mit Glatzkopf, Riesenranzen und zwei Schäferhunden, dann aber waren wir wirklich im Paradies. Wir standen vor einer Wiese, größer als ein Fußballplatz, die in allen Farben blühte: Mohn, Malven, Schafgarben, Flockenblumen, Kosmeen, Margeriten, Sonnen- und Kornblumen, dazu Kräuter wie Dill, Borretsch,

Liebstöckel. Diese Duftmischung war sagenhaft und mit nichts zu vergleichen, was wir je zuvor gerochen hatten. Mitten durch die Wiese führte ein Pfad auf das Schloss zu. Ich bin an sich ein nüchterner Mensch. Für einen Augenblick aber fragte ich mich, ob ich träumte, einen Moment lang versuchte ich aufzuwachen, wie ich es manchmal tat, wenn mir nachts gewahr wurde, dass ich in einem Albtraum gefangen war. Auch Anja strahlte. Wir standen an der Rückseite des Schlosses, blickten über die Wiese und durch eine Lichtung zum See.

Der Hamburger hatte es schon angedeutet. Schloss Kummerow wurde nach der neuesten restauratorischen Philosophie saniert. Es wurde nicht der Zustand einer bestimmten Bauphase oder Epoche wiederhergestellt, sondern dokumentiert, wie sich das Gebäude entwickelt hatte. Wir umrundeten das Schloss, kamen zur Vorderseite. Es schien einsam und verlassen zu sein. Die Nebengebäude waren noch nicht renoviert, vielmehr einige ganz eingestürzt. Schon die Tür des Haupteingangs überraschte. In Sichthöhe war etwa ein Sechstel im Zustand belassen, wie man sie vor der Renovierung vorgefunden hatte, und dieses Sechstel war mit einer Plexiglasscheibe »geschützt«, die diesen Originalzustand abdeckte. Das Museum, das sich im Schloss verbirgt, war geschlossen. »Pech, mal wieder«, sagte Anja, »heute ist Montag.«

Wir schlichen um das Schloss herum. Hinter einem Fenster saß ein Herr am Schreibtisch. Neugierig von Berufs wegen klopfte ich an die Scheibe. Ich hatte nicht erwartet, dass der Bursche überhaupt reagiert. Er stand auf, lächelte, verschwand und trat aus einem Nebeneingang heraus. Es war der Bauleiter vor Ort. Die Hauptbauleitung saß in Berlin, man brauchte aber einen Zuständigen im Haus direkt. Er zeigte uns ohne zu zögern oder nach unserem Begehr zu fragen einige Räume des Erdgeschosses. »Sie sehen ja die Nebengebäude. So zerstört müssen Sie sich auch das Schloss vorstellen.« Die Art der Instandsetzung erklärte er anhand eines Treppengeländers. Alles, was noch an Resten oder Bruchstücken vorhanden war, an Stufen, Geländerteilen oder Zierstreben, wurde erhalten, erkennbar am alten, grauen Holz, dazwischen immer wieder frische, helle Holzstreben und

Füllungen, Inlays. Wenn an einer Tür eine Kassette eingetreten war, wurde nur das »Loch« erneuert unter Zuhilfenahme aller herumliegenden Fundstücke.

Relativ gut erhalten seien die Dielen in den oberen Stockwerken gewesen. Zu DDR-Zeiten seien diese mit Linoleum überklebt worden. »Es war nur ein wenig Fleißarbeit, den Kleber zu entfernen.« An den Wänden sei man auf bis zu 22 Farbschichten gestoßen. Er zeigte uns ein Fenster, an dem vier unterschiedliche Farbschichten freigelegt und damit dokumentiert wurden. Unendlich viel Geld und Zeit kostete die Rettung der vielen Schlösser und Herrensitze im Osten, hier flössen Bundesmittel und europäische Gelder. Fünf Jahre brauche es noch, auch die Nebengebäude wieder aufzubauen, dort sollen Apartments und eine Museumsgastronomie untergebracht werden. Im Schloss selbst sei heute eine der bedeutendsten Fotosammlungen Ostdeutschlands untergebracht, es finden Konzerte und Sonderausstellungen statt. Die Fotosammlung umfasse mehrere tausend Bilder und dokumentiere die Lebenswelten der Menschen in der DDR. Die Blumenwiese sei seine Idee gewesen, er habe sie mit einem Bauern aus der Gegend umgesetzt. Er träume von reichlich Touristen, wenn hier in fünf Jahren eines der Paradiese Ostdeutschlands fertiggestellt sei, und hoffe auf ein Hinweisschild am Autobahnrand. Doch er kämpfe noch mit der Bürokratie. Wir indessen hoffen, dass dem Kummerower See das Schicksal der Ostsee erspart bleibt.

SCHLOSS KUMMEROW

Obwohl die Gemeinde heute nicht einmal 600 Einwohner zählt, ist sie recht alt. Erstmals erwähnt wurde sie 1222, das Stadtrecht wurde dem Ort 1255 zugesprochen. In der Geschichte Kummerows und seines Schlosses ging es stets hin und her, was die Herrschaft bzw. Besitzverhältnisse anbetrifft. Mal gehörte es dem Pfarrherren von Kummerow, mal der Familie von Maltzahn, mal fiel es an Pommern, mal an Schweden.

Märchenschloss und Märchenwiese

Schuld daran waren zahlreiche Fehden und Kriege – wie immer. Im Dreißigjährigen Krieg überlebten nur 16 Personen, 1671 verlor der Ort seine Stadtrechte und gelangte wieder in den Besitz der Familie von Maltzahn. Das Schloss wurde 1730 fertiggestellt. Vorbild des Spätbarockbaus war Schloss Versailles. Hundert Jahre danach wurde es um einen Landschaftspark erweitert, der im Laufe der nächsten Jahre ebenfalls wiederhergestellt werden soll. Das Gut stand nun mehrfach leer, eine erste umfangreiche Renovierung wurde nach dem Ersten Weltkrieg vorgenommen. Bis zur Enteignung in den Anfangszeiten der DDR erlebte Schloss Kummerow eine Blütezeit. Großgrundbesitzer war nun Mortimer von Maltzahn, der auch der erste gewählte Bürgermeister der Gemeinde war. Zu DDR-Zeiten ging es bergab. Die Sowjets nutzten es nach dem Krieg als Quarantänelager, dann wurde es zu einer Konsumverkaufsstelle mit Gastronomie umfunktioniert, es diente als Bürgermeisteramt, Kindergarten, Schule etc. In Zeiten der Knappheit bedienten sich die Kummerower gar an den Dachziegeln des Schlosses, die Nebengebäude eingeschlossen. Nach der Wende ging das Schloss in Privatbesitz über. 2011 fand ein erneuter Eigentümerwechsel statt. Seitdem wird das Schloss saniert und ist ein öffentlich zugängliches Museum.

»Wie steigert man eigentlich Kleinod?«, wollte ich von Anja beim Weiterfahren wissen. Ich war wieder im Kalauermodus, also gut gelaunt. »Kleinod, Großod, Ödem?«, beantwortete ich meine Frage selbst. Anja parierte mit einer Anspielung auf Ludwig Börne: »So wie man steigert: ›Scheusal, Trübsal, Bruchsal‹.« Unsere Mägen knurrten. Zwischen den vielen hundert kleinen Dörfern, Seen und Tümpel fanden wir mitten im Wald unseren Platz. Wir rumpelten über ein Seitensträßchen in Richtung Kastorfer See, das dazu gehörige Dorf heißt Wildberg. An einer Wendestelle war Schluss. Wir fuhren an den Straßenrand, blickten zwischen den Bäumen des Waldes auf einen Tümpel und die drei Häuser der »Alten Försterei«. Ich briet Schnitzelchen, das Fliegengitter hielt Hunderttausende von Schnaken ab, es waren noch weit mehr als am Rhein. Die Seenplatte ist das reinste Feuchtbiotop.

Nach der Siesta fuhren wir über Stavenhagen und Neubrandenburg nach Woldegk. Wir lernten sogleich: Stavenhagen ist die Reuterstadt. Wir Süddeutschen kennen den niederdeutschen Dichter Fritz Reuter eher weniger. Der 1810 in Stavenhagen geborene Autor war aktiver Burschenschaftler und Demokrat. Eine Verurteilung zum Tode wegen Majestätsbeleidigung und Hochverrat wurde in 30 Jahre Festungshaft umgewandelt. Tatsächlich saß er »nur« vier Jahre und wurde 1840 begnadigt. Der kritische Realist schuf ein volkstümliches Werk mit sozialkritischen und humoristischen Elementen, und zwar meist in Mundart. Reuter war scharfer Kritiker des preußischen Militarismus. Eines seiner Hauptwerke »Kein Hüsung« aus dem Jahr 1858 schildert den Konflikt zwischen einem Gutsherrn und einem Tagelöhner. Kollege Reuter starb 1874 in Eisenach.

Für mich bedeutete Stavenhagen eine Premiere: Ich tätigte meinen ersten Einkauf überhaupt bei Aldi-*Nord*! Wir kauften Mineralwasser, Erdnusskerne, Gemüse, Bio-Joghurt und Fußbalsam. In Neubrandenburg wollte ich mich ursprünglich mit einem von zwei mir bekannten Namensvettern treffen und zumindest ein Foto für Facebook schießen, ich hatte aber vergessen, seine Handynummer mit auf die Reise zu nehmen. Es hätte mich schon interessiert, ob »Matthias Kehle« ein netter Kerl ist. »Matthias Kehle Nummer drei« beschwerte sich einmal bei mir, dass er seinen Namen nicht googlen könne. Egal wie, immer lande er beim Autor »Matthias Kehle«.

Summit Nummer 11, der höchste Berg von Mecklenburg-Vorpommern, liegt etwas versteckt zwischen den Ortschaften Helpt und Woldegk in einem Wald in der Nähe der Grenze zur Uckermark. Die Wegbeschreibungen im Netz gehen allesamt von einem Grillplatz zwischen Helpt und Woldegk aus, doch ganz so leicht wollten wir es uns nicht machen. Um ehrlich zu sein, wollten wir es uns noch einfacher machen und näher an den 179 Meter hohen Gipfel heranfahren. Wir steuerten mit Fury auf Woldegk zu. Kurz verfuhren wir uns auf der B 104 Richtung Mildenitz südöstlich. An einer Wendestelle unweit von Woldegk hatten wir jedoch einen eindrucksvollen Blick auf unseren Gipfel samt Sendeturm!

Von Woldegk aus führte uns Navine einen unangenehmen Waldweg entlang, wir ruckelten im Schritttempo bis zu einem Wanderparkplatz und spazierten los. Markiert war der Weg nicht, aber dieses Mal hatte ich den Kompass dabei! Zunächst folgten wir einem breiten Güterweg. Bis wir vor uns eine regelrechte Steilwand erblickten. Der Weg knickte nach links ab, wir hielten Ausschau nach einem Pfad, der auf die Hügel führte. Linker Hand tauchte ein etwas größerer Hügel zwischen den Bäumen auf. Wir hielten in einer Senke auf ihn zu, bemerkten bald, dass rechter Hand ein noch höherer Buckel aufragte. Wir folgten Spuren von Mountainbikern aufwärts. Sonderlich viele »Gipfel« haben die Helpter Berge nicht, einer Karte entnahm ich zwei weitere Gipfel, den Hüttenberg und den Petersilienberg.

Um den Hauptgipfel zu besteigen, reichte ein wenig Orientierungssinn und das Vorhaben, einfach immer höher zu steigen, um das Gipfelkreuz samt Gipfelbuch und Biwakhütte zu finden – diesmal wieder auf Anhieb! Das übliche Ritual folgte: Abklatschen, Gipfelküsschen, Gipfelfoto, Gipfelfilmchen, Eintrag ins Gipfelbuch. Die Biwakhütte

Meck-Pomms Höhepunkt: der Helpter Berg

ist eigentlich ein überdachter Platz mit Holztisch und Holzbank, also ein ganz ordinärer Rastplatz. Wie schon in Hamburg haben die Eiszeitgletscher Skandinaviens auch hier gute Arbeit geleistet. Der Buckel, auf dem wir nun stolz standen, war allenfalls 18.000 Jahre jung. Wald, Wind und Wetter, sprich die Erosion, hat den vielen steilen Passagen noch kaum etwas anhaben können.

Die Uckermark ist nicht nur noch flacher als die mecklenburgische Seenplatte, sondern auch noch – formulieren wir es vorsichtig – strukturschwächer. Die Dörfer schienen noch winziger zu werden, noch weiter verstreut. Die Felder wurden noch weitläufiger, die Wälder seltener, jedenfalls auf unserer abendlichen Strecke zum Oberuckersee – wiederum ein traumhafter Platz, den wir erst am nächsten Morgen genossen. Ausgesucht hatten wir uns den Stellplatz bei Warnitz in Seenähe nicht, das Universum hatte ihn uns zugespielt. Knapp zwei Stunden allerdings hatten wir gebraucht, um ihn zu finden, vorher irrten wir umher. Unterwegs war ein Pferdehof mit Bed & Breakfast aus-

Gipfelglück auf 179 m Höhe

geschildert. Der Weg dorthin führte von einer Kreisstraße abzweigend etwa 1,5 Kilometer über grobes Kopfsteinpflaster. Die Bauernfamilie saß beim Abendessen versammelt unter einem Baum. »Ach, wie idyllisch mal wieder«, dachte ich, »ich fange gleich an, die Uckermark zu lieben.« Ob wir hier nächtigen und frühstücken dürften. Der Chefin entfuhr ein schroffes, langgezogenes »Nein«. Bevor ich vorschlagen konnte, dass wir auch den vollen Nächtigungspreis bezahlen würden, sie somit keine Arbeit mit den Betten hätte, zischte mich Anja an: »Spaßbremse, wir gehen!« Immerhin verriet die Pferdeflüsterin, dass auf der anderen Seite des Sees, bei Warnitz, ein Stellplatz sei.

Ob Mutti Merkel, die berühmteste Tochter des Landstrichs, uns ebenfalls verscheucht hätte? Ich jedenfalls hatte genug von der Uckermark, es ist die gottverlassenste Gegend der Republik (ich hatte Hunger!). Wir standen also bei Warnitz in unmittelbarer Nähe einer Datschensiedlung. Es war 20 Uhr, ich musste mich endlich mal wieder rasieren. Ich hasste Rasieren in der Uckermark. Und schreiben musste ich auch noch. Weshalb kann ich nicht Urlaub machen wie jeder andere? Mir fiel die Frage meines Agenten vor unserer Tour ein, ob ich denn jemals *nicht* schreibe? »Ein Dichter ist immer im Dienst«, antwortete ich ihm. Mir kam unser Hamburger in den Sinn, der jetzt am Kummerower See saß, Würstchen grillte und geräuschvoll die nächste Büchse Bier öffnete.

ETAPPE 11

STARTPUNKT:	Bungsberg (Gipfelparkplatz)
WEGPUNKTE FÜRS NAVI:	Travemünde, Lübeck, Boltenhagen, Bützow, Malchin, Basedow (Ortsteil Gessin), Kummerow, Stavenhagen, Neubrandenburg, Woldegk
FAHRTSTRECKE GESAMT:	Bungsberg – Woldegk (Wanderparkplatz): 418 Kilometer
HÖCHSTER BERG IN MECKLENBURG-VORPOMMERN:	Helpter Berg, 179 Meter Barrierefrei nicht zu erreichen.
MINIMALER AUFWAND:	Vom Wanderparkplatz nördlich von Woldegk etwa eine halbe Stunde bis zum Gipfel. Nicht markiert.
FÜR FORTGESCHRITTENE:	Rundwanderung von Woldegk aus. In dem Städtchen stehen ein paar schöne Windmühlen. Rundweg, etwa 7 Kilometer. Die Route inklusive Wanderkarte findet sich unter dem Suchmaschinenstichwort: »Wanderroute – auf das Dach von Mecklenburg«.
WEITERE BESONDERHEITEN DES HELPTER BERGES:	Vom Grillplatz zwischen den Ortschaften Helpt und Woldegk ist der Helpter Berg ebenfalls sehr gut erreichbar (Beschilderung).

SUMMIT 12
GROSSER MÜGGELBERG (115 M, BERLIN)
WO DIE HAUPTSTADT AM SCHÖNSTEN IST

So richtig verlassen ist der Oberuckersee dann doch nicht. Die Straße neben unserem Stellplatz war immerhin so gut frequentiert, dass wir nachts mehrfach erwachten. Die Sonne schien uns beim Aufstehen ins Gesicht. Inzwischen hatten wir eigentlich gelernt, so zu parken, dass uns das nicht passiert, dass wir vielmehr ostseitig im Schatten stehen. Draußen ging wieder ein Frauchen mit ihrem Hund Gassi. In schlabberigem, ausgewaschenem T-Shirt, grauen Trainingshosen und Badelatschen. Uns war aufgefallen, wie nachlässig Hundebesitzer am frühen Morgen oder späten Abend gekleidet waren. Vermutlich glaubte jedes Herrchen, jedes Frauchen, um diese Uhrzeit allein unterwegs zu sein und von niemandem gesehen zu werden. Es fehlte nur noch, dass uns ein Hundebesitzer in halboffenem Bademantel über den Weg lief, in der einen Hand die Hundeleine, in der anderen eine Bierflasche.

Wir hörten Nachrichten und den Wetterbericht. Der MDR war erstaunlich unaufgeregt, der Moderator kam ohne Witze aus, über die nur er selbst lachen konnte. Heute war Dienstag, der 18. Juli, für das Wochenende war schlechtes Wetter angekündigt, justament an unserem geplanten Zugspitz-Tag. Vielleicht sollten wir nach dem Fichtelberg schnurstracks nach Garmisch fahren, um dem schlechten Wetter zuvorzukommen, und unseren Ausflug in den Bayerischen Wald streichen? Doch auf die Zugspitze kann man notfalls auch bei schlechtem Wetter.

Hier fischt man nicht im Trüben: am Oberuckersee

Es musste schon schneien oder schütten, damit man von der Bergstation nicht auf den Gipfel gelangt.

Nach dem Frühstück gingen wir zum See. Wie alle Seen dieser Gegend ist auch der Oberuckersee ein Überbleibsel der letzten Eiszeit; die Gletscher hatten eine Mulde gegraben, in der sich das Schmelzwasser sammelte. Die angrenzende Kleingartensiedlung ist von erheblicher Größe, Warnitz selbst ein Dorf mit gerade einmal 800 Einwohnern. »Gartenlauben« kann man die Bungalows nicht nennen, manche sind regelrechte Kleinvillen, und offenbar gehören einige von ihnen Berlinern, jedenfalls den Autokennzeichen nach zu schließen – die Hauptstadt ist nur 80 Kilometer entfernt.

Aus unerfindlichen Gründen ist mir die Uckermark von meinem Germanistikstudium in Erinnerung geblieben, denn eines der Mittelalterseminare beschäftigte sich mit Wolfram von Eschenbachs »Parzival«, in dem sowohl der »Ukersee« als auch das »Ukerland« erwähnt wird. Wahrscheinlich liegt es daran, dass das Seminar während der Wendezeit stattgefunden hatte. Im Mittelalter war das »Ukerland«

wohlhabend und weithin bekannt. Dass hier und heute ein touristisches Zentrum ist, bemerkten wir an diesem frühen Morgen nicht. Vom Stellplatz bis zum See waren wir zehn Minuten zu Fuß unterwegs, während derer uns weitere schlecht gekleidete Hundebesitzer begegneten. Immerhin waren keine verdächtigen Glatzen mit Schäferhunden dabei. Wieder kamen wir an einen Platz wie aus dem Werbeprospekt samt Bootsanlegestelle, Schilf und jeder Menge kleiner Fische im flachen Wasser. Darin spiegelten sich dekorativ einige Kumuluswolken. Zeit, ein wenig zu verweilen. Anja versuchte, Fische zu fotografieren, doch irgendwie verfehlte sie diese immer wieder. So entstand eine ganze Serie von Bildern, die ein Schilfrohr neben dem anderen zeigen.

Wir hatten keine Lust mehr, von Dorf zu Dorf zu gondeln und von Navine wieder über holprige Kreisstraßen mit Natursteinen gelotst zu werden, auf denen man höchstens mit zehn Stundenkilometern vorankam. Wir wollten einfach schnurstracks nach Berlin, unseren Summit Nummer 12 einsammeln, dann auf den Stellplatz, den ich uns ausnahmsweise *vorher* ausgesucht hatte, und einen halben Tag entspannen, nichts tun, auch nicht schreiben. Ich hatte via Facebook meine Berliner Freunde und Bekannten eingeladen, uns zu besuchen. Auch in diese größte deutsche Stadt hinein wollten wir mit dem Wohnmobil nicht, man musste schon zu uns nach Köpenick kommen. »Köpenick ist viel zu weit weg, eine Tagesreise«, bekam ich zur Antwort, außerdem müsse man noch die Fähre nutzen. Nur einer schrieb: »Ihr habt Euch den schönsten Platz in Berlin ausgesucht, ich komme!«

Wir bretterten also über die Autobahn Richtung Bundeshauptstadt. Das heißt, wir umfuhren sie östlich, um einen kleinen Abstecher in den äußersten Südosten Berlins zu machen. Unterwegs sprangen uns zwei Kuriosa ins Auge, nämlich die »Kolonie Alpenberge« und die »Märkische Schweiz«. Ich notierte beides. Hinter den »Alpenbergen« verbirgt sich eine relativ junge Arbeiter-Siedlung, gegründet 1904. Berlin brauchte Arbeitskräfte, und wer nicht in der Stadt leben konnte oder wollte, zog ins Umland. Woher der Name stammt, ließ sich nicht recherchieren. Die »Märkische Schweiz« ist für ostdeutsche Verhältnisse tatsächlich

Der höchste Berg Berlins ist nicht zu verfehlen

»schr« gebirgig und waldreich. Sie gipfelt im Semmelberg (158 m). »Gebirgig« meint, dass auf relativ kleinem Raum große Höhenunterschiede vorhanden sind, also eine große »Reliefenergie« herrscht. Hier treten Höhenunterschiede von mehr als 100 Metern innerhalb von einem Kilometer horizontaler Entfernung auf. Zum Vergleich: Die größte Reliefenergie in den Alpen beträgt fast 3.500 Meter, vom Talgrund in Lauterbrunnen zum Jungfrau-Gipfel und von Chamonix zum Montblanc.

Berlin ist voller Gipfel. Damit sind keine politischen Gipfel gemeint, wenn man dem »Bergführer Berlin« glauben darf. Das Buch gibt es tatsächlich, es verzeichnet 55 »Gipfel«, davon sind sechs über 100 Meter hoch. Der höchste Punkt Berlins findet sich in den Arkenbergen in 121 Metern Höhe. Es ist allerdings ein Schutt- und Trümmerberg, der seit einigen Jahren in ein Naherholungsgebiet umgewandelt wird, ganz im Norden der Stadt. 60 Zentimeter niedriger ist der Teufelsberg im Westen. Es ist ebenfalls ein Trümmerberg, aufgeschüttet nach dem Zweiten Weltkrieg aus dem Schutt von 15.000 Häusern. Beendet wurde die Aufschüttung 1972, danach ließ der Senat ein Wintersportgebiet einrichten, einschließlich Skihang, Rodelbahn, Sprungschanze und Schlepplift. Auch Mountainbiker oder Longboarder nutzen den Teufelsberg mehr oder weniger sportlich. Relikte des Kalten Krieges sind die weithin sichtbaren Abhörstationen. Der Teufelsberg ist mit Sicherheit Berlins berühmtester Berg, zumal er auch als Kulisse für zahlreiche Filme diente. Wir hatten es auf den höchsten natürlichen Berg abgesehen, der mehr als fünf Meter niedriger und dramatisch unspektakulärer ist, nämlich den Großen Müggelberg mit 115 Metern. Manchmal wird seine Höhe auch mit zehn Zentimetern mehr oder weniger angegeben. Mit einer Sandkastenschaufel lässt sich die exakte Höhe bestimmt einfach manipulieren. Immerhin hat Theodor Fontane den »Müggelsbergen« bei seinen »Wanderungen durch die Mark Brandenburg« ein ganzes Kapitel gewidmet. Er schreibt unter anderem:

»Inmitten des quadratmeilengroßen Wald- und Inseldreiecks, das Spree und Dahme kurz vor ihrer Vereinigung bei Schloß Köpenick bilden, steigen die »Müggelsberge« beinah unvermittelt aus dem Flachland auf. Sie liegen da wie der Rumpf eines fabelhaften Wassertieres, das hier in sumpfiger Tiefe zurückblieb, als sich die großen Fluten der Vorzeit verliefen. (…) Diese Müggelsberge repräsentieren ein höchst eigentümliches Stück Natur, abweichend von dem, was wir sonst wohl in unserem Sand- und Flachlande zu sehen gewohnt sind. Unsere märkischen Berge (wenn man uns diese stolze Bezeichnung gestatten will) sind entweder einfache Kegel oder Plateauabhänge. Nicht so die Müggelsberge. Diese machen den Eindruck eines Gebirgsmodells, etwa als hab es die Natur in heiterer Laune versuchen wollen, ob nicht auch eine Urgebirgsform aus märkischem Sande herzustellen sei. Alles en miniature, aber doch nichts vergessen. Ein Stock des Gebirges, ein langgestreckter Grat, Ausläufer, Schluchten, Kulme, Kuppen, alles ist nach Art einer Reliefkarte vor die Tore Berlins gelegt, um die flachländische Residenzjugend hinausführen und ihr über Gebirgsformationen einiges ad oculos demonstrieren zu können.«

Bestens beschildert – der Müggelberg

Auf unserem Abstecher Richtung Südosten führte uns Navine direkt nach Berlin-Müggelheim. Am topografisch obersten Ende des Ludwigshöheweges fanden wir einen Parkplatz für Fury. Vermutlich ist dieser Weg nicht nach der Ludwigshöhe im Monte-Rosa-Massiv benannt, die sage und schreibe 4.341 Meter hoch ist. Die weiteren Straßennamen der Gegend ließen vermuten, dass die Straße auf einen entsprechenden Ort in Rheinland-Pfalz verweist. Unser Spazierweg auf den höchsten Berliner führte an hübschen Villen und mal wieder an einem Datschenviertel vorbei. Es ging zunächst abwärts, dann den Pfalz-Zweibrückenweg hinauf, linker Hand bogen wir in das Sträßchen »Am Müggelberg« ein. An dessen Ende folgten wir dem Waldweg und schließlich der Beschilderung »Zum höchsten Berg Berlins«.

Und wie bei allen anderen kleinen Summits der Republik ist auch hier überraschend: Der Schlussaufstieg ist (relativ) steil, und in luftigen 115 Metern Höhe findet sich ein Gipfelkreuz und ein fest gefügter Markierungsstein, dessen Höhe sich nicht mit einer Sandkastenschaufel manipulieren lässt. Der Berg wird wohl weniger begangen als befahren, überall fanden sich Mountainbikespuren. »Guck mal, hier gibt es auch jede Menge Waldratten«, sagte ich. Anja empfahl mir, nicht schon wieder über die »Ratten der Wälder« zu schreiben, wie ich Mountainbiker mal in einem Blogbeitrag genannt hatte, was mir einen veritablen Shitstorm einbrachte. Heute war Ruhe auf dem Großen Müggelberg. »Wieder völlig unscheinbar«, sagte ich, »einfach ein hügeliges Wäldchen«.

»BERGFÜHRER BERLIN«

Drei falsche Hunderter und drei echte hat Berlin zu bieten, ansonsten sind alle natürlichen und künstlichen Hügel unter hundert Meter hoch. Braucht es dazu einen »Bergführer«? Der Untertitel klärt auf: »Ein Stadtführer für urbane Gipfelstürmer«. Es ist also mehr ein ungewöhnlicher Kultur- und Kuriositätenführer. Die Kletterfelsen der Eisbären im Berliner Zoo zählen die Autoren genauso zu den Bergen Berlins wie den Fliegeberg im Lilienthalpark, der sich nur 15 Meter über seinem Grund erhebt. Hier probte Otto Lilienthal das Fliegen. So erzählen die Autoren auf amüsante Weise (Kultur-) Geschichten und erinnern auch an unselige Zeiten, denn einige der Berge sind aus den Überresten der Kriege entstanden (Großer Bunkerberg). Heute wird am Prenzlauer Berg gerodelt, die Autoren berichten von einem Alphorntreffen auf dem Neuen Hahneberg, und sie geben zu jedem Gipfel Empfehlungen zur Anreise, zu weiteren Besonderheiten wie Gastronomie oder der nötigen Ausrüstung (Navigationsgerät). »Wie kommt man am schnellsten hin?«, darf man die Verfasser nicht fragen. Dafür beantworten sie ihre selbst gestellte Frage: »Wie kommen Sie langsamer hin?« So lernt man Berlin entspannt kennen.

Weshalb aber fuhren wir ausgerechnet nur nach Berlin-Müggelheim und ignorierten sonst alle Sehenswürdigkeiten? Wenn schon keine andere Großstadt, dann wenigstens die Hauptstadt! Nun, ich habe eine

Berlinphobie. Ich habe Berlin meist nur dienstlich besucht (als Vorsitzender des Schriftstellerverbandes in Baden-Württemberg) und die Stadt stets völlig verdreckt, überfüllt und laut erlebt. Muss ich meine kostbare Freizeit in dieser riesigen Stadt verbringen? Selbst als ich eine Lesung in der Stadt hatte, verbarrikadierte ich mich regelrecht bei Bernd, jenem Kollegen und Freund, der uns besuchen wollte. Ich saß den ganzen Tag in seiner Neuköllner Wohnung und machte das, was ich schon immer mal machen wollte, nämlich »Tschick« von Wolfgang Herrndorf lesen.

»Warum wir auf Berge steigen? Weil sie da sind!«, sagte einmal Sir Edmund Hillary, Erstbesteiger des Mount Everest. Das gilt auch für die 16 Summits, die ganz andere wären, hätte man in Deutschland andere Grenzen gezogen. Es ist »die Eroberung des Unnützen«, wie ein anderer Bergsteiger, Lionel Terray, schrieb, der Erstbesteiger des Makalu, fünfthöchster Berg der Welt. Dass wir die kürzeste, einfachste Route auf die Buckel der Bundesländer wählten, ist reine Selbstironie: Angesichts meiner Schmerzen möglichst *wenige* Höhenmeter machen – im vergangenen Jahr 2016 hatte ich noch sämtliche persönlichen Rekorde eingestellt. Da war ich auch noch nicht 50. Die 16-Summits-Tour hatte immerhin eines mit dem Bergsteigen gemeinsam. Beim Bergsteigen denkt man nicht an die nächsten zwanzig Jahre, Monate oder Tage, sondern nur an die nächsten zwanzig Schritte. Wir hatten Ziele, und die galt es Schritt für Schritt zu erreichen. Auch wenn sie noch so unsinnig sind. Das Leben an sich ist unsinnig – wenn wir es genau betrachten. Dass es Sinn hat, nämlich einer Arbeit nachzugehen oder zu konsumieren, wird uns von Beginn unseres Lebens an immer wieder eingeschärft. Welche Auswirkungen solche »Sinngebungen« auf uns selbst und auf unseren Planeten haben, sehen wir jeden Tag. Die letzten Worte des Schriftstellers Günter Eich sollen gewesen sein: »Lass mich. Ich will nur noch spielen«. Das Bergsteigen ist ein Spiel, und wir parodierten dieses Spiel.

Auf unsere Bergtour folgten ein Einkauf und vor allem ein Mittagessen in einem Einkaufskomplex ganz in der Nähe. Bergsteigen macht

Der schönste Platz Berlins: am historischen Fährhaus Wendenschloss

hungrig. Anschließend steuerten wir auf den Wohnmobilstellplatz »Historisches Fährhaus Wendenschloss« zu. An ihn angeschlossen sind ein Fähr- und ein Yachthafen, ein kleines Restaurant und vor allem: Direkt an der Dahme steht ein kleiner Pavillon, einige Bistrotische und -stühle sind aufgestellt. Doch das alles wussten wir vorher nicht. Der Stellplatz ist der nächstbeste von den Müggelbergen aus gesehen, nur ein paar Autominuten entfernt, nur wenige Kilometer mussten wir uns durch die Ausfallstraße Köpenicks quälen. Was wir auch nicht wussten: Es ist wohl der kleinste Stellplatz Berlins. Die Wahrscheinlichkeit, dort mitten im Juli am frühen Nachmittag einen Platz zu ergattern, ging gegen Null. Von den 14 Plätzen waren 13 belegt. Diesmal meinte es das Universum also gut mit uns. Die sanitären Anlagen, inklusive Sauna, sind mit die nobelsten in ganz Deutschland. Anja nahm sich ein Buch und begab sich in den Pavillon, später ging sie in der Dahme schwimmen. Was tat ich? Ich schrieb mal wieder. Und ich plante unseren Resturlaub. Angesichts der Wettervorhersage war ich skeptisch, ob es spaßig und unterhaltsam bliebe. Vier Summits lagen noch vor uns. Und ein paar Bonus-Touren, von den üblichen Überraschungen ganz zu schweigen.

Am Abend kam von allen Bekannten tatsächlich nur Bernd. Wir saßen an einem der Bistrotische. Vor uns schaukelten ein paar Yachten im Wasser, das sanft an die Kaimauer plätscherte, die Sonne ging farbenprächtig unter. So hat man es gerne, solche Bilder postet man gerne bei Facebook. Bernd brachte *Blanc de Noire* mit, einen Saale-Unstrut-Wein mit reichlich Restsäure.

Bernd Hettlage, geborener Karlsruher, ging Ende der 90er-Jahre nach Berlin, um dort als Schriftsteller sein Glück zu suchen. Er tat es vielen Kollegen gleich, die sich seitdem gegenseitig auf die Füße treten. Will ich im »Ländle« einen Lyriker-Kollegen treffen, bin ich mindestens eine Stunde mit dem Zug unterwegs, in Berlin brauche ich nur über die Straße gehen, schon habe ich gute Chancen, von einem Kollegen überfahren zu werden. Damals hatte Bernd nur einen sehr unterhaltsamen Erzählband auf dem Markt. Schon der Titel »Wie ich Butterkönig wurde«, lässt die Komik der Geschichten erahnen. Im Lauf der nächsten Jahrzehnte folgten zwei Romane, die ich ebenfalls sehr schätze. Bernd schlug sich als Theaterbeleuchter durch, er baute Tennisplätze, betrieb viele Jahre lang einen Stand auf dem Karlsruher Weihnachtsmarkt, schrieb in Magazinen und Zeitungen über Architektur und Immobilien. Dann kam einer der seltensten Jobs hinzu, die man als Autor überhaupt ergattern kann, ein Traumjob, wie Bernd findet. Er ist nämlich Filmbeschreiber.

Der Beruf existiert erst seit zwanzig Jahren und gibt Blinden die Chance, sich Filme »anzusehen«. Blinde hören zwar Dialoge und Geräusche, bekommen die optische Dimension aber nicht mit. Ein Filmbeschreiber nutzt die Dialogpausen im Film und kommentiert – unter Beachtung der Geräusche – in diesen Lücken präzise, was er sieht. Man kann allerdings nicht schreiben ›das Zimmer sieht chaotisch aus‹. Stattdessen muss es heißen: ›Auf dem Boden liegen leere Bierbüchsen, ein Aschenbecher quillt über.‹ Für einen Romanautor ist das eine gute Schule in Sachen Präzision. Bernds Texte werden von Profisprechern »eingelesen«, nachdem er sie mit Blinden »getestet« hat. Im Kopf des

Blinden muss ein Film ablaufen, wie beim Lesen eines Romans. Der alte Witz, wie man einen Blinden ärgern kann, nämlich indem man ihm eine Kinokarte schenkt, zieht also nicht mehr. Im Moment beschreibt Bernd die Montagsfilme des ZDF oder Arztserien wie »In aller Freundschaft« und »Bettys Diagnose«. Einfache Diagnosen wie eine Bänderzerrung oder eine Depression könnte Bernd nicht stellen, dafür kennt er nun eine Menge seltener und abseitiger Symptome, wie sie in den Serien vorkommen. Seine Frau und seine Kinder allerdings verschont er mit Diagnosen Marke Eigenbau.

ETAPPE 12

STARTPUNKT:	Woldegk (Wanderparkplatz)
WEGPUNKTE FÜRS NAVI:	Warnitz, Berlin-Müggelheim (Ludwigshöheweg)
FAHRTSTRECKE GESAMT:	Woldegk (Wanderparkplatz) – Berlin-Müggelheim: 174 Kilometer
HÖCHSTER NATÜRLICHER BERG IN BERLIN:	Großer Müggelberg, 115 Meter. Barrierefrei nicht zu erreichen.
MINIMALER AUFWAND:	Spaziergang von Berlin-Müggelheim aus.
FÜR FORTGESCHRITTENE:	Fortgeschrittene sammeln die Berliner Hunderter: Arkenberge (121 m), Teufelsberg (120 m), Ahrensfelder Berge (115 m), Schäferberg (103 m, der zweithöchste natürliche) und Kienberg (102 m). Siehe »Bergführer Berlin« von Wilfried Griebel, Markus Gerold, Heidje Beutel.
WEITERE BESONDERHEITEN DES GROSSEN MÜGGELBERGS:	Kleiner Müggelberg (88 m). Mit Zufahrt von Berlin-Köpenik aus. Aussichtsturm mit Prachtsicht über Berlin und Umgebung.

SUMMIT 13

KUTSCHENBERG
(201 M, BRANDENBURG)
VERWIRRUNG IM GRÖSSTEN NEUEN LAND

Der Kutschenberg ist der jüngste Summit der deutschen Geschichte. Die Brandenburger hatten es nämlich nicht einfach, ihren höchsten Gipfel zu küren. Bei unserer Besteigung war der Brandenburger Summit erst 17 Jahre alt. Bis zum Jahr 2000 galt nämlich der Hagelberg mit seinen 200,2 Metern als höchster Berg des Bundeslandes. Er befindet sich im Hohen Fläming im Westen des Landes, trägt ein Gipfelkreuz und Gipfelbuch. Spitzfindige werden sagen, der Hagelberg sei der höchste Berg, der sich *vollständig* auf dem Territorium des Landes befindet, von der Sohle bis zum Scheitel. Andere Korinthensucher behaupten: Der höchste topografische Punkt Brandenburgs ist ganz im Süden mit 201,4 Meter die Heidehöhe. Ihr Gipfel namens Heideberg allerdings ist ein künstlich aufgeschütteter, fünf Meter hoher Hügel, der hinter diesem Punkt 201,4 jenseits der Grenze im Bundesland Sachsen aufragt. Vierzig Zentimeter niedriger ist unser Kutschenberg, ebenfalls ganz in der Nähe der sächsischen Grenze, aber: Der höchste Punkt befindet sich eindeutig in Brandenburg, Sachsen ist fünf Meter entfernt und liegt ein paar Zentimeter tiefer. Der Kutschenberg ist also der jüngste Summit, und er war unser heißester.

Der Tag begann früh, um halb sieben konnten wir beide nicht mehr schlafen. In der Nacht hatte es kaum abgekühlt, Bernd war um halb elf gegangen, er musste ja noch durch halb Berlin, um wieder nach Hau-

Weltbeste Aussicht auf Berlin vom Aussichtsturm auf dem Kleinen Müggelberg

se zu kommen. Wir haben genüsslich gefrühstückt, waren entspannt und erholt, schließlich war nun sicher, dass wir alle Summits schafften. Unser »Bergführer Berlin« empfahl uns den Müggelbergturm auf dem 88 Meter hohen Kleinen Müggelberg. Er sollte der zweitniedrigste Berg meiner Karriere werden. Mein niedrigster erhebt sich auf dem unbewohnten Kanareninselchen Lobos, der Atalaya del Faro mit 51 Metern. Viel kleiner geht wirklich nicht mehr! Auf dem Müggelbergturm genieße man die schönste Aussicht auf Berlin, lasen wir. Der zweitniedrigste Berg war immer noch zu hoch für mich, denn meine Leistenschmerzen waren so heftig wie schon lange nicht mehr. Berlin selbst liegt 35 bis 38 Meter über dem Meer, die Straße führt bis zum Gipfel. Manchmal sollte man etwas dreister sein, denn die letzten steilen Meter bis ganz oben sind nur für Anlieger frei. Wir hatten zwar ein Anliegen, parkten aber dennoch brav auf dem Besucherparkplatz. Ich schlich also erneut. Diesmal trippelte ich auf den Kleinen Müggelberg – eine Großbaustelle! Wir fühlten uns gleich heimisch, denn in Karlsruhe wird ja seit Jahren gebuddelt, die Stadt soll die tatsächlich kleinste U-Bahn der Welt bekommen. Für mehr als eine stramme Milliarde.

Der frühe Vogel musste warten, denn der Aussichtsturm öffnete erst um 10 Uhr. Als es dann endlich so weit war, kamen Anja und ich aus dem Staunen nicht raus. Das Gipfelpanorama ist kaum zu überbieten und nur mit dem Hochschwarzwald vergleichbar, wenn überhaupt. Wir blickten über Hügel (die Müggelberge) und Wälder. Unter uns lag nicht der Rhein, aber die Dahme, nicht der Schluchsee, aber der Müggelsee. In der Ferne leuchteten nicht Eiger, Mönch und Jungfrau, sondern der Teufelsberg und das Regierungsviertel, inklusive Reichstag und Kanzleramt samt dem Fernsehturm, dessen Turmspitze sich auf 368 Metern Höhe befindet. Sogar die Tropical Islands im Spreewald erblickten wir mit dem Feldstecher – das gibt es nur in Berlin! Würde übrigens alles Eis dieser Erde abschmelzen, also Gletscher und Polkappen, blieben von Berlin noch ein paar Inseln übrig, der Meeresspiegel stiege dann um 66 Meter. Wir standen also auf dem Müggelbergturm auf sicheren 118 Metern und genossen mit dem Fernglas eine Rundsicht wie nie zuvor. Wir blickten auf das Zentrum der Macht, und zwar herab. Herab ging es für mich dann mit dem Mobil. Ich war Anlieger, mein Anliegen war, halbwegs schmerzfrei vom Müggelberg zu kommen, weshalb Anja mich mit Fury abholte und mir den Fußweg zum Parkplatz ersparte.

Auf der Straße nach Süden, zum Kutschenberg, wollten wir noch Schloss Altdöbern besuchen, das ebenfalls mit vielen Millionen Euro saniert wurde und eines der schönsten Schlösser des Ostens sein soll. »Wir müssen unsere Reise nicht mit Sehenswürdigkeiten pflastern«, meinte Anja angesichts meiner Schmerzen und der Hitze. »Lieber eine schöne Mittagspause mit Schläfchen, wir haben Urlaub.« Also fuhren wir vorbei an Ortschaften wie Ziegenhals bei Königs Wusterhausen oder Ottendorf-Okrilla, auch Siehdichum und Müllrose waren in der Nähe, wir ignorierten den Spreewald samt Scharmützelsee, wir fuhren vorbei an riesigen Sonnenblumenfeldern, wir vergaßen den Naturpark »Niederlausitzer Heidelandschaft« und sahen zweisprachige Ortsschilder auf Deutsch und auf Sorbisch. Über die Sorben und deren Kultur wussten wir rein gar nichts, stellten wir fest.

SORBEN

Über viele Jahrhunderte hinweg litten die Sorben als Minderheit unter Diskriminierungen. Vor mehr als tausend Jahren kamen sorbische Siedler im Zuge der Völkerwanderung in die Gebiete der Lausitz. Das Siedlungsgebiet wuchs bis zur Größe der ehemaligen DDR an. Noch vor hundert Jahren wurde in vielen Dörfern Sachsens und Brandenburgs ausschließlich sorbisch gesprochen. Die Nazis verboten die Sprache, schlossen Schulen und Institutionen, die Sorben sollten »germanisiert« werden. Viel besser wurde es zu Zeiten der DDR nicht. Zwar wurde die Volksgruppe als Minderheit anerkannt, musste sich aber dem Regime unterordnen. Heute drohen ganz andere Gefahren: Der Tagebau, der Strukturwandel und die damit verbundene Arbeitslosigkeit. Viele junge Sorben sind in den Westen abgewandert. Die Sprache und damit die sehr eigene, katholisch geprägte Kultur droht jedoch nicht auszusterben, denn viele junge Sorben haben in ihrer neuen Heimat sorbische Kulturvereine gegründet und pflegen ihre Traditionen. In den sorbischen Gebieten werden noch Gottesdienste allein in der heimatlichen Sprache abgehalten. Auch sind die Orts- und Straßenschilder dort zweisprachig, als Hauptstadt der Sorben gilt Bautzen. Zählungen von ethnischen Minderheiten gibt es in der Bundesrepublik nicht, es leben aber noch geschätzt 60.000 Sorben in ihrer Heimat. Politisch vertreten werden die Sorben, auch »Wenden« genannt, von dem Verein »Domowina« (sorbisch für »Heimat«). Viele Sorben kämpfen für einen »Sejm«, ein eigenes Parlament, das ihre Interessen gegenüber den Landesregierungen durchsetzt, wie es bei vielen Minderheiten in Europa der Fall ist. In Schleswig-Holstein etwa vertritt der Südschleswigsche Wählerverband die Interessen der dänischen Minderheit, die allerdings deutlich größer ist als der Anteil der Sorben an der Bevölkerung hier. Sorbische Abgeordnete setzen sich heute für deren Interessen ein, prominentester Sorbe ist Stanislaw Tillich, Sachsens ehemaliger Ministerpräsident. Aktuell werden die Sorben, ihre Dörfer und ihre Kultur vom Braunkoh-

Nur nach Rücksprache zu besichtigen: Wasserschloss Großkmehlen

letagebau bedroht. »Gott hat die Lausitz geschaffen, aber der Teufel die Kohle darunter« ist ein Sprichwort der Region. Die Ungetüme der Bagger haben die Landschaft in den vergangenen hundert Jahren drastisch verändert, um nicht zu sagen, zerstört. Bislang wurden 130 meist sorbische Dörfer und 27.000 Menschen zwangsumgesiedelt, fünf weitere Gemeinden sind gefährdet. Die sächsische CDU will den Abbau der Braunkohle trotz aller umwelt- und klimapolitischen Bedenken weiter fördern.

Es wurde heißer und heißer, zum Glück funktionierte die Klimaanlage. Jedes Mal, wenn wir ausstiegen, schlug uns die Hitze regelrecht ins Gesicht. Gegen Mittag erreichten wir den äußersten Süden Brandenburgs. Großkmehlen heißt der Talort des Kutschenbergs. Doch dort fanden wir kein schattiges Plätzchen für Fury, die Sonne brannte unerbittlich. Wir fuhren weiter. High-Noon-Stimmung machte sich im menschenleeren Ort Großthiemig breit. Die Bewohner harrten in den kühlen Häusern aus und warteten auf den Abend. An einem Bach, der das Dorf teilt und von einer Lindenallee gesäumt wird, fanden wir einen Schattenplatz. Großthiemig hatte nach dem Krieg über 1.700 Einwohner, heute sind es noch wenig mehr als 1.000. Außer einer gotischen Dorfkirche und der kleinen Allee hat die Gemeinde nicht viel zu bieten. Leere allenthalben. Nicht ein Vogel zwitscherte bei der Hitze. Wir erhitzten uns eine Linsensuppe im Mobil, Anja kühlte sich im Bachlauf die Beine, ich döste auf dem Beifahrersitz vor mich hin, ein Bein streckte ich dabei aus dem offenen Fenster. Richtig schlafen konnte ich nicht. Ich verließ Fury, Anja hatte ein paar Kiesel aus dem Bach gesammelt und betrachtete sie, bevor sie die Steine wieder zurück warf. Am Straßenrand studierte ich die Wanderkarte der nahen Grödener Berge, wo sich der Heideberg befindet mit dem höchsten topografischen Punkt Brandenburgs und einem Aussichtsturm, von dem aus man bei guter Sicht sogar das Völkerschlachtdenkmal in Leipzig erkennen kann. Nein, den konnten wir nicht noch »mitnehmen«, dazu hätte ich eine größere Strecke zu Fuß gehen müssen, mindestens vier Kilometer ein Weg. Übrigens sollte man Gröden/Brandenburg nicht mit Gröden in den Dolomiten verwechseln, auch wenn es hier ein Skigebiet samt Skilift und Skihütte gibt.

Eine ganze Weile beobachtete ich aus dem Wohnmobil heraus einen Rollstuhlfahrer, der zwei-, dreimal an Fury vorbeirollte und uns neugierig, aber anscheinend etwas schüchtern musterte. Wir saßen noch bei der Suppe, als er doch an unsere Seitentür gerollt kam. Ob wir direkt aus Karlsruhe seien? Er habe in Weingarten eine Freundin und seine Ärzte seien in Karlsruhe. Ihm seien beide Beine amputiert worden, weil eine Borreliose-Infektion zu spät erkannt wurde. Er fahre die 600 Kilometer regelmäßig. Wir tauschten Erfahrungen über die Karlsruher Orthopäden aus und palaverten über ein paar Plätze in der Innenstadt, die er kannte. Er komme nicht weg aus Großthiemig. Eine barrierefreie und bezahlbare Wohnung in Karlsruhe oder Umgebung zu finden, sei unmöglich. Und seine Freundin habe in Karlsruhe Arbeit. Umgekehrt wollte sie nicht in die tiefste Provinz umziehen.

Auf dem Weg von Großthiemig nach Großkmehlen krachte es. Wir blieben mit dem Außenspiegel der Beifahrerseite am Außenspiegel eines Lieferwagens hängen, der den Bürgersteig fast komplett in

Wahrlich nicht schwer zu bezwingen: der Kutschenberg (201 m)

Beschlag genommen hatte. Von seinem Außenspiegel abgesehen, der in unsere Spur ragte. Fury musste einem entgegenkommenden PKW ausweichen, der auf der Landstraße viel zu schnell fuhr. Anja fluchte, ich blieb gelassen, denn wir hatten eine Vollkaskoversicherung abgeschlossen mit 250 Euro Selbstbeteiligung. Diese hatte ich schon vor der Reise abgeschrieben. »Einen Spiegel erwischt es fast immer«, hatte man uns bei der Vermietung Furys prophezeit. Noch gelassener wurde ich, als ich den Spiegel von der Straße auflas. Er hatte zwei Sprünge und ließ sich einfach wieder einsetzen. Ein Plastikauto hatte auch seine Vorteile. Wir machten den Eigentümer des Lieferwagens ausfindig, ein Handwerker, der sofort gestand, dass er verkehrswidrig geparkt habe und wohl Schuld sei. Wir schrieben einen Unfallbericht, er quittierte, dass sein Wagen keinen Schaden genommen hatte. Die Kommunikation war etwas schwierig, da er außer seinem sächsischen Dialekt noch einen weiteren Sprachfehler hatte. Der arme Kerl konnte kein »s« fprechen und ftief mit der Funge an. Den vielen Schrammen und Dellen feinef – Verzeihung: *seines* Wagens zufolge nahm er es auch sonst mit korrektem Verhalten im Straßenverkehr nicht sehr ernst.

Anja grummelte. »Lass dir von dem Spiegel bloß nicht die Laune verderben«, sagte ich bei der Weiterfahrt Richtung Summit Nummer 13.

Inzwischen hatten wir in unser Besichtigungsprogramm ganz spontan noch das Wasserschloss Großkmehlen aufgenommen. Großkmehlen hat rund tausend Einwohner und ist eine Gemeinde im Amt Ortrand im Kreis Oberspreewald-Lausitz. Neben dem Kutschenberg (der eigentlich zu Kleinkmehlen gehört, was wiederum Teil von Großkmehlen ist) sowie dem Wasserschloss hat Großkmehlen eine weitere Attraktion, nämlich die Sankt-Georgs-Kirche mit einer Silbermann-Orgel aus dem Jahr 1718. »Verblüffend, wo es überall Sehenswürdigkeiten gibt«, sagte ich zu Anja. Wir parkten gegenüber der Kirche. Es war keine Wolke am Himmel, im Schloss hofften wir auf Abkühlung. Doch die blieb aus, denn darin sind Büros und Ateliers untergebracht, es war also nicht zu besichtigen. Der Graben um das Schloss tat auch noch, was er schon immer tun sollte, nämlich das Gebäude zu schützen: Darin plantschen und die Füße reinhängen jedenfalls ging nicht. Wir bummelten durch den Schlosspark und vergaßen vor lauter Hitze, die Sankt-Georgs-Kirche zu besuchen. Dabei wäre es in der Kirche sicher kühler gewesen, die Hitze blockierte das Denken. Dafür befanden wir uns wieder auf einer Touristenstraße, der »Fürstenstraße der Wettiner«, woraus wir schlossen, dass hier das entsprechende Adelsgeschlecht residierte.

Zugegeben, nach Furys Unfall war die Luft raus, es war zu heiß, wir waren entnervt. »Ab auf den Berg und dann Feierabend!«, sagte ich zu Anja. Wir fuhren also zwei, drei Kilometer weiter. Mittlerweile hatte ich mich so gut mit Navine angefreundet, dass sie uns bis fast auf den Gipfel lotste. Im Netz hatte ich auf der Website der Gemeinde Großkmehlen eine »Rundwanderung Kutschenberg« gefunden. Ausgangspunkt sei der »Oberweg« in Kleinkmehlen. Weiter gehe es entlang einer Parkanlage zu einer Autocross-Strecke und einer Wochenendsiedlung, also die üblichen mehr oder weniger feudalen Freizeitbungalows. Bis dorthin sollte eine Straße führen, vermuteten wir. Tatsächlich fuhren wir mit Fury bis zum Ende der holprigen Straße. 160 Meter zeigte mein Höhenmesser an, 52 hatte Fury seit Großkmehlen schon bewältigt, 40 hatten wir noch vor

Alles wird vermessen – auch der höchste Brandenburger

uns, insgesamt 0,3 Kilometer Strecke, wie ein Wanderschild verkündete. Die letzten 40 Meter waren wie bei fast allen Summits recht steil. Wasserblasen holten wir uns auch hier nicht. Übrigens haben Wasserblasen und der männliche Orgasmus etwas gemeinsam. Wenn man sie richtig behandelt! Man nehme eine Stecknadel und desinfiziere sie mit Alkohol. Dann drücke man auf die Blase, übe mit einem Finger maximalen Druck aus. Nun pikse man die Blase beherzt an. Die Flüssigkeit schießt nun heraus, mit etwas Glück trifft man die Decke! Wahrhaft orgiastisch! Wer auf Nummer sicher gehen will, dass er die Wunde beim pedalen Orgasmus nicht verunreinigt, steche erst am Morgen nach dem Zuziehen der Blase zu, desinfiziere sie nach dem Akt und klebe sie mit einem Pflaster ab. Die Haut der Blase wirkt selbst als natürliches Pflaster und man kann schmerz- und sorgenfrei weiterwandern.

Mein Deutschlandbild musste ich nun endlich revidieren. Ich war der Ansicht gewesen, dass es nördlich der Mittelgebirge nur winzige Erhöhungen im Relief gibt, weil die Gletscher alles glatt geschliffen hatten. Dabei hätte ich es besser wissen müssen: Die Moränenlandschaft im Allgäu besteht aus vielen, teils markanten Hügeln. Zum ersten Mal seit dem Teutoburger Wald hatten wir die 200-Meter-Marke wieder überschritten und näherten uns der Höhe des Karlsruher Hausberges, des 256 Meter hohen Turmbergs, dem nordwestlichsten Außenposten des Schwarzwalds. Es war drückend schwül geworden. Auf dem höchsten Punkt haben die Touristiker (falls es hier welche gibt) eine schlanke Steinstele errichtet mit der Aufschrift »Kutschenberg, 201 m ü. NN.« Hier machten wir die üblichen Beweisfotos und drehten ein Filmchen. Gipfelglück wollte nicht so recht aufkommen, denn zur Hitze gesellte sich im Lauf des Nachmittags eine drückende Schwüle. Der Wald verhinderte wie so oft eine prächtige Aussicht. Ein Gipfelküsschen, dann ging es steil bergab. In der Ferne sahen wir wieder richtige Berge, die Granit-Kuppen des Lausitzer Berglandes. Keiner der gängigen Wanderbücher übrigens hat diese Gegend im Süden Brandenburgs aufgenommen, auch die Grödener Berge: Fehlanzeige! Hier findet man Bergeinsamkeit pur.

Knapp 30 Kilometer fuhren wir noch, um bei Tauscha in Sachsen einen Parkplatz mitten im Wald zu ergattern. Wir waren einsam und allein zusammen mit Millionen von Schnaken. Abendessen, dazu Sekt und anschließend einen Chianti Classico – alles im Wohnmobil hinter herabgezogenem Fliegengitter. Schnakenstiche bekamen wir dennoch, denn nicht jedes Tröpfchen Flüssigkeit konnten wir herausschwitzen.

ETAPPE 13

STARTPUNKT:	Berlin-Müggelheim
WEGPUNKTE FÜRS NAVI:	Kleinkmehlen (Oberweg)
FAHRTSTRECKE GESAMT:	Berlin-Müggelheim – Kleinkmehlen: 194 Kilometer
HÖCHSTER BERG IN BRANDENBURG:	Kutschenberg, 201 Meter. Barrierefrei nicht zu erreichen.
MINIMALER AUFWAND:	Spaziergang von Kleinkmehlen (Parkplatz Autocross-Strecke) aus.
FÜR FORTGESCHRITTENE:	Rundwanderweg Kutschenberg. Wegbeschreibung auf der Website: http://www.grosskmehlen.de (PDF). Suchmaschinenstichworte: »Rundwanderweg Kutschenberg«.
WEITERE BESONDERHEITEN DES KUTSCHENBERGES:	Gipfelsammler besteigen noch den höchsten topografischen Punkt Brandenburgs, die Heidehöhe in den Grödener Bergen samt dem Aussichtsturm auf dem Heideberg im Nachbarbundesland Sachsen. Suchmaschinenstichworte: »Gröden, Aussichtsturm, Sachsen«.

*Ausflug nach Tschechien:
ein klobiger Sendeturm auf dem Keilberg*

SUMMIT 14
FICHTELBERG (1.214 M, SACHSEN)
WILLKOMMEN IN TSCHECHIEN!

Auf unserem Waldparkplatz bei Tauscha in Sachsen war es an diesem Morgen verdächtig ruhig. Nicht, dass ich Autolärm vermisst hätte. Dies war jedoch der erste Morgen ohne Singvögel! Am 20. Juli waren die Tage also schon so viel kürzer, dass Amsel, Drossel, Fink und Meise und die ganze Vogelschar den Gesang eingestellt hatten.

Wir hörten den Wetterbericht für die nächsten Tage. Zunehmend schlechter sollte es werden, für die Zugspitze und den Feldberg sah es ganz übel aus. Welch' einen wechselhaften Sommer hatten wir erwischt! Zu Hause, in Baden-Württemberg, waren heftige Gewitter niedergegangen, die Schäden waren immens. Für heute waren ab der Mittagszeit Gewitter vorhergesagt, vor allem in den Mittelgebirgen. »Bei solchen Wetterlagen muss man spätestens um 11 Uhr am Gipfel sein«, sagte ich, »spätestens. Und was für die Alpen gilt, gilt auch hier.« »Dresden willst du auslassen?«, wollte Anja wissen. Wir waren beide noch nie in Dresden, im Osten kannte ich neben Berlin nur Halle und Leipzig – beide Städte besuchte ich einige Jahre nach der Wende. Andererseits: Wir konnten mit Fury auch beim stärksten Gewitter auf den Fichtelberg fahren, also am Vormittag einen Dresden-Trip unternehmen. Wobei ich nicht mehr in Erinnerung hatte, ob wir ein Stück mit einer Seilbahn fahren mussten – ich hatte mir über jene Summits, die man mit dem Auto oder der Seilbahn erreicht, keine näheren Informationen ausgedruckt und mitgenommen. »In Lübeck war es kein Problem, einen Stellplatz zu finden«, sagte ich, »Dresden können wir wagen.« Wir wollten unsere Entscheidung von der Wetterentwicklung abhängig machen. Noch waren keine typischen »Gewittermarker« am Himmel zu sehen, etwa Stratocumuli castellanus. Wie der Name schon sagt, sehen sie aus wie kleine Burgzinnen. Stehen diese am frühen Vormittag am Himmel, muss man bereits ab Mittag mit Gewittern rechnen.

Unsere Strategie stand fest: Auf dem schnellsten Weg, sprich auf der Autobahn, Richtung Dresden, dann entscheiden, ob wir die Stadt ansteuern und den höchsten Berg der vergangenen DDR am Nachmittag »einsammeln«, den Fichtelberg, Summit Nummer 14. Als wir unseren Frühstücksplatz im Wald verlassen hatten und ein paar Kilometer weiter blicken konnten, war klar erkennbar: Im Süden quollen bereits die berühmten Kachelmann'schen Blumenkohlwolken in den Himmel, und das bedeutete: In den Mittelgebirgen, im Erzgebirge, drohten bald Gewitter. »Meine Sehnen werden dankbar sein«, schloss ich unsere Diskussion über Dresden ab.

Kurz darauf begegnete uns eine »Wilde Sau«. Das war keinesfalls ein durchgeknallter Porsche-Fahrer, sondern ein Nebenfluss der Elbe, die wir auf einer Brücke überquerten. Die schrägen Dorfnamen auf unserer Tour sind übrigens gar nichts gegen manchen Berg in den Alpen: Kuhhaut, Waschgang, Rammelstein oder Sackpfeife sind ja noch harmlos. Es gibt tatsächlich Gipfel mit Namen wie Scheißtalkopf, Pederfick oder Fotzenkarstange. Am Rand der Autobahn entdeckten wir ein Verteilzentrum von Edeka, das größer ist als manches Dorf in der Uckermark, allein das »E«-Logo hat die Größe eines Einfamilienhauses. Eher abschreckend dagegen ist das braune Autobahnschild, mit dem Chemnitz auf sich aufmerksam macht: »Stadt der Moderne.« Da sieht man doch förmlich die Plattenbauten vor sich. Die Autobahn verließen wir bei Stollberg, wir hatten nun unseren dritthöchsten und drittletzten Summit vor uns. »Die Zeit ist viel schneller vergangen als sonst«, stellte Anja fest. »Klar, normalerweise sind wir entschleunigt unterwegs, zu Fuß. Dieses Mal beschleunigt. Wir haben ständig Input, Input, Input«, interpretierte ich. Mir ging es genauso, die Zeit raste wie nie zuvor. Und das hatte nichts mit unserem fortgeschrittenen Alter zu tun, sondern mit der Art des Reisens.

Von den großen Mittelgebirgen der Republik wusste ich über das Erzgebirge am wenigsten. Nicht einmal, welches der höchste Gipfel ist! Mit einer Fläche von 5.300 Quadratkilometern reicht es zwar nicht an den Schwarzwald heran (6.000 qkm), übertrifft aber die des Harzes (2.200 qkm) oder des Bayerischen Waldes (5.000 qkm) mehr oder weniger deutlich. Wäre das Erzgebirge kein Grenzgebirge, wäre es Deutschlands flächenmäßig zweitgrößtes Gebirge. So aber führt die deutsch-tschechische Grenze durch die höchsten Lagen des Mittelgebirges, wie die badisch-württembergische Grenze im Schwarzwald.

Dass es im Erzgebirge reichlich volkstümliche Kunst gibt, war an mir nicht ganz vorbeigegangen. Sehr merkwürdig fand ich die seltsamen Bögen, die an fast jedem zweiten Haus angebracht waren. »Doch, die kenne ich«, sagte Anja. Der Begriff lag ihr auf der Zunge, wo er auch für den Rest des Tages blieb. Auch die »Crottendorfer Räucherkerzen« waren mir unbekannt. Wir fuhren am »Räucherkerzenmuseum« vorbei. Anja versuchte mir zu erklären, dass sie eine Art Räucherstäbchen in Pyramidenform seien. Ich konnte mir darunter noch weniger vorstellen. Sie hätte vielleicht dazu sagen sollen, dass es ziemlich winzige Pyramiden, eigentlich Kegel sind. »Wir können ja auf dem Rückweg ins Museum gehen«, sagte Anja, »es ist ja noch sehr früh.«

VOLKSKUNST AUS DEM ERZGEBIRGE

Sachsen bzw. das Erzgebirge wirbt gelegentlich damit, »Weihnachtsland« zu sein. Räuchermännchen, Nussknacker, Reiterlein, Engelorchester, Spanschachtelfiguren, diverse Leuchter wie Weihnachtspyramiden und Schwibbögen – bei vielen deutschen Familien hält zur Adventzeit die Volkskunst aus dem Erzgebirge Einzug. Im Erzgebirge selbst zeugen diverse Museen von dieser Kultur, etwa die Sammlung Erika Pohl-Ströher in Annaberg-Buchholz mit mehr als 1.000 Objekten aus vier Jahrhunderten oder das »Erste Nussknackermuseum« in Neuhausen mit über 5.000 Exponaten. Verkaufsläden und Werkstätten fallen dem aufmerksamen Touristen fast in jedem Ort der Region auf.

Vor noch hundert Jahren außerhalb des Erzgebirges wenig bekannt, galt die »Hausindustrie« neben dem Bergbau als Haupterwerbsquelle, und zwar bereits seit dem späten Mittelalter. Der Bergbau geriet immer wieder in Krisen, und so konnten vor allem Frauen und Kinder mit Bortenwirkerei oder Spitzenklöppelei ihre Familien über Wasser halten. Im mittleren und westlichen Erzgebirge wurde diese Volkskunst gar ab dem 17. Jahrhundert zur wichtigsten Einkommensquelle. Die Bergmänner schnitzten dafür während des Feierabends oder Arbeitslosigkeit, insbesondere im 18. Jahrhundert. Um 1650 taucht erstmals der lichttragende Bergmann als Figur auf. Bergmann und Engel wurden zu den bekanntesten Weihnachtsfiguren aus dem Erzgebirge. Sogenannte »Verleger«, meist aus Nürnberg, kauften den Bergleuten ihre Schnitzkunst für wenig Geld ab und verkauften sie teuer, etwa bei der Leipziger Messe. Die häusliche Herstellung von Holzspielzeug dominierte vor allem im Osterzgebirge. Bis heute gelten Seiffen, Olbernhau und Waldkirchen/Grünhain als Zentren. Die »Verleger« reisten damals mit Musterbüchern durchs Land, die heute wertvolle Quellen für die Forschung sind. Bald entstanden auch Fachgewerbeschulen, 1853 etwa in Seiffen, 1874 in Grünheide. Etwa 2.000 Beschäftigte in 60 Betrieben sind heute noch als »Männelmacher« tätig und erwirtschaften einen Umsatz von etwa 50 Millionen Euro. Die Weihnachtsfiguren, Krippen etc. zeugen von einer tiefen Gläubigkeit. Eine Besonderheit sind die »Schwibbögen«, die anfangs noch aus Eisen gefertigt wurden, so auch der älteste erhaltene Bogen, der die Jahreszahl 1740 trägt. Ab 1900 dominieren Laubsägearbeiten. In der DDR war die Nachfrage nach Schwibbögen größer als das Angebot. Deshalb kursierten handkopierte Vorlagen für Laubsägearbeiten für die ganz private Fertigung.

Wir mussten, um auf den Fichtelberg zu gelangen, Deutschland verlassen. Unsere Deutschland-Rundfahrt war nicht perfekt! Sie hatte einen Makel! Ich hatte bei meiner Vorbereitung einen Fehler gemacht: Für etwa 500 Meter fuhren wir eine Schleife über tschechisches Gebiet,

Ganz oben in Sachsen: die Fichtelberg-Wetterwarte

bevor wir auf die Zielgerade bogen! Wir hätten die Seilbahn von Oberwiesenthal nehmen müssen, um das Staatsgebiet nicht zu verlassen. Nun gut, wir leben in Europa, Tschechien gehört zur EU. Wir konnten damit leben.

Den zweiten von drei Tausendern (nach dem Brocken und vor dem Feldberg) bestiegen wir zu Fuß. Naja, wir stellten Fury etwas unterhalb des Gipfels ab, rund 300 Meter. Die Straße verlief relativ flach, meine Schmerzen hielten sich in Grenzen. Auf dem Gipfelplateau: eine Wetterwarte, das historische Fichtelberghaus, die Bergstation der Schwebebahn und ein Messpunkt der »Königlich-Sächsischen Triangulirung«. Er ist Teil eines Vermessungsnetzes vom Ende des 19. Jahrhunderts und war damals eines der engmaschigsten und fortschrittlichsten in Europa. 158 Stationen hatten die damaligen sächsischen Landvermesser aufgestellt. Abklatschen, Foto und Filmaufnahmen, Gipfelküsschen: Summit Nummer 14 war erreicht, blieben nur noch zwei – leider. Im heimatlichen Schwarzwald und in den (fast) heimatlichen Alpen.

Schwibbogen im Fichtelberghaus

Einmal umrundeten wir das Gipfelplateau. Ich wieder etwas wehmütig oder – weniger selbstmitleidig ausgedrückt – frustriert. Tja, so lernt man, Geduld zu haben! Unter günstigen Bedingungen blickt man vom Fichtelberg bis zum Großen Arber, an wenigen Tagen sogar bis zur Schneekoppe in etwa 150 Kilometer Entfernung. Doch dafür waren wir zur falschen Jahreszeit hier. Es war diesig, mit etwas Fantasie und dem Fernglas erkannten wir in der Ferne ein paar Kuppen des Bayerischen Waldes. Außerdem stand der benachbarte Keilberg im Weg, er versperrte die Aussicht Richtung Tschechien. Die größte Fernsicht in Deutschland hat man übrigens vom höchsten Berg der Schwäbischen Alb, dem Lemberg (1.015 m). Von seinem Aussichtsturm kann man vor allem im Winter bis zum Montblanc in 295 Kilometern Entfernung blicken. Die Fernsicht wurde mehrfach fotografisch dokumentiert. Erst seit es sehr gute Digitalkameras gibt, lassen sich extreme Fernsichten aufnehmen. Der Rekord liegt zurzeit bei 440 Kilometern. Der Fotograf Mark Bret fotografierte im Juli 2016 von einem Pyrenäengipfel kurz vor Sonnenaufgang die Barre des Écrins (4.102 m) bei Grenoble. Er hat sich

Friedensglocke und Fichtelberghaus

auf extreme Teleaufnahmen spezialisiert und fotografierte etwa Mallorca vom spanischen Festland aus (www.beyondhorizons.eu).

Wir speisten im Fichtelberghaus, und zwar Landestypisches: Rindergulasch mit Pilzen und Sauerkraut, dazu böhmische Knödel. Diese sahen aus wie zwei durchweichte Scheiben Weißbrot, schmecken allerdings recht lecker, waren sehr feinporig und überraschend fest. Sie erinnerten an Serviettenknödel und werden mit Hefe sowie grob gemahlenem Weißmehl zubereitet. Im Fichtelberghaus sind zwei Restaurants untergebracht, eines wirbt damit, zu den zehn beliebtesten in Deutschland zu gehören. Wir entdeckten auch einen sehr schönen überdimensionalen »Schwibbogen«, wie der berühmte Lichterbogen aus dem Erzgebirge heißt und der vor allem als Weihnachtsdekoration dient.

Beim nächsten Spaziergang nach dem Essen entdeckten wir zweierlei: erstens die Friedensglocke, an der wir vor dem Mittagessen vorbeigegangen waren, als wäre dort Luft. Wir waren wohl arg hungrig. Die Glocke soll an die Deutsche Einheit erinnern und bis nach Tschechien zu hören sein. Ihr Klang soll auch die Vereinigung Europas anmahnen.

Die 1.600 Kilogramm schwere gusseiserne Glocke steht nun seit einigen Jahren dort und gibt bei Betätigung den Schlagton »d« wieder. Ein wenig Smalltalk mit einem Einheimischen führte zur zweiten Entdeckung. Der höchste Berg des Erzgebirges erhebt sich ein kleines Stück jenseits der Grenze, ist 1.244 Meter hoch und heißt tschechisch Klinovec oder deutsch Keilberg. Mit einer Schartenhöhe von 764 Metern und einer Dominanz von knapp 131 Kilometern ist er ein Kawenzmann für einen Mittelgebirgsberg. Zum Vergleich: Der riesige Eiger in der Schweiz hat eine Schartenhöhe von 362 Metern und dominiert die Gegend nur 2,2 Kilometer. Dann kommt ihm nämlich der höhere Mönch dazwischen. Auch den Keilberg könne man bis zum Gipfel befahren. Er sei innerhalb einer knappen Viertelstunde erreichbar. Wir waren auf Summit 14, hatten wohl gespeist und alles besichtigt, uns mit Prospektmaterial versorgt und sogar Zeit für einen tschechischen Bonusberg, den höchsten Berg des Erzgebirges! Er war ja nur einen Steinwurf entfernt.

Kurze Zeit später stiegen wir am höchsten Punkt des Keilberges aus dem Auto. Sein Gipfel ist mit einigen heruntergekommenen Zweckbauten verschandelt. Ein Hotelkomplex wechselte mehrfach den Besitzer und verfällt nun. Einzig der historische Aussichtsturm wurde wieder aufgebaut. Einer makellosen Rundsicht steht im Westen ein klobiger Fernsehturm im Wege. Die tschechische Seite des Erzgebirges ist ebenfalls ein Wintersportgebiet, doch gegen den nahen Fichtelberg mit seinem exquisiten touristischen Angebot haben die Tschechen keine Chance. Die Hotelruine steht wieder zum Verkauf. Immerhin ist der Berg vor einigen Jahren mit modernen Skiliften bestückt worden. Wir stiegen auf den Aussichtsturm. Bei guter Sicht hätten wir bis Prag blicken können. So fielen uns nur ein paar markante Kernkraftwerke und viele unbekannte Berge Tschechiens auf. Einen Euro bezahlten wir pro Person, allerdings stutzten wir kurz, weil uns die nette Dame in ihrem Kabuff fragte, in welcher Währung wir bezahlen wollten, in Kronen oder Euro. Kurios die Modalitäten: Die Dame verkauft Eintrittskarten. Das sind – im Gegensatz zu anderen touristischen Glanzlichtern – keine hübschen Hochglanzkarten, die man gerne als Souvenir mitnimmt. Es sind vielmehr labberige Thermopapierfetzen. Nach Erwerb dreht man sich um 180 Grad, hält den Wisch an einen Scanner und eine Drehtür gewährt Einlass. Etwas umständlich, den Wisch samt Scanner hätte man sich sparen können, indem man dem Kabuff einen Schalter verpasst hätte. Im Turm lernten wir, dass der nahe gelegene Ort Joachimsthal (Jáchymov) ein Kurort der besonderen Art ist, seit dort Anfang des 20. Jahrhunderts radonhaltige Quellen entdeckt wurden. Heute wirbt Joachimsthal mit dem ältesten Radiumsol-Heilbad der Welt. Gelernt hatten wir auch, woher der Name »Pechblende« kommt. Dieses Gestein tritt zusammen mit Silbererz auf. Wenn der Bergmann also statt Silbererz auf eine solche Ader traf, hatte er Pech. Heute kann man mit Pechblende mehr anfangen: Sie enthält Uran!

Es zog sich zu. Der Wetterdienst auf dem Fichtelberg hatte eine Viertagesprognose ausgehängt. Allerdings für Sachsen. Heute ab Mittag heftige Gewitter, morgen passables Wetter, dann zunehmende Neigung zu teils unwetterartigen Gewittern – über Großbritannien lag ein umfangreiches Tiefdruckgebiet. »Wenn schon Sauwetter auf der Zugspitze, dann aber bitte Schnee«, sagte ich zu Anja etwas frustriert.

Die nächste Station nach dem Keilberg war das »Crottendorfer Räucherkerzenmuseum«. Aber nur, weil wir davon wirklich noch nie etwas gehört hatten. Unter »Museum« hatte ich bisher etwas anderes verstanden, hier ist es der Verkaufsraum der entsprechenden Fabrik. Auf Wunsch wird die Herstellung erklärt. Wir hatten den Wunsch. Die Räucherkerzen sind eigentlich Räucherkegel. Begonnen hat deren Herstellung im Erzgebirge um die Mitte des 18. Jahrhunderts. Bis heute sind im Erzgebirge die drei Weltmarktführer ansässig: Crottendorfer, Huss und Bockauer. Zutaten wie beispielsweise Holzkohle, Sandelholz, Weihrauchharz, Rotbuchen- und Kartoffelmehl werden zunächst zu einem Teig zusammengerührt und in Form gebracht. Getrocknet sind die kleinen Kegel dann versandbereit. Die Crottendorfer Räucherkerzen werden in alle Welt verkauft, vor allem zu Weihnachten, selbst der Drogeriemarktführer in Deutschland hat sie dann im Programm. Sie sind in unzähligen Duftvariationen erhältlich, die durch

Alles so schön bunt hier: Crottendorfer Räucherkerzen

Beimischungen wie Tannenharz, Honig oder Zimt erzielt werden, und tragen Namen wie »Wintertraum«, »Kaminzauber«, »Erdbeer-Vanilla« oder »Sensual Magic«. Anja kaufte ein paar Päckchen als Mitbringsel und die Duftvariation »Sandelholz« für uns.

Weshalb ausgerechnet gedieh im Erzgebirge das weihnachtliche Brauchtum mit den Lichterbögen, den Räucherkerzen, den dazugehörigen Räuchermännchen und -häuschen? Mit Weihnachtspyramiden, Nussknackern oder den »Kurrenden« (das sind spezielle Chöre)? Hinweise gibt die weihnachtliche Bergmannsfigur oder die »Mettenschicht«, die letzte Schicht vor der Weihnachtsmesse, die im Erzgebirge zelebriert wird. Der Beruf des Bergmanns war hart und duster: Im Winter gingen sie unter Tage, wenn es noch dunkel war und kamen nach Hause, wenn es schon wieder dunkel war. Ihre Sehnsucht nach Licht, nach Sinnesreizen überhaupt, ist also leicht erklärbar. Wie mögen sie sich auch auf das traditionelle Weihnachtsessen gefreut haben, das den eindrücklichen Namen »Neunerlei« trägt.

Wir fuhren ein Stück weit zurück über Oberwiesenthal. Während draußen und über dem Fichtelberg ein Gewitter tobte, hielten wir ein Schläfchen, das Grummeln und Poltern störte uns nicht. Ausgeruht ging es weiter Richtung Bayern. Hier im Erzgebirge dominiert keine Landwirtschaft, keine Viehhaltung, weshalb sich keine entsprechende Bauweise wie etwa im Schwarzwald herausgebildet hat. Wir spekulierten, woran wir erkennen würden, dass wir in Bayern waren. Die Straßen werden in Sachsen mit einem »S« bezeichnet. Werden es in Bayern Bezeichnungen mit »B« oder »FB« für »Freistaat Bayern« sein? Werden schlagartig Kirchen mit Zwiebeltürmen auftauchen, keine verfallenden Häuser die Ortschaften prägen? Mehr Barock als Nachkriegszeit? Derweil fuhren wir durch weitere kräftige Gewitter und Ortschaften mit kuriosen Namen wie Oberpfannenstiel, Morgenröthe-Rautenkranz und Muldenhammer. Wir stellten den üblichen Antrag ans Universum auf einen großartigen Stellplatz im bayerischen Vogtland. Dem Antrag wurde stattgegeben. Gegen 18 Uhr landeten wir bei einem gediegenen Landgasthaus mit angeschlossenen Stellplätzen für Wohnmobile mit Blick ins Fichtelgebirge und in Wolkenberge. Wir checkten ein, und Anja freute sich auf ein ausgiebiges Frühstück am nächsten Morgen. Lange ging der Abend nicht mehr, der Tag war ausgefüllt gewesen. Nicht einmal großen Hunger hatten wir, zu üppig war das Mittagessen im Fichtelberghaus. Die Unterschiede zwischen Sachsen und Bayern bemerkten wir übrigens sehr schnell: Keine Stechmücken mehr, sondern dicke Brummer! Außerdem wird von einem Ort zum nächsten ein fränkischer Dialekt gesprochen und kein sächsischer. Der Übergang ist nicht schleichend wie etwa zwischen Schwaben und Bayern. Diese Variation von Dialekt klang richtig anheimelnd, kein Wunder, ist doch der Karlsruher Dialekt als fränkische Mundart einzuordnen.

Postscriptum: Zwar sind an der deutsch-tschechischen Grenze, an der Fichtelbergstraße bereits Hinweisschilder aufgestellt, die uns vermuten ließen, wir hätten Deutschland verlassen, doch die Grenzlinie ver-

läuft minimal südwestlich der Straße. Wir hatten also fälschlicherweise angenommen, die Bundesrepublik kurzzeitig verlassen zu haben. Zwanzig Meter fehlten jedoch! Die 16-Summits-Rundfahrt ist also komplett auf deutschem Boden absolvierbar!

ETAPPE 14

STARTPUNKT:	Kleinkmehlen
WEGPUNKTE FÜRS NAVI:	Crottendorf, Oberwiesenthal (Fichtelbergstraße)
FAHRTSTRECKE GESAMT:	Kleinkmehlen – Fichtelberg: 184 Kilometer
HÖCHSTER BERG IN SACHSEN, HÖCHSTER BERG DER EHEMALIGEN DDR:	Fichtelberg, 1.214 Meter. Barrierefrei zu erreichen.
MINIMALER AUFWAND:	Steilaufstieg von Oberwiesenthal aus. Gehzeit knapp 3 Stunden, 300 Höhenmeter. Suchmaschinenstichworte: »Schöne Bergtouren, Fichtelberg«.
FÜR FORTGESCHRITTENE:	Jeweils im Mai wird der Fichtelbergmarsch veranstaltet. Von Chemnitz aus führt die Wanderung durch Burkhardtsdorf, Geyer und Scheibenberg, vorbei am Unterbecken des Pumpspeicherwerks Markersbach bis auf den Fichtelberg. Insgesamt sind auf 64 Kilometern Wegstrecke 1.700 Höhenmeter zu überwinden.
WEITERE BESONDERHEITEN DES FICHTELBERGES:	Die Fichtelberg-Schwebebahn ist die älteste Luftseilbahn Deutschlands. Sie überwindet von Oberwiesenthal bis zum Gipfel 303 Höhenmeter und ist 1.175 Meter lang.

BAYERISCHE BONUSBERGE
OCHSENKOPF (1.024 M) UND GROSSER ARBER (1.456 M)

Zum Glück bot der Landgasthof Raitschin, der zur Gemeinde Regnitzlosau im Vogtland gehört, schon ab 6.30 Uhr Frühstück an. Die Gemeinde ist nur einen Steinwurf vom Dreiländereck, der Grenze nach Sachsen und Tschechien, entfernt. Tschechien gehört erst seit 2007 zum »Schengen-Raum«, erst seit Kurzem ist also ein »grenzenloses« Reisen möglich. Wir hatten schlecht geschlafen und genossen die Abwechslung beim Frühstück. Mal eine andere Sorte Honig, andere Marmelade, Multivitaminsaft, Joghurt. Wir überlegten, ob wir unsere Reise nicht besser abkürzen sollten. Anja hatte drei Wochen Urlaub, wir hatten noch sechs Tage, aber nur zwei Summits vor uns. Es sollte kühl und regnerisch werden. Wir hörten die Nachrichten des Bayerischen Rundfunks und hatten WLAN. Den besten Wetterbericht bietet kachelmannwetter.com, und siehe da: Vielleicht würde es doch nicht so verheerend werden. Für mittelfristige Wetterprognosen ist Kachelmann deshalb am besten, weil er eine ganze Reihe internationaler Modellvorhersagen berücksichtigt und nicht nur ein Modell.

Ich präsentierte Anja meinen Plan: »Heute fahren wir Seilbahn, und zwar auf den Ochsenkopf, den zweithöchsten Gipfel des Fichtelgebirges.« Wir waren früh, zur Talstation waren es noch 41 Kilometer laut Navine. »Danach gurken wir Richtung Bayerischer Wald, Richtung Großer Arber«, sagte ich. Anja nickte, denn den Urlaub verkürzen wollte sie nicht. »Wir haben ja für die insgesamt 200 Kilometer den

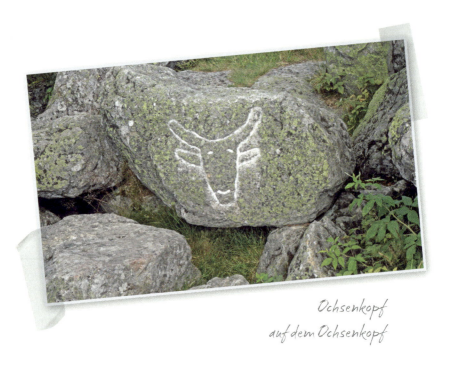

*Ochsenkopf
auf dem Ochsenkopf*

ganzen Tag Zeit.« Morgen, am 22. Juli, hatte ich am Vormittag den Arber vorgesehen, »und nachmittags düsen wir schnellstmöglich nach Garmisch, sodass wir übermorgen mit der ersten Bahn auf die Zugspitze gondeln können. Morgens sollte das Wetter halten, nachmittags soll es schütten«, interpretierte ich die Kachelmann'schen Wettermodelle. An den restlichen Tagen wollten wir zweimal am Bodensee übernachten und dann über den letzten Summit, den Feldberg, unsere Heimatstadt anvisieren. Wahrscheinlich bei Sauwetter.

Wir befanden uns in »Bierfranken«, also in Ober- und Mittelfranken, jener Gegend, in der mehr Bier gebraut wird als Weintrauben gekeltert werden. Allein in der Fränkischen Schweiz soll es über hundert Brauereien geben, in ganz Oberfranken 160. Anders in Unterfranken, in »Weinfranken«, wo passable, aber meist sehr mineralische Weine angebaut werden. Etwa die Hälfte entfallen auf die Rebsorten Müller-Thurgau und Silvaner – nichts für uns verwöhnte Badener. Frankenweine werden gerne in den berühmten Bocksbeuteln abgefüllt.

Um 10 Uhr standen wir an der Südseite des Ochsenkopfes, an der Talstation des Sesselliftes am Rande der Ortschaft Fleckl. Uns fielen weitere Unterschiede zu Sachsen auf: In Bayern gibt es überall Wallfahrtskirchen, Wegkreuze und Herrgottswinkel. Die Häuser sind eindeutig bunter, farbenfroher. An fast jedem Fenster hängen Blumenkästen zumindest mit Geranien, die Vorgärten sind voller Malven und Hortensien.

250 Höhenmeter überwindet der Sessellift bis zum Gipfel des Ochsenkopfes. Ich bekam keine schlechte Laune mehr, hatte ich mich doch mit meinem Schicksal abgefunden. Außerdem war unsere Rundreise einfach zu grandios, zu viele Überraschungen hatten wir erlebt, Schloss Kummerow etwa oder die Currywurst auf dem Bungsberg.

Der Ochsenkopf ist der Spaßberg der Franken, nach dem Schneeberg der zweite von zwei Tausendern des Fichtelgebirges, das direkt auf unserem Weg zwischen unseren Summits liegt. Bis zum Ende des 15. Jahrhunderts hieß der Gipfel ebenfalls Fichtelberg, 1495 taucht er als »Ochsenkopf« erstmals in Bergwerksakten auf. Etwa 200 Meter vom höchsten Punkt entfernt ist nämlich seit Jahrhunderten ein in einen Felsen gemeißelter Ochsenkopf zu sehen, der dem Berg schließlich den Namen gab. Sowohl von Norden als auch von Süden ist der Gipfel per Seilbahn erreichbar, ein Eldorado für Sommerrodler, Wintersportler, Mountainbiker und Freunde anderer Funsportarten. Wobei »Sport« in Anführungszeichen zu setzen ist, denn mit der Gondel zum Gipfel zu fahren und mit dem Fahrrad »downhill« ins Tal zu donnern, hat mit Sport wenig zu tun; ebenso in »Deutschlands erstem Ziplinepark« am Stahlseil hängend »rasant ins Tal gleiten«. Wer's braucht, mehr unter: www.ziplinepark.info.

Für Ruhe und Erholung suchende Wanderer ist der Ochsenkopf also nicht zu empfehlen. 190 Meter misst der Fernsehturm des Bayerischen Rundfunks. Er ist zwar eindrücklich, aber bei Weitem nicht der höchste Fernsehturm der Republik. Der Berliner Fernsehturm misst 368 Meter, der Sendemast des SWRs auf der Hornisgrinde im Nordschwarzwald,

Auch hier: Baustelle! Der Sendeturm Ochsenkopf.

Auf dem Asenturm – Blick nach Norden

den ich vom Schreibtisch aus sehe (bei klarem Wetter), 206 Meter. Der Sockel des Fernsehturms ragt heute kaum noch aus dem Wald heraus, wir steuerten ihn nicht an. Aus Unkenntnis, denn der spitze Betonkegel mit seinen vielen Fensterchen wirkt überraschend futuristisch und ziert sogar Ansichtskarten. Außerdem war dort gerade Baustelle – der Kegel war von einem Gerüst umgeben.

Der benachbarte Asenturm – benannt nach germanischen Gottheiten – wurde in den frühen 1920er-Jahren auf einer Blockhalde errichtet. Es ist ein zeittypischer Aussichtsturm. Im Treppenaufgang sind auf jedem Absatz Tafeln angebracht, die darüber informieren, welcher Vogel in der entsprechenden Höhe sein Zuhause hat. Überraschend für uns, dass der Auerhahn seinen Schlafplatz in 15 Metern Höhe findet, weniger, dass die Drossel auf Baumwipfeln ab 20 Metern Höhe singt. Vom Aussichtsturm entdeckten wir mit dem Fernglas einen kleinen, sehr markanten Gipfel in Form eines Vulkans mit Namen »Rauher Kulm«. An dem 681 Meter hohen Berg kamen wir später auf unserer Fahrt zum Großen Arber vorbei. Es ist ein Vulkan, der nie ausgebrochen ist. Als nämlich die Alpen aufgefaltet wurden und dabei im Norden Bayerns Risse in der Erdkruste entstanden, liefen diese voll zähflüssiger Lava, die aber die Oberfläche nicht erreichte. Die weichere Umgebung wurde im Laufe der Jahrmillionen abgetragen, übrig blieb der »Härtling« des Rauhen Kulms, dessen markante Spitztütenform die Gegend überragt. Wenn wir wieder mal in der Gegend sein sollten, werden wir den Rauhen Kulm besteigen. Seine Nachbarberge sind ebenfalls Härtlinge, darunter der 641 Meter hohe Schlossberg mit der Burgruine Waldeck. Sie sprang uns schon von Weitem ins Auge, der Berg lag auf dem Weg, wir machten dort ein Päuschen. Für uns war es ein weiterer bayerischer Bonusberg mit einer der ältesten Burgruinen der Oberpfalz, erstmals erwähnt 1124. Die Burg gehörte den Landgrafen Leuchtenberg. Während des Spanischen Erbfolgekriegs wurde sie auf Befehl von Kaiser Joseph I. zerstört, danach aber wieder aufgebaut. 1794 brannte sie aus, und erst ab 1982 wurde sie restauriert. Vom Gipfel, auf dem die Ruine steht, lässt sich die Vulkanlandschaft bestens überblicken, selten, dass wir eine solche Rundsicht genossen, und das auch noch in einer Gegend, die wir nicht kannten, bis hin zu den beiden Tausendern des Fichtelgebirges und zum Bayerischen Wald. Ein unverhofftes Gipfelglück, das uns auf vielen Summits verwehrt blieb, da diese bewaldet sind.

VULKANE IN DEUTSCHLAND

Die Oberpfälzer Vulkane sind nie ausgebrochen. In Deutschland gibt es jedoch viele Vulkanlandschaften. Die bekanntesten sind der Hegau, der Kaiserstuhl und die Eifel. Die Ausbrüche im Hegau liegen etwa 10 Millionen Jahre zurück, am Kaiserstuhl krachte es zuletzt vor 16 Millionen Jahren. In allerjüngster Zeit aktiv waren die Vulkane der Eifel. Die Aktivitäten begannen vor 700.000 Jahren, zuletzt brachen der Laacher-See-Vulkan (vor 13.000 Jahren) aus sowie das Ulmener Maar (11.000 Jahre). Im Westerwald, in der Rhön, am Vogelsberg, am Knüllköpfchen und am Großen Beerberg – überall finden sich Hinweise auf vulkanische Tätigkeit.

Burgruine Waldeck mit weiter Aussicht

Apropos Gipfel: Es war im Jahr 2011, als mich auf dem Weg zur Braunarlspitze in Vorarlberg eine Frau, die zur Göppinger Hütte unterwegs war, fragte, wohin des Wegs. Ich verriet es ihr, worauf sie kopfschüttelnd anmerkte: »Dass Männer immer auf die Spitz' müssen.« Das ist ganz klar evolutionsbedingt, die Wissenschaft ist sich da einig. Der Mann verschafft sich auf der erhöhten Position eine gute Übersicht. Er sieht sowohl den Feind besser als auch das Wild – beide gilt es zu erlegen. Frauen ziehen logischerweise von Hütte zu Hütte, von Höhle zu Höhle, von Unterschlupf zu Unterschlupf. Dort finden sie Schutz für ihre Brut und können den erschöpften Jäger versorgen. Bleibt die Frage, ob Männer lieber auf Berge steigen, welche »Spitze« oder »Horn« im Namen tragen, und Frauen eher auf die Gipfel mit Namen – sagen wir – »Fluh«. Also ob Männer sich auf einer Braunarlspitze oder einem Schwarzhorn wohler fühlen und Frauen auf einer Mohnenfluh. Und was ist mit Bergen wie Ochsen, Niesen, Turnen oder Männlifluh? Ganz klar war das auch schon im Mittelalter so, denn sonst wären auf den Bergspitzen keine Burgen errichtet worden.

*Burgruine Waldeck –
links der Bildmitte der Rauhe Kulm*

Und hier auf der Burgruine Waldeck ist von Frauen nicht einmal die Rede, denn hier residierten die Herren von Obernburg.

Viele Kilometer ging es nun über die B 22 in stetem Auf und Ab zwischen 400 und 600 Metern durch Bayerisch Sibirien – die Straße gehörte allein Fury. Was den Amerikanern die Route 66, ist den Bayern die B 22, übrigens die »deutsche Glasstraße«. Sie interessierte uns so wenig wie offenbar andere Touristen auch. Das Zündholzmuseum Grafenwiesen ließen wir ebenfalls links liegen. Wer zufälligerweise eine Streichholzschachtelsammlung verkaufen möchte: Das Museum nimmt nur Geschenke an, dort ist man also an der falschen Adresse. Auch die weithin angepriesene Burg der Herren von Leuchtenberg, die größte und am besten erhaltene der Oberpfalz, musste ohne unseren Besuch ihr weiteres Dasein fristen. Viel Holz, viel Blau-Weiß zog an uns vorbei in Orten mit betrüblichen Namen wie Oberviechtach, Sargmühle und – trister geht nicht mehr – Ödmiesbach.

Wieder einmal hatten wir keine Ahnung. Diesmal wussten wir nicht, ob eine Straße auf den Arber-Gipfel führt, doch kaum ging es in den

Sommerwiese im Bayerischen Wald

Bayerischen Wald, tauchte auch schon ein Hinweisschild der Arber-Seilbahn auf. Navine hatte recht, die Straße führte nur auf etwas über 1.000 Meter Höhe, den Rest besorgte also eine Seilbahn. Inzwischen beherrschte ich sämtliche Funktionen von Navinchen, weshalb ich während der Pausen unsere Zielorte genauer untersuchte: nach Park- und Campingplätzen oder Restaurants.

Der Bayerische Wald ähnelt den anderen großen Mittelgebirgen, vor allem dem Schwarzwald, was die Höhen betrifft. Nur sind die Berge hier weniger sanft, im Schwarzwald überwiegen die Kuppen, hier sind ein paar Spitzen dabei. Der Große Arber etwa ist nordseitig deutlich steiler als der Feldberg. Die Südostseite fällt zum Teil senkrecht zum Arbersee ab, die Wand misst 416 Meter. Für Wohnmobile gibt es an der Arberstraße reichlich Stellplätze, und zwar gefühlte Tausende und Abertausende! Wir steuerten den Arbersee an, ein paar Kilometer von der Seilbahn entfernt. So richtig romantisch war es hier am frühen Abend zunächst nicht. Das Arberseehaus war eine Baustelle, Lärm wie zu Hause mal wieder. Ständig donnerten

Romantischer Arbersee – aber nur am Abend

Motorradfahrer vorbei, die »Ratten der Bergstraßen«, wie ich sie einmal nannte, als wir entnervt in der Nähe der Schwarzwaldhochstraße wanderten. Ein Kollege aus Gernsbach hat an einer viel befahrenen Straße (vor seinem Haus) einmal Messungen durchgeführt: 99 % aller Motorräder sind zu laut, und zwar deutlich. Seitdem kann mir kein Motorradfahrer mehr kommen und behaupten, es gäbe überall Gute und Böse, die Bösen seien in der Minderheit.

Der bis zu 16 Meter tiefe Arbersee mit seiner Steilwand, seiner dunklen Farbe und Lage – es ist ein Karsee, liegt also in einem Gletschertrog – erinnert an den berühmteren Mummelsee. Der ist allerdings weniger als halb so groß wie sein bayerischer Bruder (7,7 vs. 3,7 Hektar) und seine Karwand nur etwa hundert Meter hoch. Der Mummelsee ist im Gegensatz zum Arbersee dank Eduard von Mörike und Grimmelshausen in die Literatur eingegangen, hat aber auch weit mehr Andenkenläden und Fressbuden. Abends kehrt an beiden Seen Ruhe ein, ja Stille. Will man tagsüber keine Autos, Motorradfahrer, kläffende Hunde und bohrende Bauarbeiter hören, muss man

Natur pur – Lebensraum für viele Kleinlebewesen

halt die Seen der Uckermark besuchen. Wir nächtigten auf einem großen Parkplatz, hundert Meter vom Ufer entfernt. Vorher saßen wir auf einer Bank, vesperten und genossen den Abend. Ruhe war eingekehrt, jetzt konnte man den See romantisch nennen mit seinen vermoosten Baumwurzeln und den verwaisten Tretbooten am Ufer. Ein paar späte Singvögel zwitscherten noch zaghaft, als die Sonne unterging, über den tiefschwarzen See zogen ein paar Enten ihre Bahnen, und wir versenkten eine leere Weinflasche in einem Altglascontainer. Es war fast stockdunkel, als wir in die Schlafkoje krochen.

Ich hatte Alpträume, wälzte mich hin und her und riss im »Schlafzimmer« eine Papierjalousie aus der Verankerung. Fury war ja schön und praktisch, nur etwas zerbrechlich. Anders formuliert: Plastikgriffe, Plastikführungen, Plastikschienen, die selbst für Feinmotoriker wie uns nicht auf lange Haltbarkeit ausgelegt sind. Inzwischen wackelte die Schiebetür der »Nasszelle« wie ein Kuhschwanz, sodass wir sie während der Fahrt mit einem Expander fixieren mussten. Ohne Swisstool, sprich: ohne diverse Schraubenzieher und Zange, wären wir

Bonusgipfel: der Arber ganz oben

aufgeschmissen gewesen. Schon am zweiten Tag schraubte ich Verschlüsse und Klappen fest. Die Jalousie ließ sich wieder einfädeln. Wahrscheinlich würde das ganze Auto keine zehn Kilogramm mehr wiegen, wären die entsprechenden Teile aus Metall. Fury wird also wohl kaum das Alter seines Namensgebers erreichen und früher im Schlachthaus landen.

Die erste Gondel auf den Arber fuhr um 9 Uhr. Die Kabinen tragen allesamt Namen, etwa »Gondel des Ministerpräsidenten«, »Kristallgondel« oder »Gondel der Kristallkönigin«. Eine Kabine ist in Form einer Hochzeitskutsche gestaltet, eine andere ist als Kuschelgondel mit roten Plüschsesseln ausgebaut, allerdings ohne Vorhänge. Nichts für uns also. Was konnten wir auf dem Gipfel anderes tun, als einen kleinen Spaziergang unternehmen? Wir kletterten ein paar Meter zum Gipfelkreuz, Anja turnte auf die anderen Felsen, einer davon ist nach Richard Wagner benannt, weil seine Form an dessen Physiognomie erinnern soll. Wir erkannten darin eher Donald Trump. Der Arber ist auch im Gipfelbereich deutlich alpiner als sein Pendant, der höchs-

Andrang vor dem großen Regen auf dem Arber

te Schwarzwaldgipfel. Zwei Kilometer umfasst der Rundweg, der an allen Gipfelfelsen vorbeiführt. Die Besucher werden aufgefordert, »nicht in die Binsen« zu gehen, sondern auf dem Weg zu bleiben, denn hier oben gedeiht höchst seltenes Kraut, etwa die Gamsbartbinse, das Felsenstraußgras oder der Krause Rollfarn nebst über 400 Arten von Flechten und Moosen. Eine der vielen Informationstafeln spricht vom »Gipfeltreffen der Überlebenskünstler«, unter denen auch seltene Zugvögel sind. Drei hauptamtliche Arber-Ranger überwachen den Gipfelbereich, auf dem auch Mountainbiken streng verboten ist. Während Anja auf den Seeriegel kraxelte, wartete ich auf einer Bank. Ein Paar in unserem Alter keuchte vorbei. Er zu ihr auf bayerisch: »Steig du allein rauf, ich bin zu fett.« Ich dachte politisch wenig Korrektes und verfluchte ihn. Etwa eine Stunde blieben wir am Gipfel. Wieder eine homöopathische Wanderung.

Das Naturschutzgebiet rund um den Großen Arber und die beiden Arberseen, dessen Anfänge zurückreichen bis ins Jahr 1939, ist typisch für Deutschland. Hier wird ein extremer Spagat versucht zwischen

Fast alpin: die Felslandschaft auf dem Arbergipfel

Naturschutz und Tourismus. Hier Gondelbahn- und Skiliftbetrieb, ein paar Meter weiter streng geschützte Hochflächen. Anders im Schweizer Nationalpark, wo Wanderer sich nur in wenigen markierten Zonen aufhalten dürfen, manche Ecken, manche Gipfel sind absolut tabu. Es ist eine sehr deutsche Form für Naturschutz light, viele haben auch kein Problem damit, Biokost im Weltladen einzukaufen und auf einem Kreuzfahrtschiff Urlaub zu machen.

Der Wetterbericht blieb dabei: Morgen ab Mittag sollte der große Regen kommen, vor allem in den Alpen. Wollten wir eine Chance haben, die Zugspitze trockenen Hauptes zu besteigen, mussten wir morgen gleich die erste Bahn nehmen. Also runter vom Arber, rauf auf die Straße. Navine lotste uns über Bodenmais Richtung Autobahn. In dieser Gegend wimmelt es von Orten, die ein »Mais« im Namen tragen: Bischofsmais, Regelsmais, Allhartsmais, Maisach, Maiszant oder Maiszell, doch mit dem »Kukuruz« hat das nichts zu tun. Das altbaierische Wort »Mais oder Maiß« steht für »abgeholztes Waldstück« oder Holzschlag. Auch Hau, Schlag, Reut, Gereut (von roden) meint das Gleiche.

Daraus resultierten andere bayerische Ortsnamen wie Martinshaun, Osterhaun, Abtschlag, Eppenschlag, Tirschenreuth, Philippsreuth, Kreuth, Reit im Winkl. Die häufigsten Ortsnamen in Deutschland sind übrigens Hausen, Mühlhausen, Neukirchen und Neustadt.

Ein neuseeländischer Hügel mit der Höhe von 305 Metern trägt einen 83 Buchstaben umfassenden Namen, ein unaussprechliches Kauderwelsch: »Taumatawhakatangihangakoauauotamateaturipukakapikimaungahoronukupokaiwhenuakitanatahu« – übersetzt: »Der Ort, an dem Tamatea, der Mann mit den großen Knien, der Berge hinabrutschte, emporkletterte und verschluckte, bekannt als der Landfresser, seine Flöte für seine Geliebte spielte« – es ist der längste Ortsname der Welt. Den längsten Namen in Europa trägt eine walisische Ortschaft mit immerhin noch 58 Zeichen Kauderwelsch: »Llanfairpwllgwyngyllgogerychwyrndrobwlllantysiliogogogoch«, zu Deutsch: »Marienkirche in der Mulde der weißen Hasel, in der Nähe eines schnellen Strudels und der Kirche St. Tysilio bei der roten Höhle«. Sie ging übrigens Städtepartnerschaften ein mit dem niederländischen Dorf Ee und dem französischen Y. Solche Gedanken kommen einem, wenn man gut 270 Kilometer zumeist über die Autobahn fährt. Der schönste Ortsnamen unterwegs: »Lalling«. Das ist wohl bayerisch für Logorrhöe, das Gegenstück im Schwarzwald heißt »Schwallung«.

In Deggendorf überfiel uns Heißhunger auf Pizza. Im ganzen Urlaub gab es noch keine! Wir begingen einen Anfängerfehler und fuhren ins Stadtinnere. An einem Samstag. An einem Markttag. Es gab keinen Parkplatz, es gab kein Restaurant. Jedenfalls sahen wir keines. Stattdessen Obst- und Gemüsestände, Wurst, Käse, gelbe und grüne Tinkturen – wir hätten uns aus dem Autofenster heraus mit allem eindecken können, was wir gerade nicht brauchten. Entnervt fuhren wir auf die Autobahn. Auf einem Rastplatz kochten wir Nudeln mit roter Soße. Trotz oder wegen des Rauschens der vielen Autos hielten wir bei etwa 30 Grad einen seligen Mittagsschlaf. Anschließend ignorierten wir sämtliche Schönheiten Bayerns, jede Attraktion. In Freising und in der ältesten Brauerei der Welt, dem Weihenstephan, war Anja schon mehrfach, ich einmal. Anjas Arbeitgeber hat in Freising nämlich eine Dependance, und da ich mein eigener Chef bin, begleitete ich sie anlässlich meines 49. Geburtstages für ein paar Tage. Am Vortag besichtigte ich die Freisinger Altstadt, abends aßen und tranken wir deftig im Weihenstephan, und pünktlich um Mitternacht erwachte ich mit 39 Grad Fieber. Eine Grippe hatte mich erwischt. Den Geburtstag verschlief ich komplett. Auch den Starnberger See ließen wir rechts liegen mitsamt dem »Museum der Phantasie«, das man per Fähre erreicht. Es wird auch »Buchheim-Museum« genannt, nach seinem Gründer Lothar-Günther Buchheim. Es ist eine bedeutende private Sammlung von Expressionisten. Ausgestellt sind aber auch Gegenstände, die der Filmemacher von seinen Überseereisen mitbrachte. Je näher wir den Alpen kamen, desto deprimierter wurde ich.

Das Touristennest Garmisch-Partenkirchen hätte ich gemieden, nie wäre ich freiwillig auf die Zugspitze, weder mit der Bahn noch zu Fuß – dort ist mir einfach viel zu viel los! Am Abend saß ich im Wohnmobil und blickte auf den Wank und den Krottenkopf, den ich dieses Jahr gerne als ersten Gipfel im Frühling »gemacht« hätte. Zuerst steuerten wir die Zugspitzbahn an. Ein sehr netter und sehr hilfsbereiter Parkplatzaufseher verriet uns, dass die erste Bahn um 8.15 Uhr fuhr. Mir war nicht mehr gegenwärtig, dass bis zum Zugspitzplatt eine Zahnradbahn fährt. Die Eibsee-Luftseilbahn war seit April außer Betrieb. Der Neubau sollte im Dezember 2017 in Betrieb gehen, pünktlich zu Weihnachten. Einen Rekord hielt die neue Bahn schon während unseres Besuches: Die mit 127 Metern europaweit höchste Stahlstütze einer Luftseilbahn. Der nette Aufseher verriet uns auch, dass wir auf dem Bahnhofsparkplatz nicht nächtigen durften, etwa zwei Kilometer unterhalb sei aber ein winziger Parkplatz direkt an der Straße, auf dem Wohnmobile erlaubt seien, Kapazität etwa ein Dutzend Mobile. Dort sollten wir unser Glück versuchen, der Campingplatz sei bereits überbucht.

Ich notierte in meinem Tagebuch: »Für eine Nacht wird es gehen, auch die Straße neben uns wird nachts ruhiger sein. Dass hier in

Garmisch am meisten los sein würde, war abzusehen. Auf der Zugspitze muss halt jeder mal gewesen sein. In unserem 16-Summit-Programm ist es der lästigste Gipfel, eine Pflichtübung, wenig originell.« Und ich hatte mal wieder keine Ahnung. Diesmal, ob ich von der Bergstation zum höchsten Punkt kommen würde. Wanderstiefel hatten wir keine dabei. Wir hatten die Wanderungen, auch auf die Winz-Gipfel, vorher doch etwas falsch eingeschätzt – vorsichtig formuliert. Vor allem im Hochsauerland hätten wir die Stiefel gut brauchen können. Angesichts meiner Melancholie schloss ich meinen Tagebucheintrag am Abend des 22. Juli: »Von mir aus könnte der Gipfel morgen komplett in Wolken sein.«

Himmel der Bayern

Hacker-Pschorr
MÜNCHEN

Die höchste
Rostbratwurst
Deutschlands
in der
Semmel

 4,00

Höchste Rostbratwurst Deutschlands

SUMMIT 15

ZUGSPITZE (2.963 M, BAYERN)
DEUTSCHLANDS HÖCHSTE BAUSTELLE

China und Nepal stehen auf Platz eins. Sie teilen sich den höchsten Gipfel der Welt, den Mount Everest (8.848 m). Pakistan rangiert auf dem zweiten Platz, mit dem K2 (8.611 m), die Bronzemedaille geht an Indien mit dem Kangchendzönga (8.586 m). Zweiundsiebzig Länder haben höhere Gipfel als Deutschland. Bezogen auf alle Länder der Welt befinden wir uns immerhin im oberen Drittel. Das war nicht immer so, denn der höchste deutsche Berg war bis zum Jahr 1806 der Ortler in Südtirol mit 3.905 Metern. Kaiser Franz II. legte die Krone nieder. Aus war es mit dem »Heiligen Römischen Reich Deutscher Nation«. 1938 wurde Österreich »heim ins Reich« geholt, also war für sechs Jahre der Großglockner mit 3.798 Metern der höchste »deutsche« Berg. Dann gab es ja noch die Zeit des deutschen Kolonialismus und die Kolonie Deutsch-Ostafrika in den Jahren 1885 bis 1918. In der Hitliste der Länder mit den höchsten Bergen landete Deutschland damals ziemlich weit oben, damals war nämlich der Kilimandscharo mit 5.895 Metern der höchste deutsche Gipfel. Der höchste deutsche Berg wurde im Lauf der Geschichte also immer niedriger.

Das alles kam mir in den Sinn, als wir an diesem 23. Juli ziemlich zeitig frühstückten. Angesichts der Wettervorhersage wollten wir tatsächlich die erste Bahn nehmen, und zwar von der Station »Eibsee« aus. Draußen war es nicht sonderlich klar, im Gegenteil, es war klar, dass es sich ziemlich schnell zuziehen würde. Ein paar versprengte

Höchste Berghütte Deutschlands

frühe Vögel stiegen mit uns ein. 4.466 Meter lang fährt die Zahnradbahn durch einen Tunnel. Natürlich musste ich an die Jungfraubahn denken, fünfmal bin ich mit ihr bislang aufs Jungfraujoch gefahren, einmal, um mit Anja den Mönch zu besteigen. Mindestens einmal möchte ich noch aufs Jungfraujoch, denn ich würde gerne in Europas höchster Wanderhütte übernachten: Sie steht am Mönchsjoch auf über 3.650 Metern. Wie im mehr als doppelt so langen Tunnel der Jungfraubahn sind auch hier im Zugspitztunnel Vergleichstafeln angebracht (»2.100 Meter über Bremen« oder »2.330 Meter – Berninapass«). Die Zahnradbahn tuckelt so langsam an ihnen vorbei, dass man jeden Buchstaben einzeln lesen kann.

Die Fahrt endet auf dem Zugspitzplatt auf etwa 2.600 Metern, einer »schiefen« Hochfläche, vom Gletscher geformt. Auch in diesem Jahr waren noch klägliche Reste des Schneeferners vorhanden. Die grauen Gletscherreste waren nicht mit Folien abgedeckt, wie in den vergangenen Sommern, offenbar hatte man es aufgegeben, Deutschlands Gletscher vor der Klimaerwärmung retten zu wollen. Ein trauriger

Höchste Eisenbahn Deutschlands

Anblick, der meine Laune noch mehr verdunkelte. Die fünf deutschen Gletscher, die beiden Schneeferner sowie der Höllentalferner unterhalb der Zugspitze, der Watzmanngletscher und auch der Blaueisferner am Hochkalter, werden innerhalb der nächsten zehn Jahre verschwunden sein. Ich habe die Gletscher sterben sehen: In den 1970er- und 1980er-Jahren streckte der Obere Grindelwaldgletscher seine Zunge bis auf etwa 1.260 Meter aus und leckte quasi am Rand von Grindelwald, das sich damals noch »Gletscherdorf« nannte. Vorbei, die lange Zunge ist komplett verschwunden.

Wir schauten uns einmal um, dann stiegen wir in die Seilbahn zum Gipfel – eine Riesenbaustelle. Bis zum Ende des Jahres sollte Deutschlands Höchster trotz seinem bescheidenen internationalen Ranglistenplatz drei Rekorde halten: Die einzige Stahlbaustütze ist mit 127 Metern die größte Europas, der Gesamthöhenunterschied innerhalb einer Sektion mit 1.945 Metern einsame Spitze, und außerdem verfügt die neue Seilbahn mit 3.213 Metern über das längste frei schwebende Drahtseil. Einsamkeit und Ruhe sollte man dort oben also nicht mehr

Zum Glück naht schlechtes Wetter – die Berge verschwinden in Wolken

suchen. Im Juli 2017 war der Zugspitzgipfel ein Eldorado für Architekten und Bauingenieure: Betonpfeiler, Baugerüste, Stahlnetze, Kabelrollen, Stahlträger, Wohncontainer, Absperrgitter. Dazwischen die altehrwürdige Münchner Hütte, die Sternwarte und die Wetterstation. Als sie noch jung waren, hätten unsere Mütter und Väter auf der Zugspitze mehr Freude gehabt als wir. Eine Familie aus Hessen beauftragte uns, ein Familienfoto zu machen, im Gegenzug drängten sie sich auf, uns zu fotografieren. Das scheint so üblich zu sein, denn es passiert uns in den Alpen regelmäßig. Wir spazierten nach Österreich zur Bergstation der Tiroler Zugspitzbahn, warfen keine Postkarte in Deutschlands höchsten Briefkasten, und »die höchste deutsche Rostbratwurst in der Semmel« für 4 Euro verschmähten wir, obwohl sie extrem lecker roch.

Das Wetter meinte es gut mit uns. Die Aussicht von der Zugspitze gilt als grandios, heute erkannten wir lediglich noch den Hohen Riffler und den Säuling von den vielen Bergen, auf denen wir schon standen, alle anderen waren in Wolken gehüllt. Noch allerdings wa-

Höchste Baustelle Deutschlands

ren wir nicht am höchsten Punkt. Das berühmte goldene Kreuz stand ein paar Meter höher und sollte binnen weniger Minuten erreichbar sein. Mit dem Fahrstuhl fuhren wir von einer Ebene zur nächsten – der Gipfel ist überbaut mit mehreren Ebenen: Seilbahnstation, Restaurant, Ausstellungsräume. Wir verließen den Fahrstuhl auf der obersten Ebene. Überall Absperrungen. Über ein Baugerüst stiegen wir ein paar Meter ab und standen vor einem verschlossenen Tor, ringsum Absperrungen. Von hier aus ging es also auf den höchsten Punkt. Theoretisch, denn das Tor ließ sich nicht öffnen! »Super, das ist wenigstens eine Geschichte«, sagte ich zu Anja, »der Zugspitzgipfel ist gesperrt, das Törle verschlossen!« Der höchste Punkt unserer 16 Summits war nicht erreichbar. Da kommen wir baustellengeplagten Karlsruher zu Deutschlands höchstem Berg und finden: eine Großbaustelle. Wir waren buchstäblich ausgeschlossen. »Gilt die Zugspitze als erreicht?«, fragte ich Anja, »oder müssen wir uns als gescheitert betrachten?« Anja war dafür: Es gilt. Wir hatten Summit Nummer 15 im Kasten. Wir stiegen über die Treppe zurück auf die Aussichts-

Höchstes Gipfelkreuz Deutschlands

terrasse, doch ein wenig enttäuscht. Sogar den Langenberg und den Hasselbrack hatten wir bestiegen trotz aller Widrigkeiten, nur bei der Zugspitze fehlten ein paar lächerliche Meter. Wir machten Beweisfotos auf der Aussichtsterrasse. Ich zoomte das Gipfelkreuz heran und den Kran, der über das Kreuz hinausragte. »Der Kranführer kann sich Deutschlands höchster Mann nennen«, sagte ich zu Anja, »den Gipfel jedenfalls hat er unter sich.« In dem Moment als ich das goldene Kreuz fotografierte, tauchten dort zwei Menschen auf. Bergsteiger kann man sie ja nicht nennen. Irgendwie mussten sie hinaufgekommen sein. Wahrscheinlich waren es doch Bergsteiger, die von unten kamen, vom Zugspitzplatt. Von dort aus hatten wir ganze Karawanen beobachtet, die Richtung Gipfel stiegen. Sie kletterten einfach unterhalb des Baustellentors vorbei. Einer der Burschen kam mir allerdings bekannt vor, er stand vor wenigen Minuten noch auf der Terrasse, und zwar in Turnschuhen. War er über das Tor geklettert?

Ich wollte es noch einmal versuchen, Anja hatte keine Lust mehr, ging aber trotzdem mit. Wieder ging es über das Baugerüst abwärts.

Höchstes Ehepaar Deutschlands

Vielleicht gab es einen Trick, einen anderen Weg, vielleicht kann man sich irgendwo durch eine Lücke zwängen? Wir standen erneut vor dem Tor. Nirgends ein Durchlass, keinerlei Lücke. Wir rüttelten und drückten. Nichts. Hinter uns einige weitere Gipfelaspiranten. Am Gipfel stiegen die zwei Burschen wieder ab, kamen die Leiter herunter, hangelten sich am Drahtseil in Richtung Tor und warteten fünf Meter unter uns. »Wie seid Ihr denn raufgekommen?«, wollte einer aus der Gruppe wissen, die sich inzwischen um das Tor versammelt hatte, jeder hatte einzeln am Türknauf gedreht und gerüttelt. »Du muscht des Dörle e bissle lüpfe«, schallte es in vertrautem Dialekt zurück. »Was meinst du?«, rief einer hochdeutsch hinunter. Ich hatte meinen badischen Landsmann verstanden, packte den Knauf und hob die ganze Konstruktion mit aller Kraft an. Und siehe da, der Weg war frei! Einer unserer Mitbesteiger fragte, ob wir wirklich in Turnschuhen auf den Gipfel wollten. Er machte sich offenbar Sorgen. »Klar, für die paar Meter über Leitern und Krampen braucht man keine Bergstiefel«, entgegnete ich, »wir sehen zwar nicht so aus, aber wir haben deutlich über hundert Drei- und Viertausender auf dem Buckel.« Sagte es und stieg schwungvoll auf den höchsten Punkt der Republik. Einer der paar Dutzend Tritte war zu hoch, am rechten Oberschenkel zog es kräftig am Adduktor, vom Sehnenansatz des Iliopsoas ganz zu schweigen. Noch vergangenes Jahr hatte ich Abertausende solcher hohen Tritte unter mich genommen. Wie gut damals noch alles funktionierte.

Lange blieben wir nicht. Es drängten immer mehr Turnschuhbergsteiger hinterher, offenbar hatte eine Gondel den nächsten Schwung Touristen ausgespuckt. Einer näherte sich mit angstverzerrtem Gesicht auf allen Vieren. Ich saß neben der Drahtseilsicherung. »Nur beherzt zutreten«, ermunterte ich ihn, doch er wartete, bis ich meinen Platz geräumt hatte, um die letzten Zentimeter zu Kreuz zu kriechen.

Mit den wieder stärker gewordenen Schmerzen konnte ich gar nicht schnell genug von der Zugspitze und aus Garmisch-Partenkirchen fliehen. Sämtliche Berge wurden inzwischen von Wolken verhüllt. Ich wollte von der Bergherrlichkeit nichts sehen, aber auch gar nichts. Ich verdrängte meine Vergangenheit. Als bekennender Hypochonder fürchtete ich nichts so sehr, wie nie wieder wandern und bergsteigen zu können. Ich fürchtete es nicht, ich war davon überzeugt. Mit meinem schönen Leben war es vorbei.

Bereits im nächsten Ort speisten wir zünftig bayerisch und hielten ein Schläfchen im Mobil. Es war Sonntag, der Parkplatz einer Drogeriemarktkette gehörte uns allein. Vor uns lag mit die schönste Gegend der Republik, Bilderbuchbayern. Trotz merkwürdiger Ortsnamen wie Engelharz und Kleinholzleute, alle herausgeputzt mit Lüftlmalerei an den Hausfassaden und Zwiebelturmkirchen. »Ganz fies bayerisch«, pflegte Anja zu sagen. Hier finden sich alle Arten von Landschaften Deutschlands auf engstem Raum, von Flachland und Meer einmal abgesehen. Sanfte Hügel und schroffe Berge, Wälder und Wiesen, allerdings nur wenige Getreidefelder, Flüsse, Bäche, Wasserfälle, Schluchten, Seen. Der Forggensee etwa bei Füssen oder die Seen rund um die

Königsschlösser, eine regelrechte Seenplatte. So schön die Schlossanlagen in Ostdeutschland sind, hier in Bayern ist alles noch ein wenig imposanter. Man könnte auch sagen: übertriebener. Schließlich stehen hier die Schlösser von König Ludwig II. von Bayern, von dem die Bürger des Freistaates noch heute träumen und der sein tragisches Ende im Starnberger See fand.

Mit den Schlössern Neuschwanstein, Hohenschwangau und Linderhof hat Ludwig hier bayerische Wahrzeichen erbauen lassen. Das Motiv »Neuschwanstein« mit den Tannheimer Bergen im Hintergrund darf ebenfalls in keinem Tankstellen- und Sparkassenkalender fehlen. Einmal im Leben sollte man die Königsschlösser besucht haben. Sowohl Anja als auch ich hatten als Kinder das Vergnügen, weshalb wir es uns ersparten, uns in die kilometerlangen Warteschlangen einzureihen. Oberammergau, Pfaffenwinkel, Romantische Straße, Deutsche Alpenstraße – auch hier ist Postkartenbayern, Souvenir-Deutschland. Wenn Touristen aus Fernost durch Europa reisen und drei Tage Zeit für Deutschland haben, machen sie einen Abstecher nach Berlin, nach Neuschwanstein, an den Titisee und nach Heidelberg. Diese Bilder sind weltweit in den Köpfen der Menschen, gepaart mit den zur jeweiligen Zeit aktiven Fußballnationalspielern.

Auf unserem Weg zum Bodensee hatte ich uns zwei Ziele ausgesucht, die wir noch nicht kannten, nämlich Kloster Ettal und die Wieskirche. An Kloster Ettal scheiterten wir, denn zu viele Touristen belegten die wenigen Parkplätze. Hier kamen wir mit Fury nicht unter. Anders bei der Wieskirche im Pfaffenwinkel, wo fußballfeldgroße Flächen als Parkplätze ausgewiesen sind, entsprechend war der Andrang aus aller Welt. Die Wieskirche ist wohl eine der prächtigsten Wallfahrtskirchen Deutschlands. Kirchen bringen mich selten zum Staunen, allenfalls der Kölner Dom oder das Ulmer Münster, aber der Prunk der Wieskirche schlägt alles. Für in christlicher Mythologie und Kunstgeschichte wenig belesene Menschen wie uns erschließt sich freilich wenig. Allein die Malereien der Kuppeldecke kann man bis zur Nackenstarre bestaunen.

Vor der Kordel, die den Altarbereich vor dem Betreten schützen soll, drängelten sich Fotografen, die darauf warteten, dass zwei Arbeiter verschwanden. Doch diese mühten sich endlos damit ab, einen roten Teppich zusammenzurollen.

Was zieht Menschen wie uns in solche Kirchen, die wir mit dem christlichen Glauben nichts am Hut haben? Selbst wenn wir gläubig wären, verstünden wir wenig. Zugegeben, unser Argument für den Abstecher in die Wieskirche war: »Wenn wir schon in der Gegend sind …« Was übrigens jeden gläubigen Christen an der Wieskirche zumindest ärgern müsste: Die Souvenirshops, die Geldmacherei, die Wegelagerei. Mir ist dunkel in Erinnerung, dass Jesus Geldwechsler und Händler aus einer Synagoge gejagt hat. Falls die Geschichte von der »Tempelreinigung« ein Körnchen historischer Wahrheit enthalten sollte, wäre mir Jesus schon allein deshalb sympathisch: der erste Kapitalismuskritiker!

WIESKIRCHE

Sie gehört zu Recht zum Welterbe der Unesco, denn kaum eine andere deutsche Kirche ist so prächtig und opulent ausgestattet wie die Wallfahrtskirche im bayerischen Pfaffenwinkel. Diese Ecke Bayerns trägt ihren Namen ebenfalls zu Recht, denn nirgends in Deutschland gibt es so viele Klöster und Kirchen. Der vollständige Name des Gotteshauses lautet »Wallfahrtskirche zum Gegeißelten Heiland auf der Wies«. Es gehört zum Bistum Augsburg.

Begründet wurde diese Wallfahrt 1739. Im Kloster Steingaden, das in der Nähe der heutigen Wieskirche steht, soll eine Statue des gegeißelten Heilands Tränen vergossen haben, wie eine Bäuerin feststellte. So begannen Wallfahrten, eine Feldkapelle wurde für die Statue errichtet. Die Wieskirche wurde 1745 bis 1754 im Rokoko-Stil erbaut. Die Bauleitung hatte Abt Marianus II. Mayer, die Brüder Johann Baptist und Dominikus Zimmermann schufen die Fresken und Stuckarbeiten. Das Ganze war so teuer, dass sich das Kloster bis zu seiner Auflösung im Rahmen der Säkularisation 1803 nicht mehr

Von außen schön, von innen spektakulär – die Wieskirche

erholte. Zehn Komma sechs Millionen DM kostete die Restaurierung der Kirche 1985 bis 1991, seitdem ist sie Anziehungsort für mehr als eine Million Besucher pro Jahr. Das Kirchenjahr bietet genügend Gelegenheiten, Feste zu feiern, im Juni wird des »Tränenwunders« gedacht. An der Innenausstattung waren mehrere Künstler beteiligt. So stammt das Altarbild von Balthasar Augustin Albrecht, Hofmaler aus München, die vier Gestalten der großen Theologen sind das Werk des Tiroler Bildhauers Anton Sturm. Die Kuppeldecke ist mit einem Trompe-l'œil-Fresko ausgemalt. Die Orgel der Wieskirche ist nicht mehr im Ursprungszustand. Das derzeitige Instrument wurde im Jahr 2010 Orgelbaumeister Claudius Winterhalter aus Oberharmersbach in Auftrag gegeben. Teile des ursprünglichen, reich verzierten Gehäuses wurden dabei restauriert und erweitert. Über 500 zum Teil neue Pfeifen ermöglichen nun einen modernen Konzertbetrieb. Im Turm hängen sieben Glocken, die vier ältesten wurden in den Jahren 1750 bis 1753 gegossen – ein typisches Barockgeläut. 1964 wurde es um drei Glocken ergänzt. Alle Glocken zusammen kommen nur bei Hochfesten zum Einsatz.

Typisch bayerischer Gasthof neben der Wieskirche

Wir tuckerten Richtung Bodensee, wo wir Freunde besuchen wollten. Es regnete leicht, die Gegend war uns vertraut. Eines meiner Lieblingsstädtchen dort ist Wangen im Allgäu mit seinen eindrücklichen Stadttoren, dem Martinstor und vor allem dem Ravensburger Tor, Wahrzeichen der Stadt. Über 500 Jahre hat der Fidelisbäck auf dem Buckel, Deutschlands älteste Bäckerei. 2014 war ich dienstlich mit einem Kollegen in Wangen. Wir hatten einen »Biercontest« durchzustehen. Die Frage, die wir zu beantworten hatten, war: Wer braut die besseren Biere, Badener oder Württemberger? Die Blindverkostung fand morgens um 11 Uhr bei 30 Grad statt, und zwar unter notarieller Aufsicht und unter Anwesenheit der Presse und des Rundfunks. Mit uns testeten unter anderem die Bibliotheksleiterin und ein Brauereichef. In Erinnerung geblieben ist mir, dass der Brauereichef sein eigenes Bier nicht herausschmeckte, dass die Württemberger Ausrichter ein württembergisches für ein badisches Bier ausgaben, dass die Bibliotheksleiterin ziemlich kicherte und dass das heimische Bier der Brauerei »Farny« am besten abschnitt, außerdem dass das badische Kult-Bier »Tannenzäpfle« ziemlich abgeschlagen war. Woran ich mich nicht mehr erinnere: Was ich im Restaurant, das dem Fidelisbäck angeschlossen ist, gegessen habe. Ob ich danach noch irgendetwas anderes gemacht habe, außer zu schlafen. Wie es mir am nächsten Morgen ging. Apropos Tannenzäpfle. Das deutsche Reinheitsgebot, respektive Bier, ist natürlich auch ein Alleinstellungsmerkmal der Nation. Wobei es gerade für Weintrinker recht schwierig ist, die Biersorten auseinanderzuhalten. Ich erinnere mich an eine frühere Blindverkostung zu Studentenzeiten, bei der das »Tannenzäpfle« ebenfalls auf den hinteren Rängen landete. Eine Studentenkneipe in Karlsruhe wollte nämlich die Brauerei wechseln und ließ ihre Stammkundschaft entscheiden. Das Rennen machte damals das Pforzheimer »Brauhaus«. Wer also einen Abstecher nach Wangen bzw. ins Allgäu machen sollte und die Qual der Wahl des Getränkes hat: »Farny«-Bier!

Das Thema »Bier« sollte am Abend noch eine Rolle spielen, auch wenn wir keines tranken. Im »Landvergnügen«-Stellplatzführer hatten wir den Ferienhof »Moscht-Stüble« ausgewählt. Dieser befindet sich in einem Ortsteil von Tettnang namens Apflau. Es war unser bislang kleinstes Dorf (150 Einwohner), allerdings auch das älteste (erstmals erwähnt 769). Es befindet sich nur wenige Kilometer vom Bodensee entfernt. Wieder fielen uns zwei deutsche Eigenheiten auf: Deutschland isst Bodensee-Äpfel! Sie landen wohl in jedem Supermarkt der Republik in der Obstabteilung. Und so fährt man kilometerweit durch Apfelplantagen, die immerhin schöner anzusehen sind als die spanischen Bananenplantagen, die nämlich mit Plastikplanen überdacht und geschützt sind.

Beim »Moscht-Stüble« bekamen wir einen Stellplatz am Waldrand mitten auf einer Wiese, neben uns plätscherte ein Bach. Hier in Tettnang, in unserer unmittelbaren Nachbarschaft, wird außer Äpfeln der berühmte »Tettnanger Aromahopfen« angebaut, die Stadt nennt sich »Hopfenmetropole« (bei 18.500 Einwohnern). Einhundertfünfzig Betriebe produzieren hier auf 1.200 Hektar (3 % der Welthopfenflä-

Nicht unser Bier: Tettnanger Aromahopfen

che) »grünes Gold«, und das mindestens seit 1150, was auch das hohe Alter unseres Örtchens erklärt. Der größte Teil des Hopfens wird in alle Welt exportiert, die Stadt wirbt damit, einer der ältesten Global Player überhaupt zu sein.

Im »Moscht-Stüble« aßen wir deftig oberschwäbisch, wie sich das gehört. Anja einen Bauernteller, ich einen Wurschtsalat, dazu gab es, wie sich das gehört in einem »Moscht-Stüble«, Moscht! Apflau hat noch eine ganz andere, sehr eigene Sehenswürdigkeit, nämlich eine Zwergenstadt. Womit wir bei einem weiteren deutschen Thema wären, den Gartenzwergen! Die Apflauer Familie Herke pflegt ein besonderes Hobby. Sie hat in den Gärten rund um ihr Einfamilienhaus eine Zwergenstadt aufgebaut, die weit mehr Gebäude und Einwohner ihr Eigen nennt als Apflau selbst. Eine Kneipe, eine Kirche, viele liebevoll gezimmerte Häuser, Seerosen- und Badeteiche, eine Burganlage, Zwerge aller Art und Größe, inklusive einer Zwergen-Nationalmannschaft, Frösche, Schnecken, Enten, (künstliche) Pilze, (echte)

Deutsche Zwergennationalmannschaft

Pflanzen und Sträucher. In ganz Deutschland soll es übrigens 25 Millionen Gartenzwerge geben. Wir amüsierten uns und drehten erstmals an unserem Wohnmobil das Vordach heraus – für die Nacht war viel Regen angekündigt, wir wollten bei notwendigen nächtlichen Ausflügen nicht ertrinken.

ETAPPE 15

STARTPUNKT:	Fichtelberg
WEGPUNKTE FÜRS NAVI:	Klinovec, Oberwiesenthal, Aue, Regnitzlosau, Raitschin, Fleckl, Bodenmais, Arberstraße (Beschilderung beachten!), Bodenmais, Deggendorf, Garmisch-Partenkirchen
FAHRTSTRECKE GESAMT:	Fichtelberg – Zugspitze: 721 Kilometer
HÖCHSTER BERG IN BAYERN UND DEUTSCHLAND:	Zugspitze, 2.963 Meter. Barrierefrei zu erreichen bis zur Aussichtsterrasse.
MINIMALER AUFWAND:	Von der Aussichtsterrasse unterhalb des Gipfels wenige Meter Kraxelei.
FÜR FORTGESCHRITTENE:	Die Zugspitze ist geübten und trainierten Wanderern vorbehalten. Auf den Gipfel führen mehrere Wege, von leicht bis sehr anspruchsvoll. Informationen: http://www.auf-die-zugspitze-wandern.info. Alle Routen werden sehr häufig begangen. Andere Gipfel des Wettersteingebirges, dem die Zugspitze zugerechnet wird, sind einsamer. Wer unbedingt auf Deutschlands Höchsten möchte, dem sei ein glasklarer Wintertag und die Seilbahn empfohlen.
WEITERE BESONDERHEITEN DER ZUGSPITZE:	Auf der Zugspitze steht Deutschlands höchst gelegene Berghütte, das »Münchner Haus«, eine Alpenvereinshütte, die 1897 eröffnet wurde. Angeschlossen ist seit 1900 eine meteorologische Station. Eine Übernachtung ist dort immer ein besonderes Erlebnis, die Aussicht von der Zugspitze ist aufgrund ihrer Höhe prächtig.

SUMMIT 16
FELDBERG
(1.493 M, BADEN-WÜRTTEMBERG)
VOM PALMENSTRAND ZUR KALTEN HERBERGE

»Heimat isch dort, wo aim d'Leut so gut verschteh'n, dass mer manchmol scho beim Schwätze merkt, s'wär besser g'wese, mer hätt's Maul g'halte.« Das schrieb einmal mein Freund und Kollege Harald Hurst, schon zu Lebzeiten eine badische Legende. Jedenfalls redete ich, seit wir im Süden Bayerns waren, wieder meine heimatliche Mundart und wurde verstanden. Der Karlsruher Dialekt, ein südfränkischer und kein alemannischer, ist relativ gut verständlich im Gegensatz zu vielen anderen Mundarten, die südlich von Frankfurt gesprochen werden. Zuletzt hatte ich in Hessen, als wir auf der Wasserkuppe waren, badisch g'schwätzt. Bekanntermaßen können wir Badener und Schwaben kein Hochdeutsch sprechen. Ich erinnere mich gut, dass ich als junger Wissenschaftler vor vielen Jahren in Schleswig einen Vortrag halten sollte, was man ja nicht in Mundart macht. Hinterher kam der Chef des Instituts zu mir: »Man hört deutlich, dass Sie ein Schwabe sind.« Ich war als Badener zwar beleidigt, sah aber davon ab, den gestandenen Professor als »Fischkopf« zu bezeichnen. Jedenfalls wurde mir auf dieser unserer Reise auch deutlich, wo Heimat ist. Dort, wo man spricht, wie einem der Schnabel gewachsen ist – und diese Region ist in meinem Fall recht großräumig. Und wenn dann noch in den Kleingärten badische Flaggen gehisst sind, spreche ich breiten Dialekt, wie ich ihn sonst nur mit meiner Mutter oder eben Harald Hurst spreche. Am badischen Ufer des Bodensees sind übrigens sehr viele badische Flaggen gehisst. Überhaupt ist es Unsinn, den Bodensee als »Schwäbisches Meer« zu bezeichnen, die meisten Uferkilometer entfallen auf Baden. Am Bodensee wird nicht mein Dialekt gesprochen, sondern schwer verständliches Bodensee-Alemannisch, das in etwa vergleichbar ist mit breitem Schwyzerdütsch.

Nach der Zugspitze war die Luft endgültig raus. Zumal ich vorher schon achtmal auf dem Feldberg war und es wieder einmal richtig schüttete. Zum Glück hatten wir das Vordach, sonst wären wir im Schlamm gestanden, hätten wir nur einen Schritt aus dem Wohnmobil gewagt. Hoffentlich drehten Furys Räder nicht durch! Vom »Moscht-Stüble« nahmen wir zwei Souvenirs mit, selbst gemachte Marmelade (nicht zum Weiterverschenken!) und Schnaps (erst recht nicht zum Weiterverschenken!).

Am Bodensee ist es überall schön – je nach Wetter, versteht sich. Überall hat man die Alpen vor sich, der Säntis dominiert dabei mit seinem 123 Meter hohen Sendeturm. Dass es hier am schönsten ist, wissen sehr viele Menschen, die hier Urlaub machen, vor allem im Juli. Auf der B 31 landeten wir erst einmal im Stau. Hinzu kam der morgendliche Berufsverkehr. Bei nächster Gelegenheit bogen wir ab und fuhren übers Hinterland, derweil die Sonne herauskam. Gegen Mittag machten wir den üblichen Anfängerfehler und suchten in Überlingen eine Pizzeria. Der Running Gag des Urlaubs. Nicht nur, dass wir uns durch die Stadt quälen mussten. Plötzlich standen wir vor einem Torbogen aus dem Mittelalter, der zu niedrig war für Fury. Hinter uns: Autos. Die Gegenfahrbahn führt ohne Torbogen am Turm vorbei. Anja fluchte, weil sie nicht zurücksetzen konnte. Wir mussten abwarten, bis alle, die hinter uns hupten, regelwidrig über die Gegenfahrbahn verschwunden waren. Nicht genug: Wir näherten uns danach einer nahezu senkrechten Gasse. Anja würgte zum ersten Mal seit zwei Wochen den Motor ab. Seit Beginn der Rundreise, dem ruhmlosen Start mit dem Taxi, hatte sie nicht mehr so laut geflucht. Auch in Sipplingen fanden wir kein Restaurant, von einer Pizzeria ganz zu schweigen.

Wir stellten uns auf einen Friedhofsparkplatz und machten uns zwei Dosen Nasigoreng heiß.

Zwei der interessantesten Zwischenziele hatten wir ausgelassen. Die Meersburg und die Pfahlbauten in Uhldingen-Mühlhofen kannten wir schon zur Genüge, wir hatten außerdem zwei Verabredungen mit Freunden, eine am Nachmittag, eine am Abend. Vor allem auf der deutschen Seite des Sees reiht sich eine Sehenswürdigkeit an die andere. Das fängt im bayerischen Lindau an mit seiner Altstadt, das Zeppelinmuseum in Friedrichshafen gehört dazu, Schloss Salem und der Affenberg, die Insel Reichenau und natürlich die Konstanzer Altstadt, die aufgrund der Grenzlage zur Schweiz von alliierten Bombenangriffen verschont geblieben war. Ganz zu schweigen von der Blumeninsel Mainau mit ihrem Barockschloss und den Parkanlagen. All das interessierte uns nicht. Wir wollten nur noch auf den Feldberg und nach Hause. Jedenfalls an diesem Abend. Wir schliefen nicht im Gästezimmer unserer Freunde, wir übernachteten im Mobil vor der Haustür, zu sehr hatten wir uns nach mehr als zwei Wochen an die Schlafkoje gewöhnt.

Es regnete mal wieder, als wir zu unserem letzten Summit aufbrachen. Bei meinem Freund Armin in Radolfzell frühstückten wir und hörten den Wetterbericht. Am Vormittag sollte es kurz trocken werden und die Bewölkung auflockern, ab Mittag Dauerregen. Vielleicht hatten wir Glück? Auf alle Fälle mussten wir uns beeilen. Wir fuhren durch den Hegau, Deutschlands wohl eindrücklichste Vulkanlandschaft. Der Hochschwarzwald steckte in Wolken. Wir waren schon jetzt auf allen 16 Summits, denn auf dem letzten, dem Feldberg, stand ich acht-, Anja mindestens dreimal. Vor allem an glasklaren Herbsttagen mit Sicht vom Allgäu bis zum Montblanc. Die Rheinebene kann im Winter verflucht trüb, grau und stickig sein, wenn nämlich wochenlang Inversion herrscht, in den Tälern dichter Nebel liegt und auf den Schwarzwaldhöhen die Sonne scheint. Es ist zwanzig Jahre her, wir hatten die endlose Inversions-Wetterlage satt, verabredeten uns mit einer Freundin aus Freiburg und fuhren auf den Feldberg. Doch die Nebelsuppe war dick. Selbst auf dem Gipfel waberte feucht-kalter Nebel. Plötzlich brach die

Kalte Kuh auf dem Seebuck
vor Bismarck-Denkmal

Sonne durch. Für eine Stunde ragte der Feldberg als einziger Punkt in Baden-Württemberg aus dem Nebelmeer. Nach vier Wochen Dunkelheit war es das schönste Licht des ganzen Jahres. Heute hatten wir keinen Grund, uns auf den Feldberg zu freuen.

Wir fuhren am Hohentwiel vorbei, einem markanten Vulkankegel, der einige Rekorde hält. Auf dem Hohentwiel steht die größte Festungsruine Süddeutschlands, zerstört 1801 von Napoleons Truppen, nachdem sich der Gebäudekomplex 900 Jahre lang bewährt hatte. Hier ist Deutschlands höchstgelegener Weinberg (bis auf 562 m). Auf dem Hohentwiel werden die meisten Sonnenstunden des Bundeslandes gezählt (2007 waren es 2.147 Stunden), hier tobte der Orkan Lothar am heftigsten und wütete mit 272 Stundenkilometern.

Auf dem Weg zum »final summit« begegnen Autofahrern keine schrägen Ortsnamen, sondern Rastplätze, die alemannische Namen tragen: »Veschperplätzli«, »Goschehobel« (für Mundharmonika) oder »Bosseharzer« (eine Sagengestalt). Und auch Baden-Württembergs Höchster hält einige Rekorde. Es ist der höchste Berg aller deutschen

Mittelgebirge und der höchste außerhalb der Alpen. Außerdem befindet sich in der Gemeinde Feldberg die höchste Polizeistation Deutschlands auf 1.235 Metern Höhe. Nicht zu vergessen: Der »Lumbricus Badensis«, der badische Riesenregenwurm, lebt nur auf dem Feldberg und seinem Nachbarn, dem Belchen. Es ist der größte Regenwurm der Welt! Mit bis zu 60 Zentimetern Länge, einem Durchmesser bis 16 Millimeter und einem Gewicht bis 40 Gramm ist er der Goliath unter den Regenwürmern dieser Erde. Der Feldberg ist außerdem der gefährlichste Berg unter unseren Mittelgebirgen. Nicht etwa, weil auf der Zufahrtsstraße so mancher Motorradfahrer verunglückt, es sind vielmehr Skifahrer und Snowboarder, die von Lawinen verschüttet werden. Im Winter 2014/15 kamen gar an einem Tag zwei Wintersportler ums Leben. Zuletzt hatten wir den Feldberg 2013 besucht. Damals war der Bereich unter dem Seebuck (1.450 m), dem Vorgipfel, eine Großbaustelle, schlimmer als 2017 auf der Zugspitze. Nun, am 25. Juli 2017, um 10 Uhr sah es ganz anders aus. Wir trafen ein überdimensioniertes neues Parkhaus an und einen ansehnlichen Hotelkomplex »Feldberger Hof«. Das Parkhaus blieb PKWs vorbehalten, Fury musste draußen bleiben. Uns war das egal, wir stellten ihn auf dem Busparkplatz ab.

Das neunte Mal auf dem Feldberg war eine Premiere. Zum ersten Mal nutzte ich, nutzten wir die Seilbahn. Eigentlich müsste sie Seebuck-Bahn heißen, denn auf einer Länge von 900 Metern überwinden die Gondeln 175 Höhenmeter, allerdings eben nur bis zum Vorgipfel. Es pieselte leicht. Wir stiegen mit einigen älteren Damen in die Gondel. »Wie kann man so doof sein, bei diesem Wetter auf den Feldberg zu fahren?«, fragte ich sie. »Richtig intelligent ist das nicht«, lachte eine, »aber wenn man in Freiburg wohnt, ist es die einzige Möglichkeit, im Hochsommer mal richtig zu frieren.« Na, gegen den Brocken ist der Feldberg heute ein Backofen. Auf der Zugspitze schneite es heute, einen Tag später, und wir wären am bayerischen Gipfel tatsächlich gescheitert.

»Es sprötzelt mal wieder«, sagte ich zu Anja, wobei »sprötzeln« nicht im Duden steht, aber ein schönes Wort ist für den Zustand zwi-

Kalter Summit – der Feldberggipfel

schen »nieseln« und »regnen«. Ein heftigeres Nebelnässen also. Es reicht, um innerhalb von zwei Kilometern beziehungsweise einem Fußmarsch von einer halben Stunde ziemlich feucht, aber nicht richtig nass zu werden. Zumal der kalte Wind uns gleich wieder trocknete. Wir nahmen den breiten Fahrweg vom Seebuck zum Gipfel. Wäre ein Auto vorbei gekommen, etwa ein Feldberg-Ranger, so hätten wir den Daumen in den Wind halten können, um meine Sehnen zu schonen. Am Wegrand standen zahlreiche Blumen und Kräuter, die verblüht waren, darunter eine gelbe Enzianart – der Sommer war schon fortgeschritten, auch wenn es sich nicht so anfühlte. Überhaupt nicht. Am höchsten Punkt angelangt, froren wir regelrecht. Aber, wir waren glücklich: Es war vollbracht. Wir hatten alle 16 Summits Deutschlands nacheinander erreicht, den Feldberg auf einer breiten Fahrstraße, das Relikt des Kalten Krieges, als hier riesige Parabolantennen den Osten aushorchten. Wir gaben uns ein Gipfelküsschen, das auch nicht richtig wärmen wollte. Ein Gipfelfoto, ein Gipfelfilmchen, zurück ging es auf dem gleichen komfortablen Teerweg. »Auch im Schwarzwald ist

Kalte Hände halten einen Fotoapparat auf dem letzte Summit

der höchste Berg nicht der schönste«, schreibt der Westweg-Wanderer Johannes Schweikle in seinem Buch »Westwegs«, »im Herbst hat die kahle Kuppe des Feldbergs ernüchternd gewirkt, nasse Zäune und grauer Stein haben das Bild bestimmt.«

Auf dem Rückweg zum Seebuck lockerte die Bewölkung wie angekündigt auf. Über den Gipfel des Feldbergs zogen ganz romantisch Nebelschwaden. Wir bestiegen noch den Feldbergturm (der auf dem Seebuck steht), das heißt, ich nahm den Fahrstuhl. Ein kleines, aber modernes Museum informierte über den »Schwarzwälder Schinken« und seine Herstellung. Nach der Besichtigung war mir danach, etwas zu Mittag zu essen und gleich nach Hause zu fahren. Der Wetterbericht hatte unterirdisches Wetter angekündigt. Anja wollte nicht, schließlich hatten wir das Mobil bis Freitag gemietet. Und sie hatte für den Nachmittag ein Ziel! Ich dagegen hatte Hunger. Da zunehmend die Sonne herauskam, schlug ich einen badischen Bonus-Berg vor, den Hochfirst (1.190 m) mit seinem Aussichtsturm, vielleicht lockert es doch so weit auf, dass wir eine passable Sicht auf den Feldberg hätten, hoffte

Kalt war es in der Gondel der Feldbergbahn

ich. In Radolfzell, bei Armin, hatten wir Netz. Ich hatte recherchiert, dass sich auf dem Hochfirst ein Berggasthaus befindet, täglich geöffnet.

Der Hochfirst fehlte mir noch in meiner Schwarzwaldsammlung. Bekannt ist die Hochfirstschanze als Schauplatz von Weltcup-Skispringen, aber im Sommer ist sie, zumal bei trübem Wetter, eher traurig anzuschauen. Wir standen vor dem Berggasthaus. »Öffnungszeiten täglich 11 bis 19 Uhr. Warme Küche 11.30 bis 18.30 Uhr. Ab 18 Uhr bieten wir verschiedene Flammkuchen und deftige Vesper an! Dienstag Ruhetag.« Heute war Dienstag! Ich hatte auf der Website das Kleingedruckte nicht gelesen. Anders formuliert: Der Webdesigner hatte das Kleingedruckte auf der zweiten Seite untergebracht, und wer schaut sich schon zwei Seiten der Homepage eines Restaurants an, wenn er wissen möchte, ob täglich geöffnet ist und auf Seite eins steht: »Wir sind täglich von 11 bis 19 Uhr …«

Kurz und gut. Das nächstbeste Restaurant in Neustadt war ein Italiener und etwa zehn Fahrminuten entfernt. Wir kamen endlich zu einer Pizza! Es gab im Universum doch jemanden, der für die Zuteilung von Pizzerien zuständig ist, denn »Il Pescatore« backt wunderbare Pizzen. Wir belohnten uns mit einem Viertel Primitivo und hielten in der Schlafkoje einen langen Mittagsschlaf. Und das, obwohl sich direkt nebenan was befand? Eine Baustelle! Vorsicht, übrigens: »Il Pescatore« hat montags geschlossen.

SCHWARZWALDHAUS

Die typischen Schwarzwaldhäuser gibt es nur im mittleren und im Hochschwarzwald. Die Gebäude sind angepasst an die damals harten Winter und die weiten Wege bis zur nächsten Stadt. Es ist ein »Wohnstallhaus« mit einem Walmdach, das tief herabgezogen ist, um im Winter eine schwere Schneeauflage und Stürme zu überstehen und im Sommer Schatten zu spenden. Die heute noch bewirtschafteten Schwarzwaldhöfe sind meist mit Ziegeln und Sonnenkollektoren versehen und lassen kaum erahnen, dass sie früher mit Holzschindeln oder Stroh gedeckt waren. Die mehrgeschossigen Häuser machten ihren Bewohnern ein autarkes Leben möglich. Sie wurden meist an Berghänge gebaut, sodass der Dachboden über eine Rampe angefahren werden konnte. Er diente als Heulager und dämmte damit den darunter gelegenen Wohnbereich, der mit einem Kachelofen beheizt wurde. Der Rauch zog in eine Räucherkammer ab, wo das Fleisch geräuchert und konserviert wurde, weiter durchs Dach, um dort Feuchtigkeit abzutrocknen und ebenfalls Stroh und Dachdeckung zu konservieren. In einem vom Wohnbereich abgetrennten Teil lagen die Ställe. Die Tiere wärmten die darüber gelegenen Kammern für Mägde und Knechte. Leicht verderbliche Lebensmittel lagerte man im Keller.

Die großen Höfe verfügten oft über mehrere Nebengebäude, etwa eines für weitere Bedienstete, für die Eltern und Großeltern, Geräteschuppen, Backhäuser, Getreidemühlen, Sennereien oder gar eine Kapelle. Da die Schwarzwaldhäuser leicht entflammbar waren, wurde neben ihnen oft ein Löschwasserteich angelegt. Heute prägen das Bild zusätzlich Futtersilos. Freigewordene Räume werden an Touristen vermietet, sind zu Ferienwohnungen oder Fremdenzimmern umgebaut worden.

Original-Schwarzwaldhäuser finden sich heute nur noch im ältesten Freilichtmuseum Baden-Württembergs in Gutach. Das »Schwarzwälder Freilichtmuseum Vogtsbauernhof«, eröffnet 1964, geht zurück auf einen Vogtsbauernhof aus dem Jahr 1612. Der Eigentümer war Gutacher Talvogt. Sein Hof wurde das erste Museumshaus. Im Laufe der Jahrzehnte wurden immer mehr Originalhöfe und Nebengebäude im Schwarzwald abgebaut und auf dem dortigen Gelände wieder errichtet, und zwar mitsamt den ursprünglichen Einrichtungsgegenständen. Vom ältesten, dem »Hippenseppenhaus« aus dem Jahr 1599 (Furtwangen), über das »Schauinslandhaus« bis hin zum Hotzenwaldhaus werden sieben Typen je nach Region unterschieden. Sie sind wissenschaftlich und museumspädagogisch aufbereitet, geboten werden zahlreiche Mitmachprogramme, etwa Kuckuckspfeifenbauen oder Besen- und Bürstenbinden. Dreißig verschiedene traditionelle Handwerker, etwa Schäppelmacherinnen oder Küfer, führen ihre Künste vor. Allerdings kann man sich auch auf einen Rundgang durch das Gelände und die Häuser samt Küchen, Kammern und Stuben beschränken. Kindergeburtstagsfeiern, Restaurants, Besuchershop – alles, was Besucherherz und -magen begehren, aber auch ein 5,5 Hektar großes Freigelände, auf dem zahlreiche Bauernhoftiere aller Rassen gehalten und gepflegt werden, machen dieses Museum der besonderen Art aus. Das Freilichtmuseum Vogtsbauernhof liegt an der B 33 und hat eine eigene Bahnhaltestelle (Gutach-Freilichtmuseum). Im Winter ist der Vogtsbauernhof geschlossen.

Anja wollte am Nachmittag an den Palmenstrand. Den gibt es am Stadtrand von Titisee-Neustadt, es ist ein künstliches Freizeit- und Erlebnisbad gigantischen Ausmaßes mit einer Gesamtfläche von 15.000 Quadratmetern. Dass das »Badeparadies Schwarzwald« gerade erweitert wurde, also eine Baustelle war, sei nur der Vollständigkeit halber erwähnt. Die Fläche wurde verdoppelt. Natürlich ist ein solches Wellnessbad im Hochschwarzwald absurd und verbraucht gigantische Mengen an Energie – mit nachhaltigem, gar sanftem Tourismus hat das nichts zu tun. Trotz Hackschnitzelheizung und nachhaltiger Stromzulieferung – allein der Flächenverbrauch ist mehr als bedenklich. Dennoch und erst Recht: Anja genoss den Nachmittag!

Das Bad ist in drei Bereiche gegliedert: das »Palais Vital« mit diversen Saunen sowie die »Palmenoase« (Bereich zwei). Hier sei die Website zitiert:

»Einzigartig ist die ›Palmenoase‹ mit 200 echten Palmen. Da hier Gäste ab 16 Jahren (Kinder bis einschl. 3 Jahre frei) Einlass finden, garantiert dieser Bereich Ruhe und Erholung pur. Sich im warmen Wasser bei 33 Grad treiben zu lassen oder an der »Poolbar« einen Cocktail zu genießen, entspannt ebenso herrlich, wie im Whirlpool zu liegen oder es sich auf einer der Sprudelliegen bequem zu machen. Die vielen Massagedüsen und Nackenduschen entkrampfen die geplagten Muskeln. Hier findet jeder sein persönliches ›Paradies‹ (...) Im ›Palais Vital‹ erwarten Sie mehr als 100 echte Karibikpalmen und die über 300 m² große ›Vital-Lagune‹ mit einer wohltuenden Wassertemperatur von ca. 33°C. Zahlreiche Massage-Sprudelliegen, der Champagner-Pool und wärmende Infrarotliegen bieten Ihnen einen zusätzlichen Erholungsfaktor. Das große Panoramadach kann bei schönem Wetter geöffnet werden und ermöglicht Ihnen den freien Blick in die Weiten des Schwarzwalds.«

Bereich Nummer drei jedenfalls nennt sich »Galaxy Schwarzwald« und bietet Spiel und Spaß für Groß und Klein, während in der »Palmenoase« Ruhe angesagt ist.

Ich verbrachte die Zeit im Mobil mit Schreiben. Sie hatte gut daran getan, sich aufgewärmt zu haben, denn nach dem Badevergnügen kam endlich der ganz große Regen und die ganz große Kälte. Der Tag endete auf der »Kalten Herberge«, einem Weiler mit Hotel, südlich von Furtwangen, direkt an der B 500, der berühmten Schwarzwaldhochstraße, auf der wir unseren Nachhauseweg am nächsten Morgen, am

Rätsel gelöst! In der Nähe von Furtwangen liegt der Hund begraben!

26. Juli, fortsetzen wollten. Der Waldparkplatz, den wir ansteuerten, liegt auf etwa 1.030 Metern Höhe. Draußen schüttete es, der Wetterbericht drohte für den folgenden Tag übelstes Wetter an. Zeit, nach Hause zu fahren. Wir kuschelten uns ein. Eine Sage erzählt, woher die »Kalte Herberge« ihren Namen hat. Ein Handwerker sei nämlich im Juni in einem der Häuser, in dem sich eine Herberge befand, auf der Ofenbank erfroren.

Die Morgennachrichten verrieten uns, dass halb Niedersachsen unter Wasser stand, besonders habe es Goslar und seine Altstadt getroffen. Hier oben, auf dem Schwarzwaldkamm kann das Wasser wenigstens nach unten ablaufen, tröstete ich uns. Das Thermometer im Wohnmobil zeigte 13 Grad. Die Sage enthielt offenbar ein Körnchen Wahrheit.

ETAPPE 16

STARTPUNKT:	Zugspitzbahn, Talstation Eibsee
WEGPUNKTE FÜRS NAVI:	Oberau, Ettal, Steingaden (Wieskirche), Pfronten, Isny im Allgäu, Wangen im Allgäu, Tettnang, Apflau, Markdorf, Salem, Überlingen, Sipplingen, Radolfzell, Geisingen, Titisee-Neustadt, Feldberg
FAHRTSTRECKE GESAMT:	Zugspitze – Feldberg: 413 Kilometer
HÖCHSTER BERG IN BADEN-WÜRTTEMBERG:	Feldberg, 1.493 Meter. Barrierefrei zu erreichen bis zum Vorgipfel (Seebuck, 1.450 m).
MINIMALER AUFWAND:	Wanderung von der Bergstation auf dem Seebuck zum Hauptgipfel, ca. 2 Kilometer, eine Strecke auf Asphalt.
FÜR FORTGESCHRITTENE:	Auf und rund um den Feldberg führen zahlreiche Wanderwege, etwa ausgehend vom Parkhaus am Feldbergerhof.
WEITERE BESONDERHEITEN DES FELDBERGES:	Der Feldberg ist der höchste Punkt aller deutschen Mittelgebirgsfernwanderwege. Über ihn verläuft der 285 Kilometer lange Westweg, der von Pforzheim meist über den Kamm des Schwarzwalds bis nach Basel verläuft. Angelegt wurde der Westweg im Jahr 1906, er gilt als »Die Mutter der deutschen Fernwanderwege«, auch wenn der Rennsteig einige Jahre älter ist. Für Westweg-Wanderer empfiehlt sich der Wanderführer des Rother-Verlags »Schwarzwald Fernwanderwege: Westweg – Mittelweg – Ostweg« von Martin Kuhnle, der auch die anderen beiden großen Fernwanderwege beschreibt.

Im schönsten Wiesengrunde
am Waldrand steht dieses Schild

ZU HAUSE IST ES AM SCHÖNSTEN

Elf Komma sieben Grad hatte es am nächsten Morgen im Wohnmobil. Wir schrieben Mittwoch, den 26. Juli 2017, übermorgen mussten wir Fury abgeben. Draußen regnete es nach wie vor. Ich wäre am liebsten sofort nach Hause gefahren, denn eine Besserung war nicht abzusehen, doch Anja beharrte darauf, dass wir den Tag noch mit Fury verbrachten. »Wir machen eine Art Nostalgiefahrt«, schlug sie vor. Damit meinte sie, dass wir mal wieder über die Schwarzwaldhöhen, über die Schwarzwaldhochstraße nach Karlsruhe fuhren. Gesehen hatten wir die meisten der Sehenswürdigkeiten unserer Heimat mindestens einmal, schließlich habe ich darüber Bücher geschrieben. Ganz in der Nähe unseres Waldparkplatzes befindet sich die Donauquelle, genauer gesagt in der Nähe des Brend-Gipfels (1.149 m). Ein müdes Rinnsal fließt aus einem großen Stein, eingefasst von einer Mauer. Auf einer Inschrift steht zu lesen: »Hier entspringt der Hauptquellfluss der Donau, die Breg, in der Höhe von 1.078 M. ü. d. M., 2.888 Kilometer von der Donaumündung entfernt, 100 Meter von der Wasserscheide zwischen Donau und Rhein, zwischen Schwarzem Meer und der Nordsee.« Wir fuhren an der Anhöhe Hochgericht vorbei, wo der Triberger Galgen steht. Ab dem Jahr 1721 verloren hier nachweislich 15 Menschen ihr Leben, zwölf davon wegen »Hexerei«. Triberg ist eines der touristischen Zentren des Schwarzwalds, hier steht die größte Kuckucksuhr der Welt, in der endlosen Reihe von Andenkenläden wurden bisher wahrscheinlich schon mehr Kuckucksuhren verkauft, als Deutschland Einwohner hat. Der größte Kuckuck der Welt ist wohl auch der schwerste: Er wiegt 150 Kilogramm.

Europas längster Fluss entspringt im heimatlichen Schwarzwald

Viel gepriesen als höchste deutsche Wasserfälle donnern am Ortsrand die »Triberger Wasserfälle« zu Tal. Ganz stimmt das nicht, denn die Wasserfälle in den deutschen Alpen haben größere Fallhöhen. Immerhin stürzt die Gutach hier 163 Meter in die Tiefe, in zwei Falltreppen von 10 und 85 Metern (mit sieben Stufen). Außerhalb der Alpen sind es also die höchsten Wasserfälle. Abends werden sie dekorativ ausgeleuchtet. Das weltweit bekannteste Produkt ist der Bollenhut, dessen Heimat Gutach ist. Über ihn wurde viel geschrieben, er wurde oft missbraucht. Wie der Schwarzwald selbst steht der Bollenhut für Deutschland schlechthin. In den USA oder Japan kommt es gelegentlich vor, dass bayerische Dirndl mit Bollenhut kombiniert werden. Wenn es allerdings so weit geht, dass auf einem Karton für badischen Wein mit einer jungen Frau geworben wird, die zum Bollenhut ein bayerisches Dirndl inklusive sehr tiefem Ausschnitt trägt, dazu Stickereien auf weißen Blusenärmeln, die man aus Ungarn kennt, sowie einem Mieder aus Österreich, dann geht den Traditionalisten zu Recht der Hut hoch. Der Originalhut mit seinen 14 Bollen war ursprünglich eine evangelische Kirchentracht, die Mädchen auch heute noch zur Konfirmation bekommen. Die Hüte und Trachten werden am Sonntag und zu Erntedank getragen. Der Bollenhut signalisiert, ob eine Frau noch zu haben ist, denn ab der Hochzeit muss eine Frau einen Hut mit schwarzen Bollen tragen – jedenfalls in den Dörfern Gutach, Kirnbach und Reichenbach. Andernorts wird das nicht so eng gesehen.

Inzwischen waren wir auf die B 33 abgebogen, um keinen allzu großen Umweg zu fahren. Wir kannten nämlich eine der »großen« Sehenswürdigkeiten des Schwarzwalds bislang nur vom Vorbeifahren, nämlich die größte Kloschüssel der Welt. Nein, sie ist nicht an die Triberger Wasserfälle, quasi als Spülung, angeschlossen, sondern Teil des Firmenmuseums der Firma »Duravit« in Hornberg, einem der vielen Weltmarktführer unter den Schwarzwälder Mittelständlern. Duravit stellt Badmöbel her, Waschbecken und -wannen, Toiletten und Duschen. Anja wusste, dass man dort in der Bäderausstellung Probebaden konnte. Duravit ist eine von zwei badischen Firmen in den Top Ten der Mittelständler, Platz eins nimmt die Firma »Herrenknecht« aus Schwanau ein, der führende Hersteller von Tunnelvortriebsmaschinen.

Wir parkten Fury vor der Firmenzentrale. Anja fand das Firmenmuseum mit den zahllosen Kloschüsseln, Badewannen, Waschbecken und Armaturen deutlich spannender als ich. Immerhin merkte ich mir, dass weltbekannte Architekten auch für das Design von Badmöbeln verantwortlich sind. Was bei Firmenmuseen immer wieder bemerkenswert ist: Sie sind vorbildlich in Sachen Besucherfreundlichkeit. Was man von öffentlichen Museen nicht immer behaupten kann, durch die man regelmäßig ziellos irrt oder wo man Beschriftungen nicht lesen oder verstehen kann. Die größte Kloschüssel der Welt jedenfalls ist 7,10 Meter hoch und wiegt 11 Tonnen. Weithin sichtbar ist sie in die Außenfassade des Museums integriert und dient Besuchern als Aussichtsbalkon. Inklusive Aschenbecher. In normale WCs hingegen sollte man keine Kippen werfen. Mit dem Probebaden in einer der Designwannen mit allerhand Whirl- und Quirldüsen wurde es leider nichts: Man muss sich vorher anmelden!

Eine saubere Sache! Das Firmenmuseum von Duravit.

Auf unserem Weg zur eigentlichen Schwarzwaldhochstraße, die von Freudenstadt nach Baden-Baden führt und wieder die Nummer 500 trägt, machten wir mehrere kurze Zwischenhalte. Um zu kochen, um zu essen, um ein Mittagsschläfchen zu halten. Am frühen Nachmittag bogen wir auf dem Kniebis, einem kleinen Ort, der nach einer Anhöhe benannt ist (deshalb »auf dem Kniebis«), auf die Schwarzwaldhochstraße ein, Deutschlands berühmteste Höhenstraße. Vor dem ebenso berühmten Sturm Lothar, der im Nordschwarzwald besonders heftig wütete, war die Strecke ziemlich langweilig – man fuhr durch dichte Fichtenmonokulturen. Heute hat man von einigen Stellen Alpenblick, von anderen blickt man in die Vogesen, bis zur »Blauen Mauer«, der Schwäbischen Alb, oder 900 Meter in die Tiefe zur Rheinebene. »Zu Hause ist es doch am schönsten«, entfuhr es mir. Mein Vater pflegte dies nach jeder Reise zu sagen. Er war im Gegensatz zu seinem Sohn nicht sehr gerne unterwegs.

Auf dem Kniebis wollten wir einen Schwatz mit Walter Trefz halten, der deutschen Försterlegende schlechthin, aber Walter hatte im Nationalparkzentrum zu tun. Trefz, Jahrgang 1938, hatte während seiner Zeit als Revierförster eine über 1.000 Seiten umfassende Personalakte bei seinem Arbeitgeber, dem Land Baden-Württemberg. Schon als junger Förster forderte er, dass Mensch und Natur gleichberechtigte Partner sein müssten, die Ausbeutung müsse ein Ende haben, giftige Spritzmittel gehörten nicht in den Wald. Er führte erfolgreich Prozesse gegen seinen Arbeitgeber, trug bei Demonstrationen seine Försteruniform, nicht jedoch bei der Arbeit und schlug Alarm, als die Fichten Anfang der 1980er-Jahre scharenweise erkrankten und starben. Walter Trefz erfand und prägte den Begriff »Waldsterben«, gründete eine »Aktionseinheit«, organisierte internationale Kongresse, um die Ursachen des Sterbens zu erforschen, und gab Interviews im Fernsehen oder im »Spiegel«. Nebenbei brachte er manchen Politiker zur Verzweiflung, manchen Vorgesetzten in Rage. Nach »Lothar« geschah das, was er schon vor Jahren gepredigt hatte: Gesunder

Mischwald ersetzte die Monokulturen, die jungen Förster hatten von ihm gelernt.

Heute ist er Stadtrat in Freudenstadt. Der Mann mit dem Rauschebart und der sanften Stimme schafft es sogar, passionierten Mountainbikern auf ganz freundliche, ja warmherzige Art klarzumachen, dass sie im Wald nichts zu suchen haben. Ich habe es erlebt, wie ein Testosteronprotz sehr klein mit Hut wurde. Walter Trefz ist heute hoch geehrt und populär wie kein zweiter Freudenstädter – er hat es auch seinem schlitzohrigen Humor zu verdanken, außerdem seiner Standhaftigkeit, mit der er sich für einen nachhaltigen Tourismus eingesetzt hat. Und dieser wird in vielen Teilen des Nordschwarzwalds gelebt. Walter also war beschäftigt, ich hätte es mir denken können, denn der Nationalpark rund um die Tausender des Nordschwarzwalds ist eines seiner Lieblingskinder. Der Nationalpark wäre ein Kapitel für sich, aber wir streiften ihn auf unserer Reise ja nur.

Falls ich ein paar Kilometer hätte gehen können, wären wir zu unserem Lieblingswasserfall gewandert, dem Sankenbachfall. Es ist der wohl einzige ursprünglich natürliche Wasserfall der Welt mit Handbetrieb. Über eine etwa 40 Meter hohe Karwand plätschert der recht possierliche Fall in die Tiefe. Mittels eines Holzhebels kann der Wanderer einen Schieber öffnen und schließen und so das Wasser anstauen, bevor er eine etwas größere Menge ins Tal »stürzen« lässt.

Vorbei fuhren wir am »Lotharpfad«, einem Wanderweg durch ein Sturmholzgebiet. Natürlich sieht es heute nicht mehr aus wie nach Lothar, der Besucher kann aber nachvollziehen, wie sich der junge Mischwald in den nun bald 20 Jahren nach dem Sturm zwischen den Stämmen, den ausgerissenen Wurzelkronen und dem verwitternden Totholz entwickelt hat. Hier zeigt sich immer noch, wie fragil der viel besungene Schwarzwald eigentlich ist, das »Zentralmassiv des deutschen Gefühls«, wie Johannes Schweikle in seinem Buch »Westwegs« treffend schreibt.

WORK IN PROGRESS – DER NATIONALPARK SCHWARZWALD

Politik ist eine verzwickte Angelegenheit. Da hatten Anfang der 1990er-Jahre zwei CDU-Minister die Idee, einen Nationalpark im Nordschwarzwald zu gründen. Doch der damalige Landesvater, Erwin Teufel, war dagegen. Sein Nachfolger, Günter Oettinger, der in anderen Dingen oft belächelt wurde, stand der Idee schon freundlicher gegenüber. Vorsichtig öffnete man sich zur Wahl 2010 für eine Naturschutzstrategie. Dann kam die grün-rote Landesregierung unter Winfried Kretschmann zum Zug, und diese setzte gegen den Widerstand der Bevölkerung in vielen Orten – es fanden Bürgerbefragungen statt – den Nationalpark im Nordschwarzwald im Landtag durch, CDU und FDP stimmten fast komplett dagegen. Front gegen den Nationalpark machte vor allem die Holzindustrie, die um Arbeitsplätze fürchtete und mit teils hanebüchenen Argumenten kämpfte, etwa jenem, dass man künftig Holz aus fernen Ländern importieren müsse.

Der Nationalpark ist nun der erste in Baden-Württemberg, offizieller Gründungstermin war der 1. Januar 2014. Er ist 100,62 Quadratkilometer groß und umfasst zwei Teile rund um die höchsten Gebiete des Nordschwarzwalds an der Hornisgrinde, dem Hohen Ochsenkopf, dem Ruhestein und dem Schliffkopf. Sitz der Nationalparkverwaltung ist das Naturschutzzentrum Ruhestein. Natürlich hat sich mit dem Stichtag 1. Januar 2014 das Gebiet nicht schlagartig verwandelt. Ein Nationalparkrat und -beirat entwickelt für die nächsten 30 Jahre eine Art »Betriebshandbuch«, einen Nationalparkplan für das Schutzgebiet. Schließlich müssen zahlreiche Interessen zusammengeführt werden. Etwa die der Touristiker, die sich für den Nordschwarzwald einen Aufschwung und mehr Besucher erhoffen – im Vergleich zum Hochschwarzwald hinkt die Region hinterher. Zwischen 250 und 600 neue Arbeitsplätze prognostiziert ein Gutachten, eine Viertelmillion mehr Tagesgäste pro Jahr und 190.000 Übernachtungsgäste. Die Holzindustrie grummelt, denn hier sollen 110 Arbeitsplätze in den nächsten 30 Jahren verloren gehen. Viele der Gebiete der Schutzfläche sind schon lange Bannwald und damit urwaldähnlich. Was sich für die Flora und Fauna ändern wird, bleibt offen. Mancher befürchtet dank des vielen Totholzes eine Borkenkäferplage, andere behaupten glatt das Gegenteil. Die Nationalpark-Ranger, Wissenschaftler und ehrenamtlichen Helfer jedenfalls haben schon jetzt Aufgaben wie »Monitoring und Forschung«, sie untersuchen die Veränderungen unter dem Mikroskop oder aus der Luft. Gefährdete Arten wie die Auerhühner, der Dreizehenspecht oder nachtaktive Eulen wie Raufuß- und Sperlingskauz werden genau beobachtet. Der Mensch wird auch weiterhin eingreifen müssen in dieses Schutzgebiet, das immer mehr sich selbst überlassen werden soll, um eben diesen gefährdeten Tieren einen Lebensraum zu geben. Die einzigartigen Grindenflächen etwa müssen von Rindern und Schafen beweidet und einzelne Bäume entfernt werden, um die Heidelandschaft zu erhalten. Der junge »Nationalpark Schwarzwald« ist immer noch ein politisch heißes Eisen, das langsam abkühlt, zeigen doch erste Umfragen eine zunehmende Akzeptanz auch sehr konservativer und an der Wirtschaft orientierter Bürger. Naturschützer, etwa der NABU, träumen von einer Ausweitung der bislang relativ kleinen und auseinander gerissenen Fläche. Aus Sicht der Wissenschaft ist vieles offen, vieles »Work in progress«. Wie der Nationalpark in 30 Jahren aussieht, kann niemand vorhersagen. Besucher jedenfalls finden allenthalben Informationen rund um Auerhahn oder Hochmoore, beispielsweise auf Schautafeln der Hornisgrinde und in den Ausstellungen des Naturschutzzentrums Ruhestein. Garantiert ist wilde Natur, etwa rund um die Karseen, dem Huzenbacher See oder dem Wildsee und natürlich im »Urwald«.

Die Nacht verbrachten wir auf dem Parkplatz des Schliffkopfs (1.055 m), dem südlichsten Tausender des Nordschwarzwalds. Gut ein Dutzend Tausender gibt es in dieser touristisch etwas vernachlässigten Region (was sie für uns freilich attraktiv macht). Dutzende Male waren wir hier oben – vor allem im Herbst und Winter, bei Inversion. Wenn wir in Karlsruhe bibberten, schien hier oben die Sonne und wir hatten Alpenblick, von der Silvretta bis zur Jungfrau. Wir wanderten auch heute die paar Meter zum breiten, weitläufigen Gipfel. Hier darf man auf keinen Fall von den Pfaden abweichen, der Schliffkopf steht unter Naturschutz. »Wie seltsam es hier oben im Sommer ist«, stellte Anja

*Anja am Schliffkopfgipfel. –
Die Mission ist längst erfüllt!*

fest. So grün hatten wir den Berg noch nie erlebt, inzwischen schien die Sonne durch Nebelschwaden. Im Hochsommer mieden wir die Gipfel rund um die Schwarzwaldhochstraße mit ihrem unerträglichen Motorradlärm. Naturschützer würden das Motorradfahren hier oben am liebsten verbieten. Nicht wegen der zahlreichen Toten, sondern wegen des Auerhahns. Er ist vom Aussterben bedroht, unter anderem deshalb, weil Männlein und Weiblein wegen des Krawalls ihre Brunftschreie nicht mehr hören und sie deshalb nicht zusammenfinden können. Mehr noch, das Tier ist ein Kulturflüchter, der sein Verhalten nicht anpassen kann. »Wenn der Mensch stört, zieht er sich zurück«, sagte Walter Trefz einmal.

Die letzte Nacht verbrachten wir also auf einem unserer Hausberge. Unspektakulär, aber nasskalt. Das Thermometer zeigt am nächsten Morgen wieder nur 13 Grad an, es war bedeckt und regnete so stark, dass das Wasser auf dem abschüssigen Asphalt in Wellen davonfloss. Am frühen Morgen fuhren wir am Mummelsee vorbei, einem der berühmtesten Ziele im Schwarzwald. Die Literatur über den Nord-

Eine feuchte Angelegenheit – die letzten Tage der »16-Summits-Tour«

schwarzwald preist immer wieder die »sieben Karseen«, allen voran den sagenumwobenen Mummelsee, der eigentlich »Rummelsee« genannt werden müsste. Die Parkplätze rund um das Hotel »Mummelsee« und die Souvenirshops sind um ein Vielfaches größer als der See selbst. Ich habe übrigens einmal nachgezählt: Im Nordschwarzwald gibt es zehn Karseen. Da hat wohl ein Autor vom anderen abgeschrieben, anstatt einmal nachzuzählen! Auch den Mummelsee meiden wir im Sommer. Am schönsten ist es hier wieder an einem kalten Wintertag unter der Woche. Dann kommen nur ein paar versprengte Pensionäre oder Freiberufler zum Mummelsee, steigen auf die Hornisgrinde, einem Berg, der klimatisch ähnlich extrem ist wie der Brocken. Oder sie wandern ein Stück des Westwegs und genießen die Sonne und die Wärme.

In vielen Schleifen und Kurven zieht sich die B 500 nun bis nach Baden-Baden, der Kurstadt schlechthin. Schon die römischen Kaiser Trajan und Caracalla genossen die bis zu 69 Grad heißen Thermalquellen. Hier leben die meisten Millionäre Deutschlands und so nimmt es nicht wunder, dass sich hier reiche Russen niedergelassen haben, und zwar so zahlreich, dass gelegentlich zu lesen ist, Baden-Baden sei die einzige russische Stadt außerhalb Russlands. Das war schon zu Zeiten Tolstois und Dostojewskis so, deren Spielbank-Besuche jeweils mit einem Fiasko endeten. Für die Spieler, nicht für die Bank. Wer also nach Baden-Baden kommt: Unbedingt das geschichtsträchtige Casino besuchen sowie die Caracalla-Therme, in der sich Anja noch deutlich wohler fühlte als im Schwarzwald-Bäderparadies in Titisee. Auch über Baden-Baden lassen sich viele Geschichten erzählen. Ein Baden-Badener etwa war es, der einen Welthit hatte, von dem sechs Millionen Singles verkauft wurden, also so viele etwa wie von Simon & Garfunkels »Bridge over Troubled Water« oder Queens »Bohemian Rhapsody«. Bürgerlich heißt der gute Mann Herbert Anton Bloeth. Berühmt und reich wurde er mit »Schöne Maid« unter dem Namen Tony Marshall, Ehrenbürger von Bora Bora. Die »Schöne Maid« wollte er eigentlich gar nicht singen – und das ist die letzte Geschichte dieser Reise –, sein Produzent Jack White setzte Marshall eine Flasche Chianti vor, erst nachdem diese leer war, war er dazu bereit oder in der Lage.

ETAPPE 17

STARTPUNKT:	Feldberg (Parkplatz)
WEGPUNKTE FÜRS NAVI:	Titisee-Neustadt, Furtwangen, Kalte Herberge, Triberg, Hornberg, Kniebis, Schliffkopf, Baden-Baden, Gaggenau, Muggensturm, Karlsruhe
FAHRTSTRECKE GESAMT:	Feldberg – Karlsruhe: 227 Kilometer

NACHWORT
ABSCHIED VON FURY

Haben wir uns auf dieser Reise eigentlich erholt? Wir hatten viel mehr gesehen und »erlebt«, als wir uns hätten träumen lassen. Die Reise war zweifellos stressig, meine Leistenschmerzen waren schlimmer geworden, aber wir hatten uns erholt. Noch tagelang wachten wir in unserem eigenen Bett auf und wunderten uns, so sehr hatten wir uns an die Schlafkoje gewöhnt. Und wo ist nun Deutschland am schönsten? Objektiv gesehen ist es der südlichste Streifen mit Alpen, Bodensee und Hochschwarzwald. Hier sind alle Landschaften Deutschlands dicht gedrängt, von einem richtigen Meer und plattem Land abgesehen. Doch bei den Sehenswürdigkeiten drängen sich Menschenmassen, hier wird auf Teufel komm raus gebaut und verschandelt. Wer die Einsamkeit sucht, sollte in die Uckermark, an die kleinen Seen in Mecklenburg-Vorpommern, ins Erzgebirge. Das Erzgebirge war für uns das traurigste Gebirge unserer Reise. Es wirkt ein wenig verloren und vergessen. Auch wenig bekannte Mittelgebirge wie Odenwald, Spessart, Knüll (die wir auf dieser Tour nur streiften) sind zu empfehlen oder der unspektakuläre Kraichgau. Es gibt viele Landschaften in Deutschland, die kaum jemand kennt und die es zu entdecken gilt.

Wir sind zu dieser Rundreise nicht aufgebrochen, um typisch Deutsches zu entdecken. Das war so nicht vorgesehen. Mit den 16 Summits haben wir aber stichprobenartig Deutschland erkundet. Wie sehr Deutschland doch seine eigenen Klischees erfüllt, hat uns verblüfft.

Oder hat man, haben wir eben wegen der Klischees eine selektive Wahrnehmung entwickelt? Was ist Henne, was ist Ei?

Vor uns waren schon viele Wanderer auf den 16 Summits, meist verteilt über mehrere Monate oder Jahre. Wir können für uns beanspruchen, dass wir die Höhepunkte der Bundesländer mit möglichst wenig Beinarbeit und Höhenmeter »erklommen« haben und zwar nacheinander in einer »Ideallinie«. Wahrscheinlich wird bald jemand auf die Idee kommen, die 16 Summits möglichst schnell zu erreichen. Fünf Tage, so habe ich errechnet, ist die Mindestdauer. Vielleicht schafft es ja jemand mit einem schnellen Auto noch flotter. Jeder, der uns nacheifert, muss selbst entscheiden, auf welche Weise er es macht. Hätten wir sechs Wochen Zeit gehabt, wären wir doppelt so lange unterwegs gewesen.

Am Donnerstagnachmittag reinigten wir das Mobil gründlich und gaben es am Freitagvormittag ab. Der Vermieter entdeckte Schäden, die wir gar nicht bemerkt hatten, winzige Striemen, die wohl von Ästen stammten. Ein lang gezogener Lackschaden war uns schon unterwegs aufgefallen. Diesen hatten wir uns auf einem Rastplatz am Bodensee zugezogen. Wir waren nicht melancholisch als wir »Fury« abgeben mussten, sondern erleichtert. Wir sind doch zu sehr an ein Leben ohne Auto gewöhnt. Zum Glück hatten wir eine Vollkasko-Versicherung abgeschlossen (mit 250 Euro Selbstbehalt). Einige Tage später flatterte uns die finale Abrechnung inklusive Schäden ins Haus, die sich auf 4.000 Euro summierten. Ob dieser vom Vermieter selbst erstellte Kostenvoranschlag realistisch war, entzieht sich unserer Kenntnis. Ob wir ein zweites Mal mit dem Wohnmobil durch die Landschaften dieser Republik oder dieses Kontinents reisen? Warum nicht? Lieber steigen wir jedoch zu Fuß auf die Berge und wandern von Hütte zu Hütte. Wir stießen also am Abend sowohl auf unsere Reise an als auch auf unsere Gesundheit, auf das Ausheilen meiner Sehnenansätze. »Lieber einen zünftigen Trümmerbruch als eine Sehnenansatzentzündung«, sagte ich zu Anja, derweil wir unsere Weingläser hoben und in der Küche die Waschmaschine die erste Ladung schleuderte.

Postskriptum: Die Sehnenansatzentzündungen in der Leiste begleiteten mich insgesamt elf Monate. Wenn sich die Iliopsoasansätze entzünden, dann muss man mit acht Monaten bis zwei Jahren bis zur vollständigen Ausheilung rechnen. Ende Januar 2018 bestieg ich erstmals wieder ein paar kleinere Berge auf Fuerteventura. Ich bin ja kein sentimentaler Mensch, aber mir standen die Freudentränen in den Augen, als auch nach der zweiten Wanderung keinerlei Schmerz zu spüren war.

Postskriptum 2: Der filmische Beweis, dass wir auf allen Summits waren, findet sich bei Youtube, ein nicht wenig amüsanter Streifen mit einer Länge von etwa einer halben Stunde:

VIDEO:

Womo - Einen Spiegel erwischts immer!
von Matthias Kehle

https://www.youtube.com/watch?v=63Uv5U645nw

Geschafft!

LITERATUR

Fontane, Theodor: Wanderungen durch die Mark Brandenburg: Alle fünf Bände in einem Buch. Holzinger-Verlag 2014.

Griebel, Wilfried / Gerold, Markus / Beutel, Heidje: Bergführer Berlin. Ein Stadtführer für urbane Gipfelstürmer. be.bra Verlag 2016.

Kehle, Matthias: Badische Bergbibel. 199 Höhepunkte im Schwarzwald, Hegau und Kaiserstuhl, im Kraichgau und Odenwald. Silberburg-Verlag 2014.

Kehle, Matthias: Das gibt es nur im Schwarzwald! Silberburg-Verlag 2016.

Klingenberg, Axel: Die Wahrheit über Niedersachsen. Verlag Andreas Reiffer 2016.

Korsch, Jürgen / Schmidt, Thorsten: Der Brocken. Natur und Geschichte erleben. Schmidt-Buch 2017.

Kuhnle, Martin: Schwarzwald Fernwanderwege: Westweg – Mittelweg – Ostweg. Rother Wanderführer 2016.

Landvergnügen UG (haftungsbeschränkt) (Hg.): Landvergnügen – Der andere Stellplatzführer, Saison 2017. Verlag Landvergnügen 2017.

Mann, Thomas: Buddenbrooks. Verfall einer Familie. Verlag S. Fischer 2012.

Mosch, Martin: Brandenburg landeinwärts. Besondere Wanderungen in der Mark. be.bra Verlag 2012.

Ohne Verfasserangabe: Sehenswürdigkeiten entlang der Autobahn – Touristische Hinweisschilder. Wofür sich ein Abstecher lohnt. Bassermann-Verlag 2014.

Schnelle, Michael: Rund um Hamburg. Holsteinische Schweiz bis Lüneburger Heide. Rother Wanderführer 2013.

Schweikle, Johannes: Westwegs. Über den Schwarzwald zu Fuß durch eine deutsche Landschaft. Verlag Klöpfer & Meyer 2012.

Der Autor hat mit freundlicher Genehmigung des Silberburg-Verlags einige Passagen aus seinen hier aufgeführten und sehr empfehlenswerten Büchern übernommen.

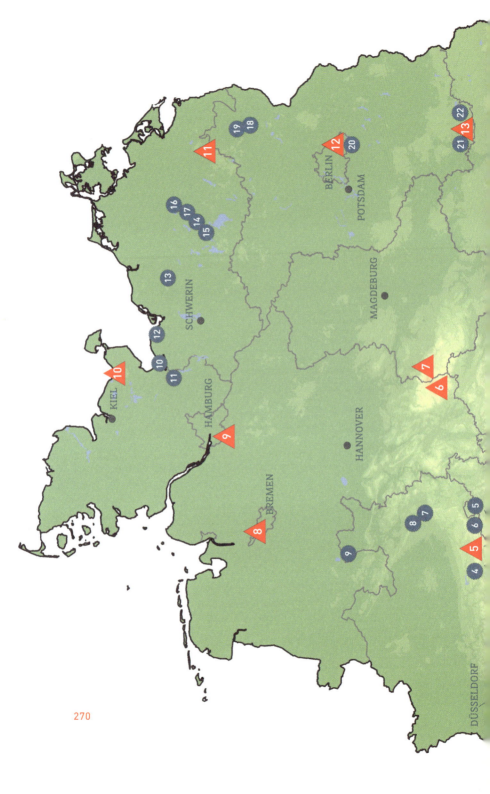

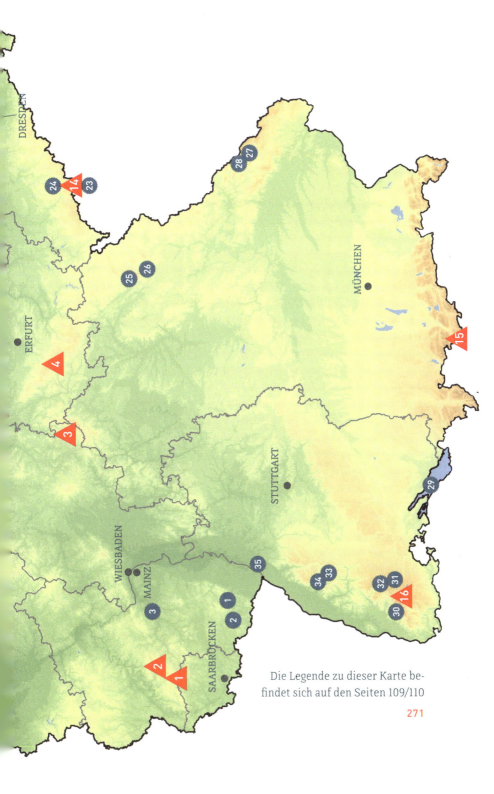

Die Legende zu dieser Karte befindet sich auf den Seiten 109/110

… egal wo Sie sind –
immer als Erster am Tatort.
Die perfekte Lektüre im Wohnmobil:
Krimis bei GMEINER
für jede Region.

GMEINER SPANNUNG

WWW.GMEINER-VERLAG.DE
Wir machen's spannend